Sabine Dankbar
Karriere oder Jakobsweg?

Sabine Dankbar

Karriere oder Jakobsweg?

Wegezeit – Wendezeit

Mein Weg nach
Santiago de Compostela

Laumann-Verlag Dülmen

Bildnachweis:
Sabine Dankbar: Titelfoto, S. 44, 47,48, 54, 57, 66, 67, 68, 87, 90, 92, 96, 107, 113, 118, 120, 124, 125, 126, 127, 136, 137, 138, 141, 142, 144, 150, 152, 154, 155, 159, 168, 169, 170, 175, 177, 180, 181, 183, 189, 200, 203, 205, 207, 211, 212, 215, 218, 223, 225, 227, 229, 230, 231, 237, 238, 240, 246, 294, 295, 296
Hans-Jakob Weinz: 4. Umschlagseite, S. 53, 67, 91, 104, 131, 163, 181, 190, 215, 217, 236, 239, 245
Kathrin Hulak: S. 293

2. Auflage 2012

© 2009 by Laumann Druck & Verlag GmbH & Co. KG,
D-48249 Dülmen/Westfalen

Gesamtherstellung:
Laumann Druck & Verlag GmbH & Co. KG, Postfach 1461,
D-48235 Dülmen/Westfalen

ISBN 978-3-89960-320-0

E-Mail: info@laumann-verlag.de
Internet-shop: www.laumann-verlag.de

Inhaltsverzeichnis

Vorwort ... 7

I. Mut zu Lebensbrüchen ... 9

II. Auf dem Jakobsweg ... 38

Sonntag, 21. Mai 2006
Münster – Clermont-Ferrand ... 38

Montag, 22. Mai 2006
Clermont-Ferrand – St. Jean-Pied-de-Port ... 40

1. Pilgertag, Dienstag, 23. Mai 2006
St. Jean-Pied-de-Port – Roncesvalles ... 43

2. Pilgertag, Mittwoch, 24. Mai 2006
Roncesvalles – Larrasoana ... 52

3. Pilgertag, Donnerstag, 25. Mai 2006
Larrasoana – Pamplona ... 58

4. Pilgertag, Freitag, 26. Mai 2006
Pamplona – Puente la Reina ... 65

5. Pilgertag, Samstag, 27. Mai 2006
Puente la Reina – Estella ... 74

6. Pilgertag, Sonntag, 28. Mai 2006
Estella – Los Arcos ... 79

7. Pilgertag, Montag, 29. Mai 2006
Los Arcos – Logroño ... 85

8. Pilgertag, Dienstag, 30. Mai 2006
Logroño – Nájera ... 95

9. Pilgertag, Mittwoch, 31. Mai 2006
Nájera – Grañón ... 101

10. und 11. Pilgertag, 1.–2. Juni 2006
Grañón – Belorado – Agés ... 114

12. Pilgertag, 3. Juni 2006
Agés – Burgos ... 117

13. und 14. Pilgertag, 4.–5. Juni 2006
Burgos – Hontanas 122

15. bis 17. Pilgertag, 6.–8. Juni 2006
Hontanas – Boadilla del Camino – Carrión de los Condes –
Terradillos de los Templarios 135

18. Pilgertag, 9. Juni 2006
Terradillos de los Templarios – Sahagún – León 145

19. und 20. Pilgertag, Samstag und Sonntag, 10.–11. Juni 2006
León 151

21. und 22. Pilgertag, 12.–13. Juni 2006
León – Hospital de Órbigo – Astorga 167

23. Pilgertag, 14. Juni 2006
Astorga – Rabanal del Camino 180

24. Pilgertag, 15. Juni 2006
Rabanal del Camino – Molinaseca 189

25. und 26. Pilgertag, 16.–17. Juni 2006
Molinaseca – Cacabelos – La Faba 197

27. und 28. Pilgertag, 18.–19. Juni 2006
La Faba – Triacastela – Barbadelo/O Mosteiro 209

29. bis 31. Pilgertag, 20.–22. Juni 2006
Barbadelo – Ligonde – Pontecampaña – Arzúa 221

32. Pilgertag, Freitag, 23. Juni 2006
Arzúa – Lavacolla 232

33. Pilgertag, 24. Juni 2006
Lavacolla – Santiago de Compostela 234

25.–27. Juni 2006
Die letzten Tage in Santiago de Compostela 243

III. Neue Lebenswege **250**

Dank **292**

Vorwort

Liebe Leserin, lieber Leser,

seit ich denken kann, wollte ich unbedingt ein Buch schreiben! Zwischendurch hielt ich es zwar für einen verklärten Kindheitstraum, obwohl Bücher seit jeher von mir regelrecht verschlungen werden und ich sehr, sehr gerne schreibe – Briefe, Texte, Memoranden, usw. Doch nach meinem letzten Arbeitstag im April 2006 setzte sich dieser altbekannte Gedanke wieder neu bei mir fest: »Sabine, schreibe endlich das Buch, dass du immer schon schreiben wolltest!« Ich beschloss, daraus einen meiner Vorsätze für die vor mir liegende freie Zeit zu machen. Immer dann, wenn ich über das Thema nachdachte, kam ich mir prompt selber in den Sinn: Warum nicht über den Menschen schreiben, den ich am besten kannte? Zudem konnte ich feststellen, dass ich mit meinen Themen nicht allein da stand. Es interessierten sich plötzlich viele Menschen in meiner näheren und weiteren Umgebung für die Beweggründe meines Ausstiegs und die Pilgerreise, die ich plante. Warum nicht die Antworten auf diese Fragen in einem Buch verarbeiten? Letztendlich gab dann der eine wesentliche Gedanke den Anstoß, zum Thema dieses Buches wirklich mich selbst zu machen: Ich hatte Abschied genommen, um neu aufzubrechen und um mir einen neuen Weg zu suchen – genau dem wollte ich für mich ganz allein durch das Schreiben meiner Geschichte nachspüren.

Ich wollte bewusst Abschied nehmen. Von der Sabine, die mir selbst immer fremder geworden war. Ich wollte Abschied nehmen von der materiellen Sicherheit durch den festen Job als Geschäftsleiterin, Abschied von einem Leben, das aus überwiegend Arbeit bestand. Abschied von einem Leben, das mir viel Kraft und Motivation genommen hatte. Abschied von einem Leben, das für mich als Frau kein Familienleben zugelassen hatte. Von der Verantwortung, die mir immer mehr zur Last geworden war. Und ich wollte Abschied nehmen von der eigenen Unzufriedenheit, die nicht im Äußeren begründet war, sondern im tiefsten

Inneren brodelte. Ich wollte nicht mehr länger über die Frage nach dem Sinn in meinem eigenen Leben nachdenken, ohne überhaupt die Zeit dazu zu haben.

Ich wollte aufbrechen in ein neues unbekanntes Leben und noch mal von vorn beginnen. Ich wollte mich erinnern, was an vergangenen Träumen und Sehnsüchten noch in mir übrig war. Ich wollte einen Aufbruch, um auf dem Jakobsweg zu pilgern. Einen Aufbruch, um Antworten auf meine Fragen zu finden. Aufbruch, um mich neu orientieren zu können, ohne dabei alten Ballast mit mir herumschleppen zu müssen. Aufbruch, um einen neuen Sinn zu finden. Aufbruch in eine Verantwortung nur für mich selbst. Ich wollte aufbrechen, in eine Zeit, in der ich endlich lernte, mich so zu lieben, wie ich bin und nicht wie ich meinte, sein zu müssen, damit ich geliebt werde.

Ich wollte einen neuen Weg hin zu einem Beruf, der meinen Leidenschaften entsprechen sollte: Menschen und Schreiben. Einen neuen Weg hin zu einer Frau mit eigener Familie. Einen neuen Weg, der mir Zeit lassen sollte und der mich zur Ruhe kommen lassen sollte. Einen neuen Weg, der mich stark und weich zugleich sein lässt. Einen neuen Weg, der von innen heraus aus mir begangen wird. Einen Weg, der meiner ist.

Ich habe nun einen Weg gefunden, der wirklich meiner zu sein scheint, und weil man einen Weg nie allein gehen kann, teile ich gerne meine Geschichte mit Ihnen – wenn Sie mögen. Vielleicht finden Sie sich in einigen Passagen wieder, in anderen sind sie eventuell ganz anderer Meinung als ich – am Ende stimmen Sie mir hoffentlich zu, dass wir nur durch die Begegnung mit uns selbst und mit anderen Menschen wachsen können.

Sabine Dankbar
1. Advent 2008

I. Mut zu Lebensbrüchen

Zum ersten Mal hörte ich vom Jakobsweg in einer Unterhaltung mit meiner Freundin Susanne, die wir während eines gemeinsamen Spazierganges führten. Auch heute noch ist mir die Situation sehr gegenwärtig. Es war ein schöner, später Frühlingstag im Jahr 2003. Wir befanden uns in einem zauberhaften, lichten Wäldchen bei Telgte, der Krippen- und Wallfahrtsstadt nahe Münster. Bei unserem Spaziergang passierten wir ein großes Christuskreuz, das inmitten des Waldes stand. Wir verharrten dort einige Minuten und genossen die Stille, die nur vom Vogelgezwitscher und dem Rascheln der Bäume unterbrochen wurde. In uns breitete sich eine wohltuend leise Stimmung aus, die Natur nahm uns auf eine besondere Weise gefangen. Wir spazierten weiter, unsere Gespräche drehten sich um Glaube und Spiritualität. Der Wald endete plötzlich, und vor uns schlängelte sich ein Feldweg durch neu eingesäte Felder. Susanne erzählte von ihrem Wunsch, irgendwann einmal den Camino zu gehen. Da ich überhaupt nicht wusste, was es damit auf sich hatte, beschrieb Susanne mit der so für sie eigenen Lebendigkeit diesen uralten Pilgerweg, dessen letzte Hauptroute quer durch Nordspanien von den Pyrenäen nach Santiago de Compostela führt, der sogenannte Camino Francés. Die Worte sprudelten nur so aus ihr heraus; welche Bedeutung der Weg für sie habe, warum sie ihn unbedingt gehen möchte und dass sie es bisher aufgrund der fehlenden Zeit, aber auch aus Respekt vor der Hitze noch nicht in die Tat umgesetzt hat. Ihre Begeisterung riss mich mit. Vor allem die Vorstellung, so intensiv mit sich allein sein zu können, lockte mich sehr. Der Abstand vom Alltag, um sich selbst neu zu erfahren – welch eine Herausforderung. Ich war berührt, beeindruckt und tief in mir klang etwas an...

Noch in der gleichen Woche kaufte ich ein Buch, um mehr zu erfahren. Es war das Pilgertagebuch von Andrea Schwarz »Die Sehnsucht ist größer«. Dass ich ausgerechnet dieses auswählte, war alles andere als ein Zufall, nichts im Leben ist Zufall. Dieser sehr persönliche Reisebericht von Andrea Schwarz ist voller

Schönheit und Klugheit. Er begeisterte mich und wühlte mich auch auf. Nach der Lektüre stand für mich fest, dass ich diesen Weg gehen würde. Nur wann!? Fünf oder sechs Wochen Urlaub konnte ich mir in meinem Job einfach nicht erlauben. Ich war in der Geschäftsleitung unseres Familienunternehmens in meiner Heimatstadt Ochtrup, nicht weit von Münster entfernt, tätig. Wir entwickeln und produzieren Damenoberbekleidung im mittleren Preissegment und gehören in der deutschen Bekleidungsindustrie zu den größeren Herstellern. Ich hatte Vorbildfunktion. Für die Mitarbeiter in meinem Verantwortungsbereich, der Produktentwicklung, wäre es auch nicht möglich, sich für vier oder mehr Wochen in die Ferien zu verabschieden. Trotzdem, den Camino in Etappen zu gehen, kam für mich auf keinen Fall in Frage. Ich wollte die Magie und Einzigartigkeit des Pilgerns, dieses Loslassen von allem und jedem über einen längeren Zeitraum, genauso erleben.

Das Buch löste aber noch etwas anderes in mir aus. Andrea Schwarz und ihre Motivation zu pilgern, das was der Weg in ihr auslöste und wie sie es beschrieb, brachten in mir Empfindungen zum Klingen, die mich zum einen sehr verunsicherten, zum anderen aber etwas in mir freisetzten. Mich hatte die Sehnsucht gepackt.

Etwa einen Monat nach dem Spaziergang trennte sich mein Freund nach über fünf gemeinsamen Jahren von mir. Besser gesagt: Ich trennte mich, nachdem er zu mir gesagt hatte: »Ich habe dich lieb, aber ich kann nicht richtig Ja sagen, etwas hält mich ab.«

Für mich brach eine Welt zusammen, in der folgenden Zeit litt ich sehr. Wieder war meine Sehnsucht nach einer vertrauensvollen Partnerschaft und der Wunsch nach Kindern in weite Ferne gerückt. Stundenlang zermarterte ich mir meinen Kopf darüber, was ich falsch gemacht hatte, warum er mich nicht so lieben konnte, dass er bei mir blieb. Was störte ihn an mir? Was hätte ich tun können? War ich zu fordernd gewesen, mit meinem Wunsch nach Klarheit? Dann wieder verfluchte ich ihn, weil er mir nicht früher etwas gesagt hatte. Ich fühlte mich um diese fünf gemeinsamen Jahre betrogen, ich fühlte mich mit meinen achtunddreißig Jahren unendlich alt! Nach außen zeigte ich meinen Schmerz kaum, aber in meinen eigenen vier Wänden verbrachte ich viele Stunden mit dem Gefühl grenzenloser Einsamkeit. Gerade die alltäglichen Dinge überforderten mich. Das sonntägliche Frühstücken mit Brötchen und Zeitung noch im Schlafanzug, das ich bisher als so gemütlich empfunden hatte, löste in mir Heulkrämpfe aus. Abends weinte ich mich in den Schlaf und hatte wirre Träume. Ich stellte mir so viele Fragen: Welchen Sinn hat mein Leben? Was will ich wirklich? Bin ich zufrieden? Wo sind meine Träume geblieben? Bin ich eine von den Frauen, die an ihrem Beruf kleben bleiben und irgendwann alt und verbittert sein würden? Davon gibt es gerade in der Modebranche genug. Frauen, die perfekt gestylt sind und immer den neuesten Trend tragen. Die Frauen, die die »Vogue«, die »Elle« und die »Textilwirtschaft« wie die Bibel lesen und außer ihrem Mikrokosmos Mode nichts mehr sehen. Die Frauen, deren gesamter Tagesablauf sich nur noch um den Job und ihr Äußeres dreht. Die Frauen, die nach außen tough und cool wirken und sich im Grunde ihres Herzens nach Menschlichkeit und Wärme sehnen, deren harte und kantige Gesichtszüge genau diese inneren Kämpfe widerspiegeln. Mir sah man anscheinend Letzteres auch schon an.

Aber es heißt ja: Zeit heilt alle Wunden. Dies traf auch für mich zu. Meine Eltern, meine vier Geschwister und deren Familien, auch meine Freunde halfen mir über diese schwere Zeit hinweg. Sie luden mich ein, versuchten mich abzulenken, zeigten mir ihre Zuneigung und Liebe auf vielfältige Weise. Der Beruf tat sein Übriges. Meine Arbeit wurde in noch höherem Maße zu meinem Lebensmittelpunkt. Meine Tage begannen morgens sehr früh und endeten spät. Meine Fahrtzeit von Münster nach Ochtrup zu meinem Arbeitsplatz bei bianca, knappe 40 Minuten, nicht eingerechnet. Meine Tage waren reich an Begegnungen, sowohl privat wie geschäftlich. War ich dann einmal allein, versuchte ich die Zeit in vollen Zügen zu genießen. Ich las viel und verschlang ein Buch nach dem anderen.

Aber es fehlte etwas in meinem Leben und so machte sich immer häufiger Unzufriedenheit in mir breit. Ich hatte oft Phasen, in denen ich mich schwer motivieren konnte und nach außen negative Signale sendete. Was fehlte mir? War es die Sehnsucht nach einem Mann, nach einem Kind? Endlich jemanden zu finden, der sich ohne Wenn und Aber für mich entschied, für mich mit allen meinen Stärken, Schwächen, Träumen und Sehnsüchten. Jemand, der vom Zusammenleben ähnliche Vorstellungen wie ich hatte, der keine Angst vor Nähe und Verantwortung empfand, der eine Beziehung als Bereicherung und nicht als Einengung für das gemeinsame Leben wertete. Nach Hause zu kommen, die Anwesenheit eines Menschen zu spüren, willkommen geheißen zu werden, gemeinsam zu Abend zu essen, ohne sich erst wieder einen Sozialkontakt organisieren zu müssen. Die Tür aufmachen zu können, ohne dass mich eine dunkle Wohnung empfing und ich erst Licht und Radio anschalten musste, um mich nicht so allein zu fühlen. Meine Erlebnisse vom Tag ganz einfach erzählen zu können und dem anderen zuzuhören. Sich vielleicht die gemeinsame Lieblingsserie im Fernsehen anzuschauen, dabei gemütlich auf dem Sofa Rotwein zu trinken und sich aneinander zu kuscheln. Sex zu haben und nicht allein ins Bett gehen zu müssen. Sich das alles vorzustellen und es nicht zu haben, das war einfach quälend. Diese Gedanken einfach beiseite zu schieben, war ein Akt der Unmöglichkeit. Ich kann zwar gut allein sein, möchte aber nicht einsam sein.

Mich selbst zu lieben war zu dem Zeitpunkt so verdammt schwer. Wie auch, fragte ich mich selbst, wenn man niemanden findet, der vorbehaltlos ja zu einem sagt. Mein Selbstvertrauen war oft im Keller, schneller als gewöhnlich ließ ich mich verunsichern. Dies verspürte ich ebenso in meinem Beruf, oft fehlten mir Ruhe und Gelassenheit. Das Sich-selbst-in-Frage-Stellen war ein häufiger Begleiter in dieser Zeit. Wie weit hatte mein Beruf, mein über die Maßen voller Einsatz für unser Unternehmen, mit meiner privaten Situation zu tun? In mir gärte es.

Ich kaufte zwei weitere Reisetagebücher und las sie sofort. Die Suche nach dem Sinn in meinem eigenen Leben beschäftigte mich zunehmend, ich reflektierte mich selbst und mein Dasein. An diesen Gedankenprozessen ließ ich nur ganz wenige teilhaben. Mein Alltag lief wie gewohnt, die Arbeit beanspruchte mich sehr. Ungeachtet dieser Tatsachen war mein Aktivitätsindex, sowohl privat wie beruflich, weiterhin sehr hoch. Ich war oft unterwegs, besuchte meine alten Freundinnen in Süddeutschland, schaute mir die Kunstausstellung »MOMA« in Berlin an, probierte ständig Neues aus, wie zum Beispiel einen Tauchkurs, flog mal eben für eine Woche mit einer guten Bekannten auf die Malediven. Ich verspürte eine fieberhafte Lebenslust. Andererseits löste dies alles zwischendurch auch Phasen der Melancholie und Traurigkeit aus. Es waren einfach Lückenfüller, natürlich nicht die Begegnungen mit meinen Freunden, aber alles andere diente der Ablenkung und Zerstreuung. Vielleicht fand ich gerade deshalb wieder häufig den Weg zur Kirche, entweder ging ich in den Dom in die kleine rechte Turmkapelle, um eine Kerze anzuzünden, oder ich besuchte die Kirche des Kapuzinerklosters bei mir in der Nähe. Ich bin und war immer sehr mit meinem katholischen Glauben verbunden, aber in dieser Zeit empfand ich den kirchlichen Raum der Stille noch stärker als zuvor als Trost und Rückzug. Nicht selten überkamen mich die Tränen, wenn ich allein in einer Bank saß. Es waren Tränen der Erleichterung, ich fühlte mich in diesen Momenten so überhaupt nicht mehr allein. Gott war bei mir, das spürte ich.

Der Weg rief mich. Oft musste ich an das Gelesene denken, sah die in den Büchern gezeigten Bilder plastisch vor mir: Die roten Klatschmohnfelder, die Weinberge, durch die sich der Weg hindurchschlängelte, die Pilgerrucksäcke mit den Jakobsmuscheln, aber für mich kam es wegen der äußeren Umstände einfach nicht in Frage. Der Satz »wo ein Wille ist, da ist auch ein Weg«, er traf damals nicht auf mich zu. Mein Wille war hier nicht entscheidend, obwohl ich ein sehr willensstarker Mensch bin. Hürden, die sich in meinen Weg stellen, werden ausgeräumt. Woran fehlte es mir nun? War es mangelnder Mut gegenüber dem völlig Unbekannten, der mich zögern ließ? War mir mein Verstand im Weg? Wie so oft jagte ein Gedanke den anderen.

Ordneten sich mein Herz und mein Bauchgefühl meinem Pflichtbewusstsein unter? Heute weiß ich, dass es genau das war, was mich abhielt. Ich hatte das Gefühl, wenn ich mir diesen Traum erfülle, verhalte ich mich egoistisch, lasse die anderen im Stich. Die anderen, das waren in erster Linie mein ältester Bruder, der als Geschäftsführer die Firma leitet und meine unmittelbaren Mitarbeiter. Auch meinen Vater, der in der Firma nicht mehr aktiv war, wollte ich nicht enttäuschen. Der Verantwortung, die mir übertragen worden war, wollte ich in jedem Fall gerecht werden. Deshalb las ich einfach weitere Bücher über den Jakobsweg, das war schließlich fast dasselbe. Oder nicht?

Im August des nachfolgenden Jahres passierte etwas, was meine damalige Gefühlswelt in andere Bahnen lenkte und mir ganz neue Energien schenkte. Ich verliebte mich wieder. Während eines kurzen Urlaubes lernte ich einen wunderbaren Mann mit seiner Tochter kennen. Ich schwebte über den Wolken, da ich endlich das Gefühl hatte, angekommen zu sein. In einer E-Mail an ihn zitierte ich daher auch eine entsprechende Textzeile: »Alles wirkliche Leben ist Begegnung.« Unsere Beziehung empfand ich als Begegnung, die sich auf vielfältige Weise ausdrückte, durch unterschiedliche Spielarten und viele Facetten. Ich empfand unser Zusammensein als etwas ganz Besonderes, da ich sehr viel Zärtlichkeit, Fürsorge und auch Vertrauen verspürte. Wir diskutierten über alles und jedes, besprachen unseren Alltag miteinander, erzählten uns von unseren Sorgen und Ängsten. Wir waren uns sehr nahe, sowohl geistig wie körperlich. Mit seiner Tochter verstand ich mich ebenfalls sehr gut und wurde von ihr sehr schnell akzeptiert. Die ersten Wochen waren sehr harmonisch, problematisch war nur, dass wir eine Fernbeziehung führten. Unsere Heimatstädte waren nicht wirklich weit voneinander entfernt, aber wiederum auch nicht so nah, dass man mal kurz zueinander fahren konnte. Genau hier begann unser Problem, das heißt aus meiner Sicht war es ein Problem. Ich verspürte den immer stärker werdenden Wunsch mehr Zeit miteinander zu verbringen und wollte unsere Wochenenden langfristiger planen. Durch unsere sehr zeitintensiven

Berufe war es nicht selbstverständlich jedes Wochenende gemeinsam zu verbringen. Walter berät und coacht als Diplomsoziologe Unternehmen und Einzelpersonen, er war ständig unterwegs. Auch seine Tochter mussten und wollten wir mit einbeziehen. Dadurch entstanden Stresssituationen, wer sollte fahren, wer konnte fahren, alleine darüber nachzudenken und zu sprechen war für ihn schon mit Anspannung verbunden. Ich interpretierte dies als Zurückweisung und mangelnde Zuneigung, mein altes Gedankenmuster, geprägt durch die früheren Erfahrungen, kam wieder zum Vorschein. Ich begann mir unserer Beziehung nicht mehr sicher zu sein und er bestätigte mir dies auch indirekt in einem unserer Gespräche: »Ich kann so schnell nicht von Liebe reden, ich empfinde das Hier und Jetzt als wunderschön, aber über die Zukunft bereits zu sprechen, das ist mir nicht möglich. Ich habe mich auch am Anfang nicht Hals über Kopf in dich verliebt.« Dies nagte sehr an mir, vor allem weil ich sein Verhalten mir gegenüber als komplettes Gegenteil empfand, wertschätzend und liebevoll. Gerade deshalb hielt ich an uns fest. Ich vermisste zwar einiges, aber ich bekam auch sehr, sehr viel und mir machte es so viel Freude mich und meine Gefühle zu verschenken.

Mit meinem Berufsleben haderte ich immer mehr. Es gab Felder in meinem vielfältigen Job, die mir unendlich Spaß machten. Der Umgang mit Mode, sich gedanklich damit auseinanderzusetzen, Frauen durch Kleidung schöner zu machen, ihre persönlichen Stärken zu unterstreichen und ihre körperlichen Problemzonen zu kaschieren, brachte mir sehr viel Freude. Ein weiterer positiver Faktor war der Kontakt mit den Mitarbeitern und die Nähe zu ihnen, Teamentwicklung und -arbeit bewertete ich als entscheidend. Distanziertes Verhalten fand ich meinen Mitarbeitern gegenüber als unangebracht und der Sache nicht förderlich. Transparenz in allem strebte ich an, denn nur gut informiertes Personal konnte entsprechende Leistungen bringen, das war mein Credo. Jederzeit war ich für jeden erreichbar. Meine Belastbarkeit war immens, zwar war ich dabei nicht immer ausgeglichen und nicht die Ruhe in Person, bisweilen war ich auch gereizt und reagierte sehr emotional, aber ansprechbar war ich auf jeden Fall und kümmerte mich sofort, wenn man auf mich zukam.

Häufig war ich beruflich auf Reisen, zusammengerechnet mindestens acht bis zehn Wochen im Jahr. Die Messen und die Lieferantenbesuche in den unterschiedlichsten Ländern und Kulturen waren spannend, nährten meinen Wissensdurst und stillten meine Neugierde. Allerdings waren es auf der anderen Seite immer nur Momentaufnahmen. Natürlich bekam ich einen Eindruck von Shanghai, Hongkong oder Seoul, schnupperte in diese fremde, asiatische Welt hinein und machte auch Unterschiede in den jeweiligen Mentalitäten fest, aber es blieb immer beim kurzfristigen Eintauchen. Zu mehr war nie Zeit. Abflug, Ankunft, Koffer im Hotel abladen, direkt zum Lieferanten oder zur Messe, weiter zum nächsten Termin, dazwischen ein schneller Imbiss, abends Essen gehen, später todmüde ins Bett fallen, am nächsten Tag wieder der gleiche Ablauf. Nur ein einziges Mal habe ich in Asien einen Tempel besuchen können, allenfalls hier und da einen Besuch auf einem der zahlreichen Märkte, wo unzählige Markenplagiate angeboten werden, ließ der eng bemessene Zeitplan zu. Mindestens zwei Mal im Jahr war ich in Paris, nie habe ich in all den Jahren den Louvre oder den Eiffelturm besucht, dafür kannte ich jedes Modegeschäft zwischen der Champs-Élysées, der Rue Saint Honoré und dem Boulevard Saint Germain. Die Uffizien in Florenz habe ich besichtigen können, weil unser Flugzeug wegen Nebel erst am Nachmittag starten konnte. Wie oft hatte ich mir vorgenommen, einen oder zwei Tage Urlaub anzuhängen, um von diesen Städten mehr zu sehen als die Geschäfte, Restaurants und Hotels. Aber die Kollektionsfertigstellung ließ keinen Platz dafür, mehr von dem Flair zu genießen und die Momentaufnahmen zu tieferen Eindrücken reifen zu lassen. Trotzdem, die Reisen möchte ich nicht missen. Jedes Eintauchen in fremde Welten erweitert den Horizont und die eigenen Sichtweisen, auch wenn es sich nur um kurze Einblicke handelt.

Die Modebranche ist eine wunderschöne, bunte Welt, in der es aber auch schnelllebig und hektisch hergeht. Man ist immer mit mehreren Kollektionen, die auch noch verschiedene Jahreszeiten abdecken, gleichzeitig beschäftigt. Das Karussell dreht sich permanent, Verschnaufpausen gibt es nicht. Man ist laufend in Entwicklungsprozessen. Jeder Einzelne muss in diesem Zirkus Höchstleistungen bringen, Schwächen sind nicht erlaubt. Die Kollektionen müssen fertig werden, damit der Vertrieb vermarkten und die Betriebe produzieren können. Ein Rad muss in das andere greifen. Irgendwann war ich all dem gegenüber müde, nichts ging mehr locker von der Hand. Ich fühlte mich, obwohl erst Ende dreißig, häufig uralt. Mein Beweggrund jeden Tag zur Arbeit zu gehen, war nicht mehr Freude an meinem Beruf, sondern es war in erster Linie Pflichtgefühl unserem Familienunternehmen gegenüber. Ich fühlte Abhängigkeit, eine Abhängigkeit, die ungesund war, die mir wehtat. Meine emotionale Unabhängigkeit war mir abhanden gekommen, ich erlebte mich als unfrei und befangen. Freude, die sich aus meinem Selbst entwickelte, nahm ich nur noch wenig wahr. Das fand ich, war eine schlechte Grundlage für die tägliche Arbeit. Es war nicht fair mir selbst gegenüber und schon gar nicht gegenüber unserem Unternehmen. Meiner Meinung nach hatten alle Mitarbeiter Anrecht auf eine voll motivierte, ohne Selbstzweifel geplagte Führungskraft.

Immer wieder kam mir der Jakobsweg in den Sinn. Würde eine Auszeit mich wieder nach vorne bringen, mich wieder klarer sehen lassen? Wie das Zeitproblem lösen?

Die Zeit mit Walter war auch von Höhen und Tiefen geprägt. Was war das für eine Bindung, die keine Perspektiven kannte?

Je näher mein 40. Geburtstag rückte, desto intensiver dachte ich über mein Leben nach. Immer wieder die gleichen Gedanken. Natürlich war ich dankbar für vieles: Ich war gesund; ganz attraktiv; finanziell unabhängig, konnte mir vieles leisten, ohne großartig dafür zu sparen; konnte Rücklagen für später bilden; hatte eine schöne Wohnung, liebevolle Eltern und Geschwister, süße Neffen und Nichten, wunderbare Patenkinder, tolle und zuverlässige Freunde. Dankbar zu sein, ist eine wunderbare Eigenschaft und ein großartiges Gefühl. Aber darauf wollte und konnte ich nicht mein ganzes Leben aufbauen. Mehr und mehr wuchs die Unsicherheit darüber, ob mich das alles auf Dauer wirklich glücklich machen konnte. Dieses Glück war ein äußeres Glück, nicht in mir verwurzelt. Welche Kraft konnte ich aus mir selbst schöpfen? Was würde passieren, wenn sich um mich herum alles radikal ändern würde? Irgendetwas fehlte. Irgendetwas lief schief. Gleichzeitig verbot ich mir aber solche Überlegungen: »Reiß dich zusammen!«, predigte ich mir, »andere haben wirkliche Probleme, dir geht es doch gut! Sei nicht so undankbar!« Da war sie wieder, meine Selbstdisziplin, mich in bestimmten Momenten zusammenzureißen, um den an mich gestellten Erwartungen gerecht zu werden. Letztendlich war es so auch bequemer. Trotz meiner immer wiederkehrenden Gedanken und Fragen verhielt ich mich wahrscheinlich wie die meisten Menschen in der Situation. Warum verändern, was bestens funktioniert? Das Gewohnte erscheint uns perfekt, da kennen wir uns aus.

Im Frühjahr 2005 geschah dann einiges. In der Firma ging es mehr als turbulent zu, neben der normalen Hektik tauchten zusätzliche Probleme auf. Entlassungen aufgrund von Produktionsverlagerungen wurden ausgesprochen. Es fanden deshalb Umstrukturierungen und organisatorische Neuausrichtungen statt. Emotional empfand ich diese Zeit als sehr belastend. Ein Päckchen kam zum anderen, so erschien es mir. Walter und ich trennten uns und kamen kurze Zeit später doch wieder zusammen. Ausgerechnet zu einer wichtigen Stoffmesse wurde ich so krank, dass ich zu Hause bleiben musste. Ich hatte mir einfach zu viel zugemutet und mein Körper rächte sich mit einer schweren Grippe. Christa, eine meiner besten und langjährigen Freundinnen, schickte mir daraufhin einen Brief. Dieser enthielt ein Schreiben des Mönchs Bernhard von Clairvaux an seinen Freund Papst Eugen aus dem 12. Jahrhundert »Gönne Dich Dir selbst.« Ich las Zeilen, die mich tief berührten: »Wenn Du Dein ganzes Leben und Erleben völlig ins Tätigsein verlegst und keinen Raum mehr für die Besinnung vorsiehst, soll ich Dich da loben? (...) Wenn also alle Menschen ein Recht auf Dich haben, dann sei auch Du selbst Mensch, der ein Recht auf sich selbst hat. (...) Ja, wer mit sich selbst schlecht umgeht, wem kann der gut sein? (...) Denk also daran: Gönne Dich Dir selbst. Ich sage nicht: Tu das immer, ich sage nicht: Tu das oft, aber ich sage: Tu es immer wieder einmal.« Diese Worte ließen mein schlechtes Gewissen, nicht auf der Messe zu sein, schlagartig zur Ruhe kommen. Im Laufe des Jahres nahm ich diesen Text immer wieder zur Hand, er befand sich jederzeit griffbereit in meinem Timer. Ich versuchte die Worte zu beherzigen und sorgte dafür, dass ich mir immer wieder kleine Inseln der Ruhe, Entspannung und Besinnlichkeit schaffte.

Die Beziehung zu Walter war wieder entspannter, auch weil ich beschlossen hatte, mehr Zeit im Hier und Jetzt zu verbringen, mehr den Augenblick zu genießen und nicht ständig den Blick nach vorne zu werfen. Dies gelang mir ganz gut und dadurch wich der Druck. Wir beschlossen, zum ersten Mal allein, nur zu zweit, ein paar Tage Urlaub zu machen. Unser Reiseziel war eine einsam gelegene Finca im Nordosten von Mallorca. Wir verbrachten traumhafte Tage und kehrten beschwingt einen Tag vor meinem 40. Geburtstag im Mai wieder zurück. Meinen runden Geburtstag feierte ich dann mit meiner Familie, allen meinen Freunden und auch vielen Kollegen aus der Firma mit einer stimmungsvollen Party im Hafen von Münster. Selbst schenkte ich mir eine zehntägige Ayurveda-Kur, die zwei Tage später in Bad Wildstein begann. Die Ruhe dort, das Entgiften des Körpers durch die ayurvedische Kost und die wohltuenden Behandlungen, der Verzicht auf Alkohol, das tägliche Yoga, das Faulenzen im grandiosen Park unter uraltem Baumbestand, die Radtouren an der nah gelegenen Mosel, dies alles tat unendlich gut. Ich fühlte mich zufrieden, obwohl es auch in der Kur Momente gab, in denen ich tieftraurig war. Diese traten immer dann auf, wenn ich mich draußen im Park aufhielt. In meinem Liegestuhl sitzend, schaute ich in die Baumkronen, hörte das Laub rascheln, sah die Eichhörnchen von Ast zu Ast klettern, spürte den Wind in meinen Haaren und versuchte mich der Zeit hinzugeben, die langsam und träge verging. Schmerzlich wurde mir dann bewusst, wie wenig ich gedanklich im Heute war. Ständig waren meine Überlegungen mit dem Morgen, mit der Zukunft beschäftigt. Nicht nur, weil dies mein Job so erforderte, es lag ganz einfach an mir, an meiner Persönlichkeit. Ich brauche Ordnung und Struktur um mich herum, möchte alles planen und vorausschauend bedenken, Chaos ist mir zuwider. Deshalb bin ich immer erst dann zufrieden, wenn alles erledigt ist und mein Dasein klar und übersichtlich vor mir liegt. Mit dieser Haltung ist es sehr schwierig, im Hier und Jetzt zu sein. Ich realisierte, dass ich mir dadurch auch vieles nahm. Wenn ich gedanklich ständig woanders war, konnte ich mich auch auf die Gegenwart nicht voll einlassen. War ich deshalb von den Zielen meines Lebens so weit weg?

In diesem Urlaub dachte ich zum ersten Mal über Kündigung nach und darüber, wie ich mich beruflich verändern könnte. Meine alte Leidenschaft für das Schreiben von Texten und Briefen kam mir in den Sinn. Hatte ich vielleicht sogar das Talent ein Buch zu schreiben? War es nicht leichtsinnig meinen sicheren Job aufzugeben, um etwas mir völlig Neues und Unbekanntes zu wagen?

Nach meiner Rückkehr war meine Erholung schnell dahin, meine Überlegungen waren flink beiseitegeschoben, der alte Rhythmus schlich sich wieder ein. Das Gefühl, niemandem wirklich gerecht zu werden, kehrte zurück. Schwierigkeiten, die auftraten, machte ich häufig an mir und meinem Verhalten fest. »Ich bin schuld, ich habe mich nicht richtig verhalten« waren Sätze, die ich oft und gerne innerlich benutzte. Wieder bemerkte ich nicht oder wollte es nicht bemerken, dass ich mich nur von außen bestimmen ließ. Jegliche Zweifel, die mahnend in mir hochkamen, unterdrückte ich. Zwischendurch schützte ich mich, indem ich verbal austeilte, oft war ich ungenießbar. Meine Unzufriedenheit ließ ich an anderen aus. Keine leichte Zeit, weder für mich, noch für die Menschen um mich herum. Durch Meditation und Auseinandersetzung mit meinem Glauben versuchte ich etwas Ruhe und Ausgeglichenheit zu finden. Der Jakobsweg spukte immer noch in meinem Kopf herum, verbunden mit der Sehnsucht einfach alles stehen und liegen zu lassen.

Im Sommer urlaubten wir dann nochmals auf Mallorca, diesmal zu dritt. Einen Tag, bevor wir abflogen, ließ ich von meinem Bruder, der mir als Geschäftsführer vorstand, den Urlaubsschein abzeichnen und nutzte dabei die Gelegenheit, ihm zwei weitere

Scheine mit der Bitte um Bewilligung zu geben. Bei dem einen war mir klar, dass er diesen abzeichnen würde, auch wenn die Zeit, in der ich frei haben wollte, nicht selbstverständlich war. Zwischen Weihnachten und Neujahr wollte ich ein spirituelles Seminar besuchen und gerade dieser Zeitraum ist eine ganz heiße Phase in der Kollektionserstellung, aber nach fünf Jahren Präsenz konnte ich das guten Gewissens vertreten. Nachdem er seine Unterschrift unter den ersten Schein gesetzt hatte, schaute er mich bei dem zweiten mit mehr als fragendem Blick an: »Das ist nicht dein Ernst, oder? Sechs Wochen am Stück im nächsten Jahr, im Mai und Juni? Wofür?« Daraufhin erzählte ich ihm von meinem Wunsch den Jakobsweg zu gehen, ebenso erzählte ich ihm von meinen Zweifeln und meinen inneren Konflikten. Es war ein gutes Gespräch, wir tauschten uns über unsere größten Wünsche aus, aber auch über unsere Gedanken und Vorstellungen vom Leben. Ich fühlte mich von meinem Bruder verstanden, empfand eine besondere Nähe zu meinem »großen« Bruder. Dennoch, das war mir vorher bereits klar gewesen, die Unterschrift bekam ich nicht. Es gibt ein ungeschriebenes Gesetz in unserem Unternehmen: Das, was wir unseren Mitarbeitern nicht zugestehen, ist auch für uns tabu. Wieso hatte ich es dann überhaupt versucht? Wollte ich ein Signal setzen? Sollte ich mich entscheiden? Hieß es am Ende sogar Karriere oder Jakobsweg?

Der Urlaub zu dritt war schön und schrecklich zugleich. Obwohl ich mich mit Marie, Walters Tochter, sehr gut verstand, kam ich mir oft als drittes Rad am Wagen vor. Es gab eine Symbiose zwischen Vater und Tochter, die so stark war, dass ich unwillkürlich einen Schritt zurücktrat. Es gab auch keinen Zweifel daran, wer die oberste Priorität bei Walter hatte. Auf der einen Seite absolut in Ordnung, auf der anderen Seite schmerzhaft. Wäre ich mir seiner Gefühle sicherer gewesen, hätte ich mich selbst nicht ständig in Frage gestellt, vielleicht wäre der Urlaub dann so richtig entspannt gewesen. So war er neuer Nährboden für meine Zweifel. Der Druck war wieder da. Mein Beschluss, mehr in der Gegenwart zu leben, war eben nicht so einfach in die Tat umzusetzen.

Kurz nach Ende des Urlaubs begann erneut die Periode der Messen und der Konzeptfindung für die neue Saison. Es reihte sich Reise an Reise, Termin an Termin. Der September und der Oktober sind immer eine der reiseintensivsten Monate in der Modebranche, jedenfalls im Bereich der Produktionsentwicklung. Gerade in dieser Zeit ist es so, als wenn man wie im Hamsterrad läuft, immer nach vorne - schnell, schneller, am schnellsten.

Anfang Oktober war ich dann über das Wochenende bei Walter in Bonn. Wir waren diesmal allein. Wir hatten wunderbares herbstliches Wetter, wir flanierten am Samstag durch die Geschäfte der Stadt, verbrachten einen harmonischen Abend miteinander, frühstückten am anderen Morgen lange und ausgiebig und begaben uns dann an den Rhein, um einen langen Spaziergang in der Sonne zu unternehmen. Es war herbstlich warm, der Rhein floss träge dahin. Wir genossen die letzten intensiven Sonnenstrahlen des Herbstes, wie die Menschen um uns herum. Wir aßen Eis, lagen sogar im Gras, es war einfach schön. Vielleicht war es diese entspannte Atmosphäre, dass die Unterhaltung wieder einmal auf das Thema unserer Beziehung zusteuerte. Das Gespräch wurde zunehmend hitziger und emotionsgeladener, unsere unterschiedlichen Erwartungen an unsere Partnerschaft standen im Mittelpunkt der Diskussion. Dann fielen der folgenschwere Satz und die Entgegnung, von wem zuerst, weiß ich heute nicht mehr: »Dann lassen wir es.« »Ja, gut, dann lassen wir es.« Und wir ließen es dann auch, wir trennten uns. Wir weinten beide. Ich, weil ich wieder alleine war und dachte, dass meine Liebe wieder nicht ausgereicht hat: »Ich bin wieder gescheitert.« Er, weil er begriff, wie ernst es mir diesmal war.

In einer späteren Mail schrieb ich ihm, dass es besser sei, sich zu trennen, wenn der eine den anderen ständig davon überzeugen müsse, dass er es wert sei, von ihm geliebt zu werden. Das ist auf Dauer anstrengend und man verliert darüber seine eigenen Wünsche und Vorstellungen aus dem Blick.

Auf dem Weg nach Hause hatte ich an diesem Sonntagabend im Auto sehr viel Zeit meinen Tränen freien Lauf zu lassen und nachzudenken. Es war sehr viel Schmerz in mir, trotzdem konnte ich fahren, es war, als ob das Fahren auf der dunklen Autobahn meinen Kummer aus mir herausspülte und Platz machte, damit meine Gedanken frei fließen konnten. Ich ließ mein ganzes Erwachsenenleben Revue passieren, erinnerte mich an Schönes, an Trauriges, an meine ersten Berufspläne nach dem Abitur, meine beruflichen Stationen, meine erste große Liebe, meine erste Ehe, meine Partnerschaft danach. Ich fragte mich: Was macht dir so richtig Freude in deinem Leben? Wo sind deine Talente, was hast du aus ihnen gemacht? Was wünschst du dir am meisten? Bist du wirklich glücklich oder fehlt dir etwas? Warum waren meine Beziehungen gescheitert, warum hatte meine Ehe nicht gehalten? War ich bei der Liebe immer dem gleichen Muster gefolgt, hatte mir einfach den falschen Mann ausgesucht? Wurde ich deshalb nicht geliebt, weil ich die Liebe, die mir im Laufe der Jahre für mich selbst abhandengekommen war, bei anderen suchte und damit jeden Mann überforderte? Ich ging mit mir selber schonungslos ins Gericht, gab mir auf alle Fragen ehrliche Antworten, es hörte ja keiner zu. Aber es gab auch Fragen, auf die ich keine Antworten hatte, da blieb es in mir einfach stumm. Auf dieser Fahrt begriff ich, dass nur ich selbst die noch fehlenden Antworten finden konnte, ich allein war dafür verantwortlich, niemand sonst. Auch wurde mir klar, dass ich dafür Zeit brauchte. Was hatte Bernhard von Clairvaux noch geschrieben: »Es ist viel klüger, Du entziehst Dich von Zeit zu Zeit Deinen Beschäftigungen, als dass sie Dich ziehen und Dich nach und nach an einen Punkt führen, an dem Du nicht landen willst.« Ich wollte mir nicht länger den Kopf darüber zerbrechen, ob ich so viel arbeitete, weil ich keine eigene Familie hatte oder ob ich keine Familie hatte, weil ich so viel arbeitete. Ich hatte es satt, als Karrierefrau abgestempelt zu werden. Ich wollte einfach nicht länger zwischen zwölf und vierzehn Stunden am Tag mit meinem Beruf verbringen, um am Ende meiner Berufslaufbahn alleine und eine dieser unzufriedenen Modetanten zu sein.

Als ich in Münster ankam, hatte ich Entscheidungen gefällt, die mein Leben verändern sollten. Ich war mir ganz sicher. Ich wollte noch in der gleichen Woche kündigen, ich wollte die Modebranche verlassen und noch mal etwas ganz Neues beginnen. Was das sein könnte, darüber würde ich in aller Ruhe nachdenken und die Zeit würde mir dabei helfen. Kurz nach meinem letzten Arbeitstag wollte ich mich auf den Weg nach Santiago de Compostela machen und mich endgültig zu dem spirituellen Seminar zwischen den Jahren anmelden. Dem nächsten Mann, in den ich mich verlieben sollte, wollte ich von vornherein klaren Wein einschenken: »Eine eigene Familie ist für mich wichtig. An einer Beziehung nach dem Motto, wir schauen mal, was draus wird, und lassen alles ganz langsam auf uns zukommen, habe ich keinerlei Interesse.«

An dem Abend war mir innerlich zum Weinen und Lachen zumute. Ich fühlte mich befreit, gleichzeitig hatte ich Angst vor meiner eigenen Courage. Trotzdem oder gerade deswegen setzte ich alles, natürlich nur das, was ich selbst beeinflussen konnte, in die Tat um. In der gleichen Woche kündigte ich. Das spirituelle Seminar besuchte ich wie geplant zwischen Weihnachten und Neujahr. Mein letzter Arbeitstag war gegen Ende April 2006, sodass ich am 21. Mai 2006, meinem 41. Geburtstag, nach St. Jean-Pied-de-Port aufbrechen konnte, um endlich zum Grab des heiligen Jakobus zu pilgern.

Noch heute freue ich mich darüber, wie liebevoll und souverän mein Bruder und mein Vater auf meine Kündigung reagierten. Nachdem sie durch unser Gespräch klar verstanden hatten, wie ernst es mir war, versuchten sie auch nicht, mich von meinem Entschluss abzubringen. Mein Bruder sagte mir: »Ich arbeite gern mit dir zusammen, du machst deine Arbeit gut und gerne würde ich auch weiterhin mit dir zusammenarbeiten wollen. Ich werde dich aber trotzdem nicht überreden, bei uns zu bleiben, weil ich dann immer mit dem Gefühl leben müsste, dass du doch irgendwann gehst, und mit dieser Unsicherheit ist kein gutes Zusammenarbeiten möglich.« Für diese Worte war ich ihm sehr dankbar, weil sie mir in der folgenden Zeit bei aufkommenden Zweifeln immer wieder eine Hilfe waren. Die Wertschätzung meines Bruders tat gut, aber auch seine klare Aussage, dass die Firma für ihn Priorität habe, bestärkte mich. Letztendlich fühlte ich mich dadurch noch mehr bestätigt, die richtige Entscheidung getroffen zu haben. Denn ich wollte dem, was mir wichtig war, mehr Priorität geben.

Bei meinem Vater hatte ich trotz seiner für mich positiven Reaktion das Gefühl, dass er auch ein wenig enttäuscht war, dass ich seine bisher gut funktionierende Nachfolgeregelung nun durcheinanderbrachte. Doch sein gesunder Pragmatismus und auch seine väterlichen Instinkte rückten schnell anderes in den Vordergrund. Er sorgte sich, wie auch später meine Mutter, sehr stark um die Folgen für mich. »Was willst du denn machen, welche Pläne hast du, wovon willst du auf Dauer leben?«, waren seine Fragen. Fragen, die ich mir natürlich auch stellte. Wahrheitsgemäß antwortete ich, dass ich viele Ideen hätte, aber noch nichts Konkretes ins Auge gefasst hätte. Vielleicht studieren: Journalismus, Bibliothekswissenschaften, Literatur- oder Kommunikationswissenschaften. Meinen alten Traum ein Buch zu schreiben, in die Tat umsetzen. Mich sozial engagieren. Alles das, was mich als Abiturientin auch interessiert hatte. Vieles schwirrte in meinem Kopf herum, sortiert war noch nichts, wie denn auch, ich musste erst einmal diesen gravierenden Einschnitt überhaupt verarbeiten.

Wir hatten vereinbart, meine volle Kündigungszeit von einem halben Jahr auszuschöpfen, und ich hatte versprochen, erst dann zu gehen, wenn die Nachfolge feststand und ich sie eingearbeitet hatte. Bis dahin wollten wir den Mitarbeitern auch nichts sagen, um keine unnötige Unruhe aufkommen zu lassen. Ich hatte für mich beschlossen, mich mit meinem neuen Weg erst dann weiter auseinanderzusetzen, wenn der Kopf dafür so richtig frei war – frei zu sein vom Arbeitsalltag mit seinen festgelegten Tagesabläufen. Mit meinen Ersparnissen, so hatte ich mir ausgerechnet, konnte ich mir dies auch einige Zeit leisten. Sicher war nur, dass ich den Jakobsweg gehen würde, sobald ich aufhören würde zu arbeiten.

Seltsamerweise machte mir meine Arbeit in den folgenden Monaten wieder sehr viel Spaß, vieles klappte leichter als vorher. Woran lag das? Sicherlich, weil ich damit aufgehört hatte, mich ständig in Frage zu stellen, alles in Zweifel zu ziehen. Ebenso war ich mir trotz der Unruhe bezüglich meiner beruflichen Zukunft immer sicher, die richtige Entscheidung getroffen zu haben. Ich bereute nichts, im Gegenteil, ich empfand pure Lebensfreude.

Die Weisheit von Andre Gidé »Man entdeckt keine neuen Weltteile ohne den Mut zu haben, alle Küsten aus den Augen zu verliere« drückte meinen Seelenzustand aus. Ich hatte den Mut gehabt, meinen sicheren Boden unter den Füßen zu verlassen, ohne zu wissen, was kommt. Aber wie jeder Entdecker, so dachte ich, würde ich auf etwas stoßen, etwas Neues, Unbekanntes, aber bestimmt auch etwas Spannendes und Lohnendes. Später haben mir viele, nicht nur jene aus meiner engsten Umgebung, Bewunderung für diesen Mut entgegengebracht. Mehr noch, ich spürte sehr viel Respekt, das wiederum verlieh mir noch mehr Mut und Entschlossenheit. Etwas Anderes, etwas sehr Wesentliches, gab mir ebenso die tiefe Zuversicht, dass ich das Richtige tat. Es war mein Glaube. Ich wusste, ich bin nicht allein, Gott ist da, bei mir, in mir und gibt mir die Kraft, alle Antworten auf meine Fragen zu finden.

Ein Geschenk für meinen Mut zu neuen Ufern aufzubrechen, bekam ich übrigens sehr schnell. Bis heute verstehe ich rein rational nicht, warum ausgerechnet zu dem Zeitpunkt, in der Situation. In der gleichen Woche, in der ich kündigte, begegnete ich dem Mann, der heute mein Mann ist. Verrückt, total verrückt. Die Umstände unseres Kennenlernens, das Wie, alles war schon ungewöhnlich.

Wie es unter Frauen üblich ist, müssen die besten Freundinnen von allen wichtigen Entscheidungen sofort in Kenntnis gesetzt werden. Ich bin da nicht anders gestrickt. Allerdings habe ich mich doch in einem Punkt zurückgehalten, meine »alten« Freundinnen aus meiner Heimatstadt band ich nicht ein, nicht weil ich sie nicht für vertrauenswürdig hielt, sondern weil alle auch eine Nähe zu meiner Familie dort haben und ich sie nicht in eine Zwickmühle bringen wollte. Denn mir war klar, dass mein Bruder zunächst Stillschweigen bewahren wollte. Meinen Freundinnen aus Münster, Susanne, Larina und Anne, erzählte ich natürlich die Neuigkeiten. Freunde sind wichtig, vor allem wenn man keine eigene Familie hat. Sie haben meist einen anderen Blickwinkel als die Herkunftsfamilie, vieles wird dadurch anders eingeordnet. Deswegen bedeutete mir das Feedback, die Reaktion auf meine Entschlüsse, seitens meiner engsten Vertrauten sehr viel.

Larina erreichte ich erst nach zwei Tagen telefonisch, eigentlich hatte sie auch an diesem Dienstagabend keine Zeit. Sie hatte vor kurzem eine spirituelle Ausbildung begonnen und gerade an diesem Abend traf sie sich mit einem ihrer Kollegen in unserer damaligen kleinen Stammkneipe, dem »Rabenschwarz« um die Ecke. Sie lud mich ein, dazu zu kommen, wenn mich die Anwesenheit von Gu, so sein Name, nicht stören würde. Es störte mich überhaupt nicht, besser gesagt, es war mir sogar egal, ob dieser Wildfremde dabei sitzen würde. Er kannte mich nicht, ich ihn nicht, sollte er doch zuhören, wenn er denn wollte, es interessierte mich in dieser Situation sowieso nicht. Als ich dann in das »Rabenschwarz« eintrat, saßen die beiden schon dort. Larina stellte uns kurz vor. Ohne ihn danach großartig zu beachten, sprudelten die Ereignisse der vergangenen Tage nur so aus mir heraus. Ich ließ keinen meiner gefassten Vorsätze aus, nicht einen einzigen. Larina, aber auch Gu, hörten interessiert zu. Larina, wie später auch meine anderen Freunde, unterstützte mich vorbehaltlos in meinen Plänen und freute sich mit mir, ja, sie bestärkte mich sogar. Irgendwann meldete sich auch Gu zu Wort und meinte, er würde meinen Mut sehr bewundern und er freue sich, dass er an meiner Geschichte hätte teilhaben dürfen.

Noch ungefähr eine halbe Stunde plauderten wir über alles Mögliche, der Abend war kurzweilig und lustig. Gu fand ich sympathisch. »Netter Typ«, dachte ich mir. Als Mann nahm ich ihn an diesem Abend eigentlich nicht so richtig wahr. Wie auch, das, was hinter mir lag, war noch viel zu frisch. Dennoch muss ich zugeben, dass ich seine braunen Augen und den intensiven Blick daraus schon attraktiv fand, und seinen Po stufte ich auch als ganz knackig ein, als er sich zwischendurch auf den Weg zum stillen Örtchen machte. Dann wollte ich mich verabschieden, Gu hielt mich aber auf, ich solle bitte kurz warten. Er verließ das

»Rabenschwarz« mit den Worten: »Ich hole nur schnell etwas aus dem Auto. Da gibt es etwas, was ich dir geben möchte.« Larina und ich schauten uns erstaunt an, sie hatte auch keine Ahnung, wovon er sprach. Bei seiner Rückkehr überreichte er mir ein Päckchen mit den Worten: »Ich weiß nun, warum ich vor einigen Wochen aus einem Impuls heraus etwas gekauft habe, ohne zu wissen, warum oder für wen. Heute nun ist es mir klar geworden. Das darin enthaltene Geschenk ist für dich bestimmt.« Ich reagierte mit Ungläubigkeit: »Das sagst du jetzt nur so, eine schön ausgedachte kleine Anekdote.« Er blieb ganz ruhig, sah mich eindringlich an und meinte nur: »Pack es einfach aus, du wirst schon sehen.« Eine wunderschöne Kette mit leuchtenden kristallblauen Steinen kam zum Vorschein, ich schaute ihn verwundert an. »Die Steine der Kette haben die gleiche Farbe wie deine Augen, sie passt zu dir. Ich möchte dir etwas schenken, weil ich deinen Mut und deine Lebensfreude als etwas Besonderes erachte.« Das erste Kennenlernen zwischen uns hört sich kitschig an. Für mich war dieser Abend einfach nur heiter und schön. Ich ging positiv gestimmt nach Hause, freute mich über das unerwartete Präsent und vor allem über dessen Begründung. Gu sagte mir später, dass er sich bereits an diesem Abend in mich verliebt hat. In der Folgezeit ließ er über Larina immer wieder Grüße an mich übermitteln. Ehrlich gesagt, das tat mir sehr gut, es beruhigte mein verwundetes Herz und schmeichelte natürlich auch meinem Ego. Es sorgte zusätzlich dafür, dass ich nicht wieder in ständige Grübeleien verfiel, warum ich wieder einmal allein war. Nach und nach eroberte Gu mein Herz und überzeugte mich davon, wie ernst es ihm mit mir war. Das, was ich mir immer gewünscht hatte, einen Menschen zu finden, der ohne Wenn und Aber ja sagt, ich habe ihn in Gu gefunden. Oft denke ich, dass Gu in mein Leben getreten ist, damit ich täglich daran erinnert werde, bewusst und auf meine innere Stimme hörend, meinen neuen Weg zu gehen. Er ist eine Antwort auf eine meiner vielen Fragen, aber ich habe ihn nur gefunden, weil ich mich auf den Weg zu mir selbst gemacht habe. Auf den Weg, der mein eigener und nur für mich bestimmte Weg ist.

Im Dezember, zwischen den Jahren, nahm ich am Seminar »Der Weg ins Licht« teil. Bei diesem spirituellen Seminar geht es im Wesentlichen darum zu erkennen, welche Qualitäten man in seinem Leben bereits lebt und welche sich noch verbergen. Sich bewusst zu machen, was man in sich trägt, und das Vertrauen und das Selbstbewusstsein zu entwickeln, dieses auch nach außen zum Ausdruck zu bringen und es zu leben. Sita, die spirituelle Leiterin, arbeitete dabei unter anderem mit den verschiedenen Chakren. Die Tage am Bodensee, das Seminarzentrum lag nur unweit davon entfernt, waren entspannend, sehr intensiv und in vielerlei Hinsicht klärend. Mir wurde einmal mehr deutlich, wie eng meine Beziehung zu meinem Glauben ist, aber auch was Stille und Meditation bewirken und auslösen können. Durch das Miteinander mit den anderen Teilnehmern spürte ich, wie gerne ich mich auf andere Menschen einlasse. Ich genoss die entstehende Gruppendynamik und den Wunsch, gemeinsam für jeden Einzelnen ein gutes Fortkommen und Ergebnis zu erreichen.

Untergebracht war ich auf einem Ferienbauernhof. Die Atmosphäre dort war heimelig, gemütlich und sehr fürsorglich. Die Nähe zum Alltag des Bauernhofes war ein wohltuender Kontrast zu den Tagen vorher, die sich um die neuesten Modetrends für den darauf folgenden Winter gedreht hatten. Der Geruch des nahen Kuhstalls, der Duft der überall herumliegenden Apfelprodukte und die liebevolle Gastfreundschaft der jungen Bauernfamilie ließen mich so richtig zur Ruhe kommen. Es hatte zudem geschneit und anders als beim münsterschen Schmuddelwetter konnte man hier in eine weihnachtlich-besinnliche Stimmung eintauchen. Die Spaziergänge zwischendurch und ab und zu auch am Abend, manchmal unter wunderbar klarem Sternenhimmel, öffneten mich zusätzlich für die Seminararbeit. Ich fühlte mich als Teil von Gott und empfand eine Energie, die mich durchflutete und die ganze Woche über begleitete.

Am Ende des Seminars bekam jeder Teilnehmer von Sita einen Satz geschenkt, der die jeweilige Lebensaufgabe beschreiben sollte. Dieser Satz bewegte mich sehr: Wahrheit und Frieden so in mir in Einklang zu bringen, dass ich damit die Herzen anderer

Menschen berühre. »Was bedeutet er eigentlich?«, fragte ich mich. Für mich sagte er aus, dass ich meine eigene Wahrheit finde, Erkenntnisse in mir suchen und reifen lasse, sie in Übereinstimmung mit mir selbst bringe. Darüber hinaus Harmonie und Ausgleich im persönlichen Inneren zu erlangen, um inneren Frieden zu verspüren. Wahrheit und Frieden, zwei wunderbare und sehr erstrebenswerte Ziele, so in sich selbst in Einklang zu bringen, also mit sich selbst im Reinen, im Konsens zu sein, um damit als wahrhaftiger, authentischer, in sich ruhender Mensch andere Menschen zu berühren.

Die Aufgabe drückte für mich auch noch eine weitere wichtige Erkenntnis aus: Der innere Wachstumsprozess muss mit dem äußeren Sein und Tun konform gehen. Ich kann nicht im Inneren in Harmonie bleiben, wenn meine Wünsche, Ziele und Visionen im Außen keine Entsprechung finden. Auch heute denke ich, dass in diesem Satz genau die Wahrheit für mein Leben liegt, die ich gesucht habe. Ich habe sie zwar immer noch nicht vollständig gefunden, aber ich bin ihr ein sehr, sehr großes Stück näher gekommen.

Im Februar, nach den großen Stoffmessen, wurde die Entscheidung meiner Kündigung den Mitarbeitern und Kollegen mitgeteilt. Es gab keine einheitliche Reaktion, wie auch, die Menschen und ihre Empfindungen sind verschieden. Eines wurde mir aber deutlich entgegengebracht: Verständnis und Respekt. An meinem letzten Tag, während einer kleinen Abschiedsfeier, kam dies ganz besonders zum Ausdruck. Ich bekam ein Bildobjekt von der Künstlerin Susanne Hegmann sowie ein liebevoll gestaltetes Erinnerungsalbum geschenkt. Alle Abteilungen hatten sich an dem Album beteiligt. Auf vielen Seiten waren darin Wünsche für meine Zukunft in Weisheiten, Gedichten und Texten zum Ausdruck gebracht worden. Was mich am meisten berührte, sie hatten sich mit mir als Menschen auseinandergesetzt, sich mit meinen Motiven beschäftigt und auch meinen Abschied für mich als Start in einen neuen Lebensabschnitt begriffen. Sie verstanden, wie schwer mir dieser Schritt trotz allem fiel, dass ich nicht nur in eine neue, ungewisse Zukunft ging, sondern auch, dass ich quasi meine Familie verließ, und sie machten mir deshalb Mut. Eine der vielen Weisheiten lautete: »Viele Wege führen zum Ziel, aber nur dein eigener Weg führt dich ins Glück.« Ich sehe noch heute die Gesichter vor mir. Neugierde, Anerkennung, Zuneigung, Wohlwollen, aber auch Skepsis und Verwunderung spiegelten sich auf den Gesichtern wider. Viele kannten mich schon eine Ewigkeit. Schon als Teenager hatten meine Geschwister und ich in den Ferien in der Firma gejobbt, andere waren mit mir zur Schule gegangen. Es war ein sehr persönlicher Abschied und deshalb ging ich nicht nur traurig, sondern auch glücklich und zufrieden nach Hause. Etwas ganz Entscheidendes verstand ich an diesem Tag aber auch. Es war nicht wichtig, was Menschen, die mich nur von außen wahrnahmen und oberflächlich kannten, über mein Ausscheiden aus dem Familienunternehmen spekuliert und vermutet hatten und welche falschen Schlussfolgerungen sie daraus gezogen hatten. Es war nur entscheidend, was die Menschen in meiner unmittelbaren Umgebung dachten. Sie hatten meine Kündigung als das wahrgenommen, was sie war. Es war überflüssig, an die in der Fachpresse im März veröffentlichte negative Berichterstattung über mein Ausscheiden überhaupt einen Gedanken zu verschwenden. Sie war es nicht wert, negative Gefühle in mir hochkommen zu lassen. Die, die meine Familie und mich kannten, wussten, dass nichts Negatives zwischen uns vorgefallen war.

Einen Monat später wollten wir aufbrechen und uns auf unsere Pilgerreise begeben. Wir, das waren Gu und ich. Irgendwann im Laufe des Frühjahrs hatte er gefragt, ob er mitkommen könne. Zunächst war ich skeptisch, was sollte ich antworten, eigentlich wollte ich den Weg doch alleine gehen. Fairerweise muss ich aber zugeben, dass mein Respekt vor dieser Unternehmung mit den zunehmenden Reisevorbereitungen und dem sich nahenden Reisedatum immer mehr wuchs. Die Tragweite des Pilgerns wurde mir immer mehr bewusst. Deshalb wies ich das Ansinnen Gu's auch nicht sofort zurück. Er machte den Vorschlag zwei Wochen vor Ende der Reise dazu zu stoßen und den Rest des Pilgerweges bis nach Santiago mit mir zu gehen, da er nur zwei Wochen

Urlaub nehmen konnte. Wir überlegten und diskutierten. Irgendwann fasste ich mir ein Herz und sagte ihm, dass ich es besser finden würde, wenn er mich am Anfang begleiten würde. Meine nicht uneigennützigen Gründe verschwieg ich ihm nicht: »Gerade der Beginn der Reise wird für mich nicht einfach sein. Noch nie bin ich mit Rucksack gewandert, seit Jahren bin ich Komfort auf meinen Reisen gewohnt. Und dann bin ich doch in bestimmten Situationen auch ein Angsthase, allein im Dunklen zum Beispiel. Mich macht auch dieser ganz andere Tagesablauf nervös, was, wenn ich es nicht schaffe. Ich finde es schön, wenn du mich die ersten Tage begleitest und ich dann alleine weitergehe. Ich glaube, das ist für mich besser.« Ein Stück weit noch Begleitung, eine Brücke zwischen dem alten Weg und dem neuen Weg, so dachte ich mir, das könnte Gu als Reisebegleitung für mich sein. Er reagierte mit Verständnis, nahm mich liebevoll in den Arm und versprach mir: »Ich bin die ersten Tage gerne dein Beschützer. Ich glaube zwar, dass du mich dazu nicht brauchst. Du schaffst das auch allein.«

Wir beschlossen, eine Probewanderung im Sauerland durchzuführen. Diese war in erster Linie für mich gedacht. Gu war ein erfahrener Wanderer und Kletterer. Ich wollte ein Gefühl für das bekommen, was vor mir lag. Außerdem hatte Gu einen zweiten Rucksack, den ich zwecks Tragekomforts ausprobieren wollte. Ostersonntag machten wir uns auf den Weg. Der Rothaarsteig, man nennt ihn auch den Weg der Sinne, war unser Ziel. In Olsberg stellten wir unser Auto ab. Unser Tagesziel war Willingen, wir wollten ca. 15 Kilometer zurücklegen. Wie sich herausstellte, hatten wir uns ein Osterwochenende ausgesucht, das von Nieselregen, kaltem Ostwind bis hin zu Schneeregen alles für uns bereithielt. In den höheren Lagen waren sogar noch Schneefelder vorhanden. Da ich keine Wanderausrüstung besaß, hatte ich mir kurz vorher eine warme Goretex-Hose sowie eine wasserabweisende Regenjacke zugelegt, ansonsten versuchte ich mit Skiunterwäsche, Sportklamotten und meinen Winterthermostiefeln klarzukommen. Diese kleinen Unzulänglichkeiten und der für mich völlig ungewohnte Rucksack, der zudem in keiner Gurteinstellung zu meinem Rücken passen wollte, beeinträchtigten meine gute Laune nicht. Die Wanderung war wunderschön. Wegen des schlechten Wetters begegneten wir so gut wie keiner Menschenseele, wir hatten die Wälder für uns allein. Der Wind rauschte mächtig durch die Tannen und das leere Geäst der Laubbäume. Der aufgeweichte, schlammige Boden gab unsere Schritte leise schmatzend wieder, ab und zu fiel ein Tannenzapfen zu Boden und durchbrach damit die Stille. Ja, wir waren still. Gu und ich genossen das selbstverständliche Nebeneinander, schauten uns nur hin und wieder beim Gehen an. Es war eine besondere Atmosphäre, Reden hätte nur gestört. Ganz zu Beginn unserer Wanderung führte unser Weg zur Borbergskapelle. Bis dorthin verläuft ein Kreuzweg, dessen waren wir uns vorher nicht bewusst, um so mehr freuten wir uns darüber. Es war eine meditative und besinnliche Wegstrecke, die uns beide an den vor uns liegenden Jakobsweg erinnerte. Oben angekommen machten wir eine kleine Frühstücksrast und erfreuten uns des schönen Kirchplatzes, die kleine Kapelle war leider geschlossen. Eine Familie, die dort oben ihren Osterspaziergang mit einer Eiersuche verband, schenkte uns zwei Schokoladeneier als Wegzehrung. Es war, als wenn das Pilgern schon jetzt an diesem Osterwochenende unsere Herzen auf besondere Weise erfasste. Wir passierten später die Feuereiche, übten uns an der Ginsterkopf-Klettervariante, kamen an den Bruchhauser Steinen vorbei und bogen am Richtplatz Richtung Willingen ab. Wir waren um 11 Uhr in Olsberg gestartet und erreichten mit einigen Pausen gegen 16 Uhr Willingen. Meinen Körper fühlte ich mit jeder Muskelfaser, alles tat mir weh, der Rucksack lag wie Blei auf meinem Rücken. Ich sehnte mich nach einer heißen Dusche für meine müden, kalten und muskelverzerrten Glieder. Ich wähnte das von uns vorbestellte Pensionszimmer schon in unmittelbarer Nähe und sah mich von meinen körperlichen Leiden schon erlöst, als wir feststellen mussten, dass Gu in einem Vorort von Willingen das besagte Zimmer reserviert hatte. Der Vorort lag von uns aus gesehen hinter Willingen. Nur unter Anfeuerungsrufen und mit gutem Zureden schaffte ich das letzte Stück. Wir belohnten uns an diesem Abend mit einem ausgezeichneten Essen in einem sehr schönen Restaurant. Unser Fußweg dorthin war für Gu ein einziger Angriff auf seinen Lachmuskel, was ich gar nicht witzig fand. Neben Gu lief eine breitbeinige, an John Wayne erinnernde, sich schwer vorwärts bewegende, wandergeplagte Frau. Ich fragte mich, wie ich es nur jemals nach Santiago schaffen wollte. Mein Ehrgeiz aber war geweckt.

»Der morgige Tag soll nur kommen«, dachte ich bei mir. Der zweite Tag begann nach ausgiebigem Schlaf und köstlichem Frühstück mit einem Geschenk. Unser Pensionswirt, der anscheinend schnell verstanden hatte, welcher Wanderkategorie er mich zuordnen musste, brachte uns mit dem Auto zu unserem Ausgangspunkt für diesen Tag. Ich hätte ihn umarmen können! Danach machte ich meine erste wichtige Wandererfahrung. Die ersten Schritte lassen einen noch alles spüren, mit jedem Schritt weiter vergeht der Schmerz. So erklommen wir den Langenberg, durchqueren das Naturschutzgebiet Neuer Hagen, sahen die fünfhundertjährige alte Linde in Küstelberg und kosteten aus der Quelle der Ruhr. Über die Heidenstraße gelangten wir schließlich nach Winterberg. Auf diesem letzten Abschnitt kamen wir an einem Bildstock vorbei, es war ein Bildstock zu Ehren des Apostels Jakobus des Älteren. Wir befanden uns auf einem Teilstück des Jakobsweges! Auch das hatten wir vorher nicht gelesen. Der Pilgerpfad, das war offensichtlich, rief uns und wartete auf uns! Unsere Vorfreude war mit unserer wunderbaren Osterwanderung nur noch größer geworden. Meine konditionellen Schwächen konnten mich davon auch nicht abhalten.

Bis zu unserer Abreise mussten weitere Reisevorbereitungen getroffen werden, hauptsächlich für mich, denn wie bereits angedeutet gehörte bis dahin eine Wanderausrüstung nicht in meinen Kleiderschrank. Es fehlte wirklich alles: Rucksack, Schlafsack, Isomatte, Trinkflasche, weitere Wanderbekleidung, Regenzeug und, und, und. Wanderschuhe zu kaufen, stellte sich als die größte Schwierigkeit heraus. Es dauerte fast einen Monat passende Exemplare für mich zu finden, meine Ferse war zu schmal und hatte in den normal geschnittenen Modellen keinen festen Halt.

Also bekam ich extra schlanke Schuhe, natürlich aus Italien, sie waren sogar ganz schick. Meine alte Profession kam mal wieder zum Vorschein. Den Rucksack tauschte ich einmal um: Zunächst hatte ich mir zu einem 55-Liter-Exemplar raten lassen, doch beim Probepacken passte nicht alles hinein. Dabei hatte ich doch schon mehrmals aussortiert und mich für meine Verhältnisse drastisch beschränkt. Dazu muss man wissen, dass ich grundsätzlich auf Reisen für alle Eventualitäten zwei bis drei Outfits mehr einpackte. Gu meinte nur: »Du musst den Rucksack fünf Wochen tragen, es ist deine Entscheidung, ob du dir einen größeren zulegst.« Ich kaufte einen 65-Liter-Rucksack, in ihn konnte ich alles verstauen und ich war mir sehr sicher, die 15 Kilo meines geplanten Gepäcks tragen zu können. Davon, dass man als Rucksackgewicht mit zehn Prozent seines Körpergewichtes rechnen sollte, erfuhr ich erst während des Pilgerns. Auch den Ratschlag meines Vaters, auf keinen Fall mehr als zehn Kilo mitzunehmen, ignorierte ich. Es musste also unbedingt das größere Exemplar sein. Später auf der Reise sah ich, dass fast nur die Männer ähnlich große Modelle wie ich trugen.

Je näher die Abreise rückte, umso mehr freute ich mich. Ich fieberte innerlich dem Weg entgegen, auch wenn ich äußerlich verhältnismäßig ruhig war. Ich denke, es hatte aber auch damit zu tun, die Gewissheit zu haben, zunächst zu zweit zu reisen und mich nicht allein in das mir Unbekannte vorzuwagen. Außerdem war es sehr schön, die Reisevorkehrungen nicht allein, sondern zu zweit treffen zu können. Mit Gu zusammen zu planen, den Reiseführer und die Karten zu wälzen, sich den Weg auszumalen, Gedanken darüber auszutauschen, machte großen Spaß. Wir planten mit dem Auto zu unserer ersten Wanderstation zu fahren, das Auto dort zu parken, damit Gu später, nach den zwei Wochen, wieder damit zurückfahren konnte. Ich wollte dann später von Santiago aus nach Hause fliegen. Am 21. Mai, meinem 41. Geburtstag, sollte es losgehen. Wir wollten eine Nacht irgendwo in Frankreich verbringen, um dann am 22. Mai in St. Jean-Pied-de-Port anzukommen. Von dort sollte es dann am Morgen des 23. Mai zu Fuß weitergehen.

Die Zeit bis zu unserer Abreise genoss ich sehr. Ich fühlte mich frei, unabhängig und ohne jegliche Verantwortung, außer der, die ich für mich hatte. Am Anfang fiel mir das Loslassen noch schwer. Mich plagte mein schlechtes Gewissen, wenn ich ausschlief, wenn ich mitten am Tag mit Larina oder Susanne im Café saß oder einfach nur faul die ersten Frühlingsstrahlen auf meinem Balkon auskostete, Aber dann bekam ich zunehmend mehr emotionalen Abstand zu meinem alten beruflichen Alltag. Ich brauchte keine dringenden Telefonate mehr zu führen, musste keine Entscheidungen von jetzt auf gleich treffen. Da waren keine zwei, drei oder mehr Menschen, die alle gleichzeitig etwas von mir wollten. Ich musste nicht mehr verantworten, ob wir noch mal kurzfristig Kleider produzieren sollten, weil das Wetter sich so toll entwickelte. Store-Checking war ab sofort ein Fremdwort für mich: Ich konnte in der Stadt bummeln gehen, ohne dass ich mit Argusaugen beobachtete, was unsere Mitbewerber denn gerade neu an den Handel ausgeliefert hatten. Ich fühlte mich befreit. Ich wollte aufbrechen und nicht zurückschauen. Ich hatte losgelassen, wollte mich neu einlassen und mich dem Fluss des Lebens überlassen. Die Gegenwart zu genießen, die Zukunft nicht wie sonst zu planen, das wollte ich von ganzem Herzen versuchen. Etwas Neues, Schönes, Wunderbares würde vor mir liegen, nicht nur auf dem alten Pilgerpfad, sondern auch in meinem zukünftigen Leben, dessen war ich mir ganz sicher!

Den letzten Abend feierten wir mit Freunden – Susanne und ihrem Mann Chester sowie Larina mit ihrem Mann Nico – in meinen Geburtstag hinein und nahmen Abschied. Es ist schon ein wenig komisch, dass alle ganz sentimental werden, wenn man längere Zeit unterwegs ist und nicht den üblichen zwei- oder dreiwöchigen Urlaub antritt. Es war eine lustige, witzige, aber doch leise Atmosphäre an diesem Abend. Um Mitternacht wurde nicht nur ich beschenkt. Gu hatte für uns alle Engelkarten ausgewählt. Sie enthielten einen kleinen geschnitzten und glatt polierten Engel mit einem zum Holz passenden Text. Jeder hatte einen anderen Engel. Man spürte förmlich, wie Gu sich vorher mit jedem Einzelnen von uns auseinandergesetzt hatte, um genau den richtigen Engel auszuwählen. Ich bekam den Engel der Klarheit, geschnitzt aus Lindenholz. Er soll mich daran erinnern, in meinem Leben für klare Linien zu sorgen. Er soll mich begleiten, um Zeiten der Stille für mich zu finden, denn sie wiederum sorgen für Klarheit. Auch der weitere Text sprach mich an und es war klar, der Engel würde mich auf der Reise begleiten, ebenso wie das kleine Holzkreuz und das Miniatur-Marienbild aus Kupfer, das ich darüber hinaus als Schutzbegleiter geschenkt bekam. So viel Weiteres wanderte in dieser Nacht noch in meinen Rucksack: Wunderschöne Karten mit liebvollen Worten meiner Freunde, ein Glückskäfer von meiner Schwester Sigrid, ein Tagebuch von meinem Bruder Bernd und seiner Frau Claudia mit vielen fürsorglichen und innigen Wünsche für mich. Mit all diesen guten Wünschen und Gedanken konnte die Reise nur unter einem besonderen Stern stehen.

Ich selbst hatte mir auf einer Postkarte meinen ganz persönlichen Reisewunsch niedergeschrieben. Meister Eckhart, einer der bedeutendsten Theologen und Mystiker der katholischen Kirche, hatte mich dazu mit einem seiner Gedanken inspiriert:

»Die Welt von innen zu betrachten, sich von innen bewegen zu lassen, führt zum eigenen Lebensweg!« »Was ist mein Leben?« »Was von innen her, aus sich selbst bewegt wird. Das aber lebt nicht, was von außen bewegt wird.« Ich selbst hatte noch hinzugefügt: »Geh deinen Weg! Sabine!«

Die Postkarte zeigt als Motiv das Kreuz von San Damiano in Assisi, dort hatte Gott zum heiligen Franziskus gesprochen. Ich hatte sie aus der kleinen Kapuziner-Klosterkirche in meiner Nachbarschaft mitgebracht. Mein Wunsch, ja fast schon Appell, an mich und das wunderschöne Kreuz sowie der Gedanke an Franziskus und sein Leben passten für mich einfach wunderbar zusammen. Während der Reise hatte ich die Karte oft in der Hand. Auch wenn ich die Worte im Herzen trug, an den Farben, der Gestaltung des Kreuzes, am Gesicht Jesu konnte ich mich nie genug satt sehen.

II. Auf dem Jakobsweg

Sonntag, 21. Mai 2006
Münster – Clermont-Ferrand

Nach einem kurzen Frühstück fuhren wir endlich los! Wir hatten uns kein festes Etappenziel für den Abend vorgenommen, wir wollten nur möglichst nah an unser eigentliches Ziel kommen, um am zweiten Tag nicht allzu spät dort anzukommen. Die Autobahnen in Frankreich wollten wir nur bedingt nutzen, zum einen, um die teure Maut nicht immer bezahlen zu müssen, zum anderen, weil wir davon ausgingen, abseits der Hauptverkehrsströme sehr viel einfacher ein Nachtquartier für uns zu finden. Das sollte sich später als Irrtum herausstellen.

Die Fahrt war schön. Unsere unbändige Freude über die vor uns liegende gemeinsame Zeit, das Abenteuer, das uns erwartete, sowie das Glück so nah beieinander zu sein, machte die Reise zu einem Vergnügen. Die Anrufe und SMS-Nachrichten, die zwischendurch zu meinem Geburtstag eintrafen, motivierten, denn immer war der Glückwunsch auch mit einem Reisewunsch verbunden. Die Landschaften zogen an uns vorbei, wir genossen die Aussicht. Zunächst war das Wetter etwas trüb und regnerisch, später in Frankreich klarte es auf. Die Sonne brach sich immer wieder ihren Weg durch schnell dahinziehende Wolken, die unterschiedlich schattiert waren, ein grandioses Schauspiel. Wir durchquerten Gegenden, die ich bisher nur von der Landkarte oder durch französisches Essen kannte: Languedoc, Perigord, Gascogne, ..., einfach umwerfend schön.

Gu und ich hatten, wie vorher festgelegt, irgendwann die Autobahn verlassen, um über Land weiterzufahren. Wir hatten nur nicht bedacht, dass am Sonntag augenscheinlich sehr viele Ausflügler unterwegs waren. Nur langsam kamen wir voran. Unser Plan möglichst nah an die französisch-spanische Grenze zu kommen, schien in weite Ferne zu rücken. Damit haderte ich, malte mir bereits aus, wie spät wir am nächsten Morgen in St. Jean-Pied-de-Port ankommen würden. Es würde wenig Zeit bleiben, um sich in Ruhe auf den ersten Wandertag vorzubereiten und die restlichen Formalitäten erledigen zu können. Immer wieder nervte ich Gu mit Fragen: »Was meinst du, bis wohin werden wir es heute noch schaffen? Sollen wir morgen noch früher losfahren, um den Zeitverlust auszugleichen? Können wir nicht einen kürzeren Weg fahren?« Gu entgegnete mir immer mit gleicher stoischer Ruhe: »Wir kommen dort und dann an, wie es eben der Verkehr zulässt, ich kann es nicht ändern. Es ist so, wie es ist.« Irgendwann begriff ich, ich war wieder in mein altes Muster verfallen. Plötzlich war ich nicht mehr im Hier und Jetzt, sondern bereits wieder in der Zukunft. Statt weiter die Nähe von Gu und das Panorama zu genießen, war ich schon in Gedanken beim Abend und sogar beim nächsten Tag. Nicht nur kurz für einen Moment, sondern immer und immer wieder driftete ich ab. Vergangenes hinter mich zu lassen, war etwas ganz Einfaches für mich, aber in der Gegenwart zu sein, ohne dabei die Zukunft in den Mittelpunkt meines Denkens zu stellen, das war sehr, sehr schwer für mich. »Adsum«, einfach da sein, würde ich das auf dem Jakobsweg ein wenig mehr verinnerlichen? Würde ich meine Ungeduld, die innere Anspannung und meine Erwartungen in den Griff bekommen?

Gegen 19 Uhr begannen wir, nach einer Pension Ausschau zu halten. Wir passierten so viele kleine Dörfer und Städte, dass wir dachten, ohne Probleme Unterkunft für die Nacht zu finden. Dem war aber nicht so, entweder gefielen uns die Häuser von außen nicht, sie waren geschlossen oder es gab am Weg gar keine Möglichkeit unterzukommen. Irgendwann war es bis Clermont-Ferrand nicht mehr weit, deshalb entschieden wir, dort eine Bleibe zu suchen. Um 21 Uhr hatten wir endlich ein Zimmer, eigentlich für unser Budget zu teuer, aber verkehrsgünstig gelegen und dennoch nah zur wunderschönen Altstadt. An einem mittelalterlich anmutenden Platz, umsäumt von Platanen, aßen wir in einem typisch französischen Lokal zu Abend. Dank Heizstrahler und der lauen Luft konnten wir unser Essen auf der Terrasse einnehmen und meinen Geburtstag sowie unseren ersten Reisetag in Ruhe ausklingen lassen.

Montag, 22. Mai 2006
Clermont-Ferrand – St. Jean-Pied-de-Port

Ein atemberaubender Ausblick erwartete uns an diesem Morgen im Frühstücksraum des Hotels. Dort, im obersten Stockwerk, konnten wir über die gesamte Altstadt blicken, in deren Mitte die Kathedrale mit ihren aufstrebenden Türmen stand. Sie sah wie eine kleinere Ausgabe des Kölner Doms aus. Dieser Ausblick versöhnte uns mit unserer späten Ankunft, die es nicht mehr zugelassen hatte, die Stadt näher zu erforschen. Gegen 9 Uhr starteten wir. Der letzte Tag mit dem Auto, ab dem nächsten Morgen würden wir zu Fuß weiterreisen. Je näher wir den Pyrenäen kamen, desto mehr leuchtete der Ginster rechts und links der Straßen. Das kräftige Gelb kontrastierte wunderbar mit dem satten Grün der Wiesen. Die Bäume standen teilweise noch in Blüte. Der Frühling verschwendete seine ganze Pracht. Wir strahlten uns beide an, die Natur würde von nun an unser ständiger Begleiter sein. Wir hofften beide auf gutes Wetter, auch wenn wir in unserer Ausrüstung Regen und Kälte berücksichtigt hatten.

Am späten Nachmittag trafen wir endlich in St. Jean-Pied-de-Port ein. Zunächst suchten wir einen Parkplatz, der möglichst sicher, öffentlich, ohne Gebühren sowie ohne zeitliche Begrenzung war. Kein leichtes Unterfangen, aber schließlich hatten wir Glück. Er lag sogar ziemlich nah an der Altstadt, sodass wir unsere Rucksäcke bis zum Pilgerbüro nicht sehr weit tragen mussten. Welche Ironie, über diese wirklich kurze Strecke war ich heilfroh. Was sollte nur werden, wenn ich mehr als diese tausend Meter wandern würde? Es war ein ganz neues Gefühl für mich, für die nächsten Wochen mein gesamtes Hab und Gut für die Reise auf meinem Rücken zu tragen. Mein Rucksack, neben Gu, mein wichtigster Gefährte. Fluch und Segen zugleich sollte er für mich in vielen Situationen und für die gesamte Reise sein.

Im Pilgerbüro angekommen ließen wir uns den ersten Stempel unserer Wanderung geben. Die Credencial del Peregrino, den Pilgerausweis, hatte ich uns schon in Deutschland bei der St. Jakobsbruderschaft in Trier besorgt. Die Credencial ist sehr schön gestaltet. Die Vorderseite zeigt eine Tür, an der ein Pilgerstab mit Jakobsmuschel und Kalebasse gelehnt steht. Die Rückseite wird von der Kathedrale in Santiago, dem Grab des heiligen Jakobus sowie von Grußworten, unter anderem von Papst Johannes Paul II., geziert. Entfaltet man den Ausweis, sind auf der einen Seite insgesamt vierzig freie Stempelfelder zu finden, die allesamt darauf warten, mit schlichten oder kunstvollen, großen oder kleinen, eindrucksvollen und unterschiedlich farbigen Stempeln geschmückt zu werden. Daneben befindet sich ein Feld mit den offiziellen Daten zur Person. Auf der anderen Seite der Faltkarte sind alle Jakobswege Europas aufgeführt. Den Camino Frances, den Weg, den wir gehen würden, der Camino del Norte, der Camino Portugues sowie die Via de la Plata, alle in Spanien beziehungsweise in Portugal gelegen, sind noch mal gesondert dargestellt. Wenn man diese Karten betrachtet, wird man ganz ehrfürchtig und begreift, wie alt die Pilgerbewegung ist. Neben meinen Erinnerungen ist die Credencial eines meiner schönsten Andenken. Wir waren auch in das Pilgerbüro gegangen, um uns einen Tipp für die Unterkunft geben zu lassen und uns eine Muschel für die Reise auszusuchen. Gegen eine Spende wählten Gu und ich zwei gleich große Exemplare aus, die sonst sehr unterschiedlich waren. Seine Jakobsmuschel war in der charakteristischen in sich gewölbten Form und war eher von hellerer Farbe mit wenigen leicht bräunlichen Färbungen, sie wirkte robust und beständig. Sie passte zu Gu. Ich wählte eine zwar von der Art her typische Muschel, die Wölbung fehlte aber, sie war ganz flach. Darüber hinaus war sie sehr stark rot geädert und stach mir dadurch sofort ins Auge. Ich liebe die Farbe rot. Meine Muschel unterschied sich außerdem, weil sie filigran und dennoch zäh wirkte, das gefiel mir.

Unser Quartier für die Nacht war bei einer netten, aber sehr geschäftstüchtigen Witwe, die in ihrem Haus allein lebte und ihren Dachboden an Pilger untervermietete. Für vergleichsweise teure fünfzehn Euro pro Person hatten wir von Madame eine kleine separate Kammer mit zwei Liegen, die schon bessere Tage gesehen hatten, zugewiesen bekommen. Die anderen Pilger, sechs an der Zahl, lagen im Vorraum an der Treppe. Im Vergleich dazu empfanden wir unser Separee als Luxus. Die Waschgelegenheit, die Dusche und die Toilette waren nachträglich draußen auf der Terrasse angebaut worden. Es war hellhörig, aber dafür geruchsneutral, ein Vorteil für die beiden anderen Pilger, die dort ihr Abendessen zu sich nahmen. Wir zogen es unter diesen Umständen vor, auf das Duschen zu verzichten und in einem Restaurant zu essen, auch weil die Kälte gegen Abend wieder zugenommen hatte. Wir fanden ein kleines, gemütliches Bistro, in dem wir unser erstes Pilgermenue bekamen. Es war eines der besseren. Um uns herum waren neben wenigen Einheimischen auch einige Pilger. Wir schauten uns alle neugierig an, keiner traute sich aber, den anderen anzusprechen. Gu und ich fragten uns, ob wir den einen oder anderen wiedersehen würden. Seltsamerweise haben wir niemanden aus diesem Restaurant während der Wanderung wieder getroffen. Nach dem Essen erkundeten wir noch ein wenig die Altstadt und versuchten auszuloten, wann die erste Bäckerei am Morgen öffnen würde. Den übrigen Proviant hatten wir schon am Nachmittag besorgt. Ebenso machten wir uns schlau, welchen Weg wir aus der Stadt nehmen mussten. In einer kleinen Kirche beteten wir und zündeten Kerzen mit unseren Wünschen an. Ich war zuversichtlich, dass wir in sicherer Obhut waren.

Später im Bett schrieb ich noch einmal meine Beweggründe für das Pilgern in mein Tagebuch:
- Ich will mich selbst entdecken!
- Ich will meine Mitte finden, auf mich konzentriert sein. Niemand von außen soll mich beschäftigen. Was ist in mir, was will ich, möchte ich? Welche Erwartungen habe ich an mich?
- Ich will Grenzen erfahren.
- Ich möchte weg von den Äußerlichkeiten in meinem Leben. Das Quartier hier war da schon mal eine gute Erfahrung.
- Seit fast drei Jahren lässt mich der Weg nicht mehr los! Ich muss ihn gehen!

Noch mehr Fragen schwirrten in meinem Kopf! Würde ich mich auf dem Weg neu entdecken oder mich wieder entdecken? Würde ich die Reise nutzen, um eine ganz neue Beziehung zwischen mir und der Welt um mich herum herzustellen? Würde ich Seiten an mir kennen lernen, die mir noch gar nicht bewusst oder lange verschüttet waren? Welche neuen Stärken würde ich freisetzen, welche Kräfte würde ich entwickeln? Welche inneren Abgründe würden sich vor mir auftun? Würde ich Antworten finden?

Die Nacht war relativ ruhig, nur ab und zu unterbrochen vom Schnarchen, das durch die Tür drang. Wie immer musste ich nachts einmal aufstehen, aber zum ersten Mal war dies mit Unbequemlichkeit verbunden. Es war kalt, ich musste ein Stockwerk tiefer, ich konnte wegen meiner Mitpilger kein Licht machen und draußen war es noch kälter. Ich verfluchte innerlich meine schwache Blase und mein eigentlich so gesundes Trinkverhalten. Nie konnte ich mich während meiner Wanderung daran gewöhnen.

1. Pilgertag, Dienstag, 23. Mai 2006
St. Jean-Pied-de-Port – Roncesvalles

Am Morgen durften wir in der sehr gemütlichen Küche von Madame frühstücken. Es duftete nach Croissants und Kaffee, auf uns wartete das typisch französische petit dejeuner. Erni und Toni, ein älteres Ehepaar aus Salzburg, saßen ebenfalls am Tisch und wir tauschten uns trotz des frühen Morgens über unsere erste Wegstrecke und weitere Reisedetails aus. Beide waren nett, aber doch höflich-distanziert. Wir begegneten ihnen noch oft auf unseren späteren Etappen.

Gu und ich hatten am vorherigen Abend doch noch einige Dinge aussortiert. Wir deponierten sie auf dem Weg hinaus aus der Stadt im Auto. Nach zähem Ringen mit mir selbst verzichtete ich auf zwei T-Shirts, ein Fleece, den zweiten Reiseführer und weitere Lektüre. Letzteres fiel mir am schwersten, Lesen ist eine meiner großen Leidenschaften. Wie sich herausstellte, war der

Den Rucksack geschultert, in Erwartung der vor uns liegenden Pyrenäen

Verzicht kein Beinbruch, zum Lesen hatte ich nachfolgend kaum Zeit. Der Rucksack war trotzdem schwer, aber mehr konnte ich nicht weglassen! Gu war rigoroser, fast zwei Kilo ließ er zurück.

Vor uns lagen ungefähr 25 km Wegstrecke und die Höhenzüge der Pyrenäen, dabei hatten wir als höchsten Punkt den Col de Lepoeder mit 1430 Metern zu überqueren. Mir war mulmig zumute, würde ich diese schwierige Strecke gleich am Anfang meistern? Das Wetter ließ sich optimal an, die Sonne schien und wir hatten klare Sicht. Direkt hinter der Stadt ging die Straße steil bergauf, auf diesem ersten Stück stolperte ich zweimal, jedes Mal konnte ich mich rechtzeitig auffangen. Für mich war das ein Zeichen: Ich würde den Weg gehen, ich sollte ihn gehen. Ich fühlte mich angespornt!

Viele Pilger waren an diesem Morgen aufgebrochen, entweder wurden wir überholt oder wir gingen mit flottem Schritt vorbei. Immer nickte man sich freundlich zu oder grüßte sich mit einem französischen »bon chemin«. Je höher wir kamen, desto fantastischer wurde die Aussicht. Vor uns lagen wunderschöne Täler, mit satten Wiesen, auf denen Schafe, Kühe oder Pferde friedlich grasten. Manchmal waren uns die Tiere so nah, dass wir sie hätten streicheln können. Kein Zaun umgab die Herden, so wie bei uns zu Hause. Kleine Wälder unterbrachen das Grün, manchmal standen auch mächtige alte Bäume inmitten der Weiden. Große Gehöfte und kleinere Bauernhäuser setzten farbliche Akzente. Überall um uns herum war das Zwitschern und Tirilieren der Vögel zu vernehmen. Obwohl die Sonne immer mehr an Kraft gewann, lag der Morgentau auf allem noch wie ein leichtes Schleierband.

Nach einem besonders steilen Anstieg machten wir eine kurze Rast an einem Brunnen mit wunderbarem Weitblick. Dort kamen wir auch zum ersten Mal mit Bert und Theo, zwei sehr netten Holländern, in Kontakt. Beide waren uns schon vorher aufgefallen. Wir schätzten sie auf mindestens sechzig Jahre alt, trotzdem waren sie sehr schnell unterwegs. Vor allem ich kam mir vor wie eine lahme Ente. Wir sahen sie dennoch immer wieder, weil die beiden häufiger Rast machten. Aus diesem Grund traf man immer wieder auf Pilger, deren Weg wir bereits gekreuzt hatten.

Kurz vor dem Col Bentarte veränderte sich das Wetter innerhalb kürzester Zeit. Wind kam auf, es wurde immer nebliger, leichter Nieselregen setzte ein, es wurde schneidend kalt. Wir zogen unsere Regenkleidung an, machten die Rucksäcke regensicher und versuchten die Kälte nicht zu sehr an uns heranzulassen. Die Sicht war mittlerweile auf keine zehn Meter reduziert, so konnte es plötzlich passieren, dass man unverhofft auf eine Kuh traf, die im Gras vor einem lag. Mein Rücken schmerzte zunehmend aufgrund der doch sehr fremden Last. Gu stöhnte über die Schmerzen in Oberschenkel und Füßen. Mindestens drei bis vier Stunden Fußmarsch lag noch vor uns und bereits jetzt jammerten wir über unsere wunden Körperteile.

Am Col de Bentarte liegt der Rolandsbrunnen. Kurz bevor wir ihn erreichten, kam uns ein Mann in heller Aufregung entgegengelaufen. Auf Englisch erklärte er uns in kurzen, hastigen Sätzen, dass am Brunnen ein schlimmer Unfall passiert sei, dort würde dringend Hilfe benötigt. Per Handy wäre dies aber nicht möglich, er hätte keinen Empfang. Auch wir stellten dies nach Einschalten unserer Handys fest. Der Mann, ein Holländer, lief weiter zurück, nachdem wir ihm erklärt hatten, dass ein Stück hinter uns gerade eine Pilgergruppe Rast machen würde, die von einem Auto begleitet würde. Wir beschlossen weiterzugehen, um zu schauen, ob wir am Unfallort Hilfe leisten könnten. Dort angekommen bot sich uns ein Bild des Jammers. Ein etwa 55- bis 60-jähriger Mann von schlanker, nicht allzu großer Statur war mit seinem

Fuß und gesamten Unterschenkel, kurz oberhalb des Knies endend, in eine Art Eisenverstrebung hineingeraten, die im Boden als Abflussrinne eingelassen war. Diese Verstrebung erwies sich als sehr tückisch: Die einzelnen Streben waren durch den Regen sehr glatt, außerdem waren von Strebe zu Strebe breite Zwischenräume, durch die man sehr leicht durchrutschen konnte. Das war hier augenscheinlich passiert. Die äußere Verletzung schien gar nicht so schlimm zu sein, aber das Knie war so angeschwollen, dass das Bein nicht mehr herauszuziehen war. Der Schock und die nasse Kälte machten dem Mann sichtlich zu schaffen. Da wir aber nichts tun konnten und schon genug Helfer vor Ort waren, gingen wir weiter. Wir hatten dabei ein schlechtes Gefühl, aber wir fanden es für den Verletzten auch unangenehm, dass die Traube der Gaffer immer größer wurde, und wir wollten nicht auch noch dazugehören. Wir konnten nicht helfen. Später fuhr ein Geländewagen mit Rot-Kreuz-Zeichen an uns vorbei, kurze Zeit darauf rotierten die Blätter eines Hubschraubers über uns. Wir waren geschockt und empfanden tiefes Mitleid mit dem Pilger, dessen Reise bereits hier zu Ende war. Uns war es warnendes Beispiel dafür, immer und überall vorsichtig zu sein!

Bei all der Aufregung hatten wir nicht bemerkt, dass wir in der Nähe des Rolandbrunnens Frankreich schon verlassen hatten und nun in Spanien waren! Im Unterschied zu Frankreich wurden die Wegmarkierungen jetzt immer zahlreicher und vollständiger. Die gelben Pfeile waren gut sichtbar auf Straßen, Felsen, Baumstämmen oder Häusern gemalt. Wegtafeln aus Metall mit dem Muschelsymbol oder aber steinerne Pfeiler mit eingelassener Muschel wiesen uns zusätzlich den Weg. Es war ein sehr effektives System, das ich als Pilgerin immer wie meinen Leitstern empfunden habe. Mein Stern, der mich sicher und behütet in Richtung Westen, nach Santiago leitete.

Endlich erreichten wir den Col de Lepoeder. Mein ganzer Rücken war verspannt, ich versuchte es so gut es ging zu ignorieren, aber es gelang mir nicht. Zu unserem Trost klarte es auf, sodass wir bis weit in die Ebene von Roncesvalles blicken konnten. Das alte Kloster, unsere Herberge für die kommende Nacht,

Die Pyrenäen liegen hinter uns und wir sehen Roncesvalles in der Ferne liegen

leuchtete uns in seinem Weiß schon entgegen, es war von dichtem Wald umgeben. Obwohl der Weg bis dorthin noch über eineinhalb Stunden dauern würde, war es wie ein Versprechen auf baldiges Ausruhen. Beim Abstieg begegneten wir zum ersten Mal Hans-Jakob. Wir verständigten uns kurz über den weiteren Weg. Hans-Jakob, ungefähr um die Mitte fünfzig, mit schlohweißem Haupt und Bart, sollte ein sehr wichtiger Weggefährte für uns, aber vor allem für mich, werden.

Die Natur, die wir jetzt wieder in ihrer vollen Pracht bewundern konnten, nahm uns mit ihrer Schönheit gefangen. Wir waren berührt und fühlten uns zutiefst glücklich. Die vielen Adrenalinstöße, die wir sicherlich bei der anstrengenden Pyrenäenüberquerung bekommen hatten, taten ihr Übriges. Bert und Theo überholten uns wieder einmal, diesmal blieb Theo aber stehen, deutete auf meinen Rucksack und meinte nur: »Mädel, der Rucksack sitzt nicht richtig. Wie du siehst, habe ich den gleichen, aber deiner schwankt in einer Tour hin und her. Du musst doch höllische Schmerzen haben. Darf ich dir eine bessere Einstellung zeigen?« Klar durfte er und danach ging es auch viel besser. Nun saß der Beckengurt viel höher und die Rückenlängsgurte waren entsprechend kürzer, das Gewicht deshalb auf meinem Rücken erträglicher verteilt. Ich war Theo dankbar.

Einige Minuten später konnten wir ein majestätisches Naturschauspiel betrachten. Zunächst sahen wir nur einen Adler, der sich mit den Windströmungen gleiten ließ. Kurz darauf sahen wir einen zweiten und dritten Adler, die den Wind nutzend, durch die Luft schwebten. Schließlich konnten wir im Tal acht dieser erhabenen Tiere beobachten. Bei unserem weiteren Abstieg schauten wir immer wieder zum Himmel hinauf. Welche grenzenlose Weite und Freiheit durch das Fliegen dieser Vögel zum Ausdruck kommt! Man bekommt solch eine Sehnsucht es ihnen gleichzutun. Der alte Menschheitstraum vom Fliegen ...

Fast zeitgleich mit Theo und Bert kamen wir nach acht Stunden Wanderung ziemlich kaputt und müde in Roncesvalles an. Es gab dort zwei Möglichkeiten zu übernachten, im Kloster mit riesigem Schlafsaal oder in der ebenfalls im Gebäudekomplex befindlichen Jugendherberge. Wir entschieden uns für Letzteres, da wir dort bereits die Rucksäcke abgelegt hatten, bevor wir weitere Erkundungen machten. Wir waren einfach zu faul, noch ein paar Schritte weiterzugehen. Die Zimmer waren eisig, draußen pfiff der Wind um das alte Gemäuer. Die Zimmer bestanden aus jeweils zwei Stockbetten. Wir teilten unser Zimmer mit Fortina, einer Australierin, die zum zweiten Mal den Jakobsweg ging. Beim ersten Mal hatte ihr Weg von

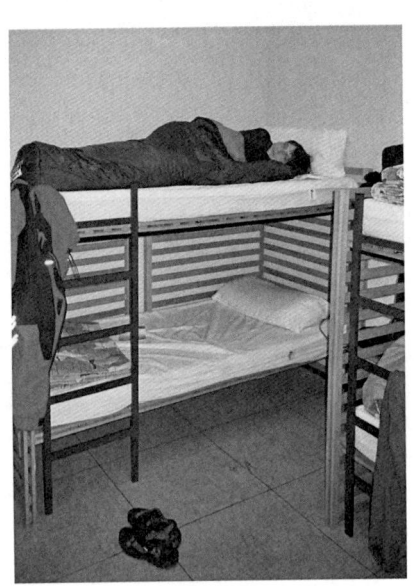

In der Jugendherberge von Roncesvalles - eine der komfortableren Herbergen

Roncesvalles nach Santiago geführt, nun war sie bereits seit 28 Tagen und über 700 km unterwegs. In Le Puy in Frankreich war sie gestartet. Es war beeindruckend, was diese kleine, zarte Frau uns von ihrer Reise berichtete. Sie strahlte eine Ruhe und große Herzlichkeit aus. Wir lernten noch viele Pilger kennen, die schon in ihrem Heimatland gestartet waren, Schweizer, Holländer, Franzosen, Deutsche, sogar einen Polen. Andere, wie auch Fortina, hatten als Startpunkt einen sehr geschichtsträchtigen Ort der Pilgerbewegung, wie Le Puy, Conques, Reims oder Lourdes, ausgewählt.

Theo, Bert, Hans-Jakob sowie Nele und Jörg, zwei junge Deutsche, mit denen wir auf der Etappe ebenfalls ins Gespräch gekommen waren, schliefen auch hier in der Jugendherberge. Wie fast in jeder anderen Herberge genauso üblich, waren Männer und Frauen nicht getrennt untergebracht, hier mussten wir uns allerdings auch die Toiletten und Duschen teilen. Im Vergleich zu vielen anderen Waschräumen, die ich später auf meinem Weg nutzen durfte, war dieser einer der komfortableren, obwohl ich es an diesem Spätnachmittag nicht so empfand. Trotzdem war die Dusche mit ihren heißen Wasserstrahlen eine einzige Wohltat für meinen geschundenen Körper. Ich genoss sie in vollen Zügen. Gu schmerzten nach wie vor Füße und Oberschenkel. Wir rieben uns gegenseitig die kritischen Stellen mit Tigerbalsam ein, dadurch konnten unsere Muskeln ein wenig entspannen.

Nachdem wir uns körperlich wieder einigermaßen in Form gebracht hatten, schauten wir uns Roncesvalles etwas näher an. Es ist kein Ort im üblichen Sinn: Die Abtei mit den einzelnen Gebäuden, eine gotische Kirche, eine kleine Kapelle sowie zwei Restaurants bestimmen das Bild. Achtundzwanzig Einwohner sollen dort leben, das Bild wird aber eindeutig von den Pilgern beherrscht. Gu und ich betraten nun eines dieser Restaurants, weil wir einen Bärenhunger hatten, bis zum Abendessen konnten wir nicht warten. Der »café con leche«, ein Milchkaffee, sowie ein »bocadillo con jamon«, ein Schinkenbaquette, schmeckten köstlich. Beides wurde in den nächsten Wochen zu unseren Grundnahrungsmittel. Die Wärme der Gaststube, das rege Treiben und das gute Gefühl, etwas Großes geschafft zu haben, versetzten mich in eine wohlige Stimmung. Gu erging es nicht anders.

Um 19 Uhr war eine Pilgermesse in der Stiftskirche angesetzt, die wir auf keinen Fall verpassen wollten. Auf dem Weg dorthin sahen wir auf einmal den verunglückten Franzosen wieder. Er stand inmitten weiterer Franzosen, er stand! Wir blieben stehen und fragten ihn, wie es ihm gehe. Leider verstand er kein Englisch und mit meinem längst verschütteten Französisch konnte ich nichts ausrichten. Ein anderer Franzose übersetzte für uns ins Englische: Nachdem das Gitter auseinandergesägt worden war, war er schnellstmöglich transportiert worden. Gott sei Dank hatte er aber nur eine tiefere Fleischwunde am Unterschenkel und eine Zerrung und Prellung des Knies erlitten. Er wollte am nächsten Morgen auf jeden Fall weiterlaufen. Seiner eigenen Unachtsamkeit habe er diese missliche Lage zu verdanken gehabt. Beim Fotografieren des Rolandsbrunnens sei er rückwärtsgegangen und er habe nicht darauf geachtet, was hinter ihm gewesen sei. Jacques, so sein Name, sahen wir noch oft beim Fotografieren. Seine Kamera hatte er immer griffbereit, schnell noch ein Foto im Vorbeilaufen, so war er uns, ein vertrautes Bild auf dem Camino. Wir freuten uns mit ihm über diesen glimpflichen Ausgang.

Das Läuten der Glocken zeigte den Beginn der Messe an, wir fanden einen Platz mit guter Sicht auf den Altarraum. Um uns herum wurde es voller und voller, viele Pilger mussten stehen. Obwohl die Messe auf Spanisch gehalten wurde, waren mir die Abläufe sehr vertraut, es war eine katholische Messe. Wie so oft hatte ich das Gefühl nach Hause zu kommen, gepaart mit einer starken Sehnsucht nach etwas, was tief in mir verborgen war. Auch hier in dieser wunderschönen Stiftskirche spürte ich, wie so oft in Kirchen, ein Weinen in mir hochsteigen. Tränen schossen mir in die Augen und ich drückte Gu's Hand ganz fest. Es hatte nichts mit Traurigkeit zu tun, sondern es war eher das Empfinden, Teil eines großen Ganzen zu sein. Gott war bei uns, in uns und um uns herum, dessen war ich mir sicher. Vor der Kommunion bat der Priester, auch in Englisch, sehr eindringlich darum, dass die heilige Kommunion nur von den katholischen Pilgern entgegengenommen werden sollte. Denn nur wir Katholiken würden daran glauben, beim Abendmahl mit der Hostie tatsächlich den Leib Christi zu uns zu nehmen, nicht sinnbildlich wie in den anderen Religionen. Gu als evangelischer Christ ging dennoch mit nach vorne. Seine Einstellung, dass jeder Christ dies für sich selbst entscheiden muss und nicht seine jeweilige Konfession mit ihren entsprechenden Glaubenssätzen entscheidend ist, kann ich gut nachvollziehen. Man entwickelt sich als Mensch auch in seiner Religion weiter. Es muss möglich sein, Einzelnes durchaus in Frage stellen zu können oder aber eine andere Haltung in bestimmten Punkten für sich einnehmen zu dürfen, ohne dass man gleich in eine Ecke gedrückt wird. Es ist nicht notwendig, sofort die Sinnhaftigkeit zu hinterfragen oder zu meinen, ein gesamtes Glaubenssystem würde dadurch in Frage gestellt. Am Ende der feierlichen Zeremonie bekamen wir alle den Pilgersegen, um wohlbehalten das Grab des heiligen Jakobus zu erreichen. Es war faszinierend zu hören, woher die Pilger kamen: Australien, Kanada, Brasilien, Spanien, Frankreich, Deutschland, Polen, Italien, Schweiz, Österreich, Niederlande, Belgien, ... Nicht in alle Sprachen, aber doch in einige, auch in Deutsch, wurde er übersetzt. Es war erhebend, ein großartiger Moment.

Danach war Essenszeit, obwohl wir das bocadillo schon verspeist hatten, knurrten unsere Mägen schon wieder. Das Essen in der Jugendherberge war reichlich und lecker. An diesem Abend war Hans-Jakob unser Tischnachbar. Er erzählte, dass er katholischer Theologe sei. Bereits zum zweiten Mal war er unterwegs, wollte aber diesmal eine größere Wanderstrecke zurücklegen. Wir hatten eine gute und sehr interessante Unterhaltung. Die Themen kreisten um die katholische Kirche, den alten und den neuen Papst sowie die Entwicklung des Glaubens in Deutschland. Irgendwann überfiel uns alle die Müdigkeit, und auch die Angestellten der Jugendherberge wurden langsam ungeduldig, sodass wir unseren ersten Abend nach dem ersten Wandertag beendeten. Der Schlaf in dieser Nacht war trotz des Schnarchens von Gu – Ohropax sei Dank – und der zeitweise einsetzenden Muskelkrämpfe, erholsam und sehr, sehr wohltuend.

2. Pilgertag, Mittwoch, 24. Mai 2006
Roncesvalles – Larrasoana

Um 7 Uhr waren wir losgelaufen, wir wollten in den Tag hineinlaufen und die Morgensonne in ihrem ersten Licht genießen. Außerdem hatten wir uns vorgenommen, im ersten Dorf, in Auritz-Burguete, zu frühstücken. Nach einer guten halben Stunde erreichten wir das Dorf, schon von Weitem konnte man den Duft von Croissants riechen. Im Café saßen, trotz der frühen Stunde, schon einige Pilger. Wir hatten also nicht allein diese Idee gehabt. Ein paar Gesichter erkannten wir wieder, auch unser verunglückter Franzose gehörte zu den Frühaufstehern. Wir schlürften den café con leche mit wohligem Behagen und bissen herzhaft in unser bocadillo. Obwohl einige der anderen Pilger nach einem kurzen Espresso schon wieder den Rucksack schulterten, bestellten wir in aller Ruhe einen zweiten cafe con leche. Gut gestärkt zogen wir nach einer halben Stunde weiter. Was dann auf uns wartete, war sensationell: Dichte Wälder, Wiesen mit grasenden Kühen und viele schöne kleine Pyrenäendörfer lagen an unserem Weg. Die Landschaft geizte nicht mit ihren Reizen. Buchen, Eichen, Rotdorn, Haselnusssträucher, Ginster, Heide, ein wahrer Farbenrausch breitete sich vor uns aus. Licht und Schatten wechselten sich ab. Wir liefen über Wege, die sich durch Weiden schlängelten, um dann wieder in einem dichten Wald abzutauchen, oder aber die Sonne brach sich durch die Baumwipfel ihren Weg und berührte uns mit ihren Strahlen. Schmetterlinge, vor allem Pfauenaugen und Zitronenfalter, flatterten ständig um uns herum. Die Vögel zwitscherten um die Wette; es war ein perfekter Wandermorgen. In mir war eine große Dankbarkeit. Auch meine Rückenschmerzen waren kaum noch zu spüren.

Irgendwann auf dem Weg, noch vor Zubiri, passierten wir eine Gedenktafel für einen japanischen Pilger, der 64 Jahre alt geworden war. Er war anscheinend an dieser Stelle gestorben. Um die Gedenktafel herum lagen viele kleine Steine aufgetürmt, Bänder wehten leicht im Wind. Andere Pilger hatten offensichtlich Zeichen der Anteilnahme hinterlassen. Wir waren geschockt

Irgendwo in der ländlichen Idylle zwischen Zubiri und Larrasoana

und traurig. War er allein gestorben, starb er an Erschöpfung, wer hatte die Tafel aufgestellt? Keine unserer Fragen wurde beantwortet. Wir sprachen ein kurzes Gebet für den uns unbekannten Pilger und verließen dann die Lichtung. Wir versprachen uns gegenseitig, nie leichtsinnig zu sein und den eigenen erschöpften Körper immer ernst zu nehmen. Dies musste ich Gu vor allem für die Zeit versprechen, in der ich allein unterwegs sein würde.

Wir sahen unsere bekannten Weggefährten immer mal wieder, andere nahmen wir zum ersten Mal wahr. Die verschiedenen Menschen auf dem Weg zu betrachten, sich bei dem kurzen Aufeinandertreffen mit ihnen zu beschäftigen, war ein interessanter Aspekt, meine Wahrnehmungen zu lenken. Spekulation und Wirklichkeit, inwieweit waren sie deckungsgleich?

In Zubiri überquerten wir den Rio Arga. Als wir über die Brücke Punte de la Rabia kamen, lag vor uns ein idyllisch gele-

Picknick am Rio Arga in der Mittagssonne

genes Plätzchen direkt am Fluss. Wir wollten es einigen anderen Pilgern gleichtun, die, bereits in der Mittagssonne sitzend, picknickten und sich vom Wandern ausruhten. Während Gu in das Dorf ging, um Brot, Käse, Schinken und Tomaten zu kaufen, suchte ich ein besonders schönes Plätzchen für uns aus. Ich rollte unsere Isomatten aus, platzierte die Rucksäcke als Rückenstütze und beobachtete das Treiben um mich herum. Ein Einheimischer stand mitten im Fluss und angelte, einige Kinder spielten in Ufernähe. Ein älterer Pilger machte im Schatten eines Baumes Entspannungsübungen und ich ließ mir wohlig die Sonne auf den Bauch scheinen. Die Sonne hatte so viel Kraft entwickelt, dass wir Hosenbeine und Shirtärmel aufrollten beziehungsweise abzippten. Unser einfaches Mittagsmahl schmeckte lecker. Gu grinste mich an und meinte nur: »Mit so wenig kann man so glücklich sein.« Ich konnte ihm nur beipflichten. Mittlerweile hatten sich auch Theo und Bert in unsere Nähe gesellt. Irgendwie war es schön, immer wieder auf bekannte Personen zu treffen. Wie fast alle Niederländer konnten die beiden hervorragend Deutsch, sodass wir ein wenig ins Plaudern kamen. Wie Gu wollten sie nur bis Burgos gehen, im August wollten sie den Rest des Weges bis Santiago fortsetzen. Sie standen beide nicht mehr im Berufsleben, mochten aber nicht so lange von ihren Frauen getrennt sein und gingen deshalb in Etappen. Ich denke, das ist auch eine Facette der Liebe.

Obwohl wir noch Stunden an diesem kleinen Flusslauf hätten zubringen können, machten wir uns doch nach einiger Zeit in Richtung Larrasoana auf. Das war auch gut so, denn zusammen mit Theo und Bert ergatterten wir die letzten Betten in der dortigen Herberge. Allerdings nicht in den Räumen des Rathauses, die waren alle schon längst vergeben, sondern in einem eigens aufgestellten doppelstöckigen Wohncontainer. Hier stand Stockbett an Stockbett, teilweise direkt aneinander, ohne Gang dazwischen. Mindestens achtzig Personen waren hier untergebracht. Gu und ich hatten Glück, zwei nebeneinandergelegene obere Betten waren noch frei, sodass wir auch in der Nacht in der Nähe des anderen sein konnten. Unter uns, welch ein Zufall, lagen Erni und Toni, das nette Salzburger Ehepaar. Hans-Jakob trafen wir ebenfalls wieder, viele andere kannten wir aber nicht. Italiener waren zahlreich vertreten. Es ging zu wie im Taubenschlag, ein ständiges Kommen und Gehen. Draußen vor der Dusche, in einem gesonderten Container, bildete sich eine lange Schlange und überall hing gewaschene Wäsche. Shirt neben Shirt, Unterhose neben Unterhose, dazwischen auch mal ein BH, ein wirklich buntes Bild bot sich uns. Wir fassten den Entschluss, bevor wir es den anderen gleichtun wollten, noch das Dorf in Augenschein zu nehmen und irgendwo in der Nachmittagssonne sitzend einen café con leche zu trinken. Nach mehr als acht Stunden wandern und fast 27 km Strecke hatten wir es uns verdient! In einer kleinen Kneipe mit Gartenbewirtschaftung ruhten wir uns aus, wenig später trudelten auch Bert, Theo und Hans-Jakob ein. Es war ein geselliger Nachmittag und wir waren uns schnell einig, gemeinsam auch hier zu Abend zu essen, ein preiswertes Pilgermenue wurde angeboten.

Bei unserer Rückkehr war die Schlange vor den Duschen verschwunden, es war also eine gute Idee gewesen, dem Andrang aus dem Weg zu gehen. Das dachte ich allerdings nur so lange, bis ich in den Wagen hineinkam: Drei Duschen, zwei Waschbecken und zwei Toiletten für alle Leute, entsprechend sah es dort aus. Keine Ablagen, nichts, jeder konnte in den Container hineinsehen, ich ließ die Unterwäsche an, ebenso meine Sandalen. Damit schlug ich zwei Fliegen mit einer Klappe, ich wusch die Unterwäsche gleich mit und die vielen Haare im Duschbecken konnten mir auch nichts anhaben. Hinter dem Vorhang zog ich dann mühevoll die trockene Wäsche an. Die Wäsche klebte am feuchten Körper und trotzdem hatte ich meine übrigen Sachen in null Komma nichts an. Es war ganz schön kompliziert, überhaupt nicht komfortabel. Ja, ich Modetante wurde hier so richtig auf den Boden der Tatsachen gebracht. Im Schlafcontainer musste ich dann noch feststellen, dass mein Bettlaken übersät war mit Flecken, welcher Art sie waren, darüber wollte ich nicht nachdenken. Gu klärte mich auf, dass sicherlich nur einmal in der Woche die Laken gewechselt würden. Ich war natürlich davon ausgegangen, dass wie in jedem guten Hotel spätestens bei Abreise des Gastes die Bettwäsche gewechselt würde. Träumerin, romantisch verklärt. Jetzt wusste ich auch, warum in der Jugendherberge in Roncesvalles bunt-karierte Laken aufgezogen waren. Ich schwor mir, in dieser Nacht nicht einen Zentimeter meiner Körperfläche aus meinem Schlafsack zu bewegen. Wie war ich dankbar für ihn!

Seltsamerweise tat dieser Schock meiner guten Laune keinen Abbruch und gegen sieben marschierten wir mit Theo, Bert und Hans-Jakob Richtung Restaurant. Meine Sandalen quietschten bei jedem Schritt, sie waren noch patschnass vom Duschen. Ich ärgerte mich, dass ich nicht meine Wanderschuhe wieder angezogen hatte. Wieder war ich meiner Eitelkeit erlegen. Die Sandalen, obwohl so typische Trekking-Sandalen, passten besser zu meinem »Outfit« als meine Wanderschuhe. Wer nicht hören will, muss fühlen – schnell hatte ich sehr kalte Füße. Wir fünf wurden mit einem Spanier, namens Miguel, an einen Tisch gesetzt. Er parlierte munter in seiner Muttersprache, obwohl niemand spanisch sprach, außer Gu, der sich ein wenig mit ihm verständigen konnte. Interessanterweise war es dennoch nicht langweilig. Das Essen bestand aus reichlich Fleisch zum Hauptgang, anscheinend denken die Spanier, dass ein Pilger besonders viel Eiweiß braucht. Danach ließen wir fünf den Abend im Garten unter lauter bunten Glühbirnen mit rötlich-goldenem Himmel und bei Bier oder Wein ausklingen. Unsere Unterhaltung kreiste vor allem um gesellschaftspolitische Themen. Es ist schon spannend, dass uns alle die gleichen Dinge beschäftigten. Die zuneh-

Rosenpracht mitten im dörflichen Larrasoana

mende Globalisierung: Welchen Platz nehmen wir zukünftig in Europa ein und welchen Europa in der Welt? Wie entwickeln wir uns weiter, welche Werte bleiben und wie werden die Generationen miteinander umgehen? Es machte Spaß mit so lebenserfahrenen Männern diskutieren zu können.

Die Nacht war grausam, im wahrsten Sinne des Wortes. Es herrschte eine stickige Luft durch die vielen Menschen auf so engem Raum. Trotz Ohropax vernahm ich lautes Schnarchen. Es hörte sich an, als ob ganze Wälder im Traum zum Fallen gebracht würden. Ich schwitzte in meinem dicken Schlafsack sehr und traute mich dennoch nicht aus ihm heraus, getreu meinem Schwur. Gegen vier Uhr meldete sich meine Blase. Gut eine halbe Stunde rang ich damit aufzustehen, um mich zu erleichtern oder liegen zu bleiben, um niemanden zu stören und nicht in die kalte Nacht heraus zu müssen. Mein Anstand, dem Bettlaken aus Versehen nicht noch einen weiteren Fleck hinzuzufügen, siegte. Leise schälte ich mich aus dem Schlafsack, sorgsam darauf bedacht, ja nicht mit dem Laken in Berührung zu kommen sowie Toni unter mir nicht zu nahe zu treten, dann tappte ich leise die Treppe hinunter. Spätestens beim Öffnen der Tür weckte ich durch ein lautes Knarren zumindest die Schlafenden im Erdgeschoss. Vor der Tür umfing mich Mondlicht und leuchtete mir den Weg zur Toilette. Wie immer empfand ich Angst so allein, draußen bei Nacht. Ich dachte an irgendwelche Fabelwesen, die erscheinen könnten, um mich zu erschrecken. Seit meiner Kindheit verfolgen mich diese Fantasien. Kurze Zeit später lag ich wieder in meinem Brutkasten und schlief trotz der Hitze wieder ein.

3. Pilgertag, Donnerstag, 25. Mai 2006
Larrasoana – Pamplona

Um 5.30 Uhr beendete ein Wecker jäh die Nacht. Dieses Phänomen sollte uns noch das ein oder andere Mal begleiten. Selbst die einsetzenden Unmutsäußerungen der anderen Pilger hielten diese Wahnsinnigen nicht davon ab. Offensichtlich konnten viele selbst auf diesem Weg nicht ihrer eigenen inneren Uhr vertrauen, das fand ich schade. Ich bin auch ein Frühaufsteher. Auf dem Weg gehörte ich immer zu denen, die früh unterwegs waren. Meine innere Uhr weckte mich immer zuverlässig im Zeitraum von fünf bis sechs. Später war es sogar so, dass ich zu der Zeit wach wurde, die ich mir vor dem Zubettgehen vorgenommen hatte. Gu und ich blieben dennoch liegen und dösten vor uns hin. Gegen halb sieben brachen wir auf.

Natürlich durfte der Tag nicht beginnen, ohne dass wir unseren heiß geliebten café con leche und unseren bocadillo zu uns genommen hatten. Unsere Kneipe vom Vortag wusste, was Pilger brauchen, und die Wirtsleute hatten sehr geschäftstüchtig bereits wieder geöffnet. Es herrschte eine wärmende, laute und herzliche Atmosphäre in der kleinen Gaststube. Englisch, Deutsch, Spanisch, Italienisch und Holländisch, ein buntes Gemisch an Sprachen war um uns herum, der Morgen begann heiter und schön. Dieses Ritual am Morgen genoss ich auf meiner Pilgerreise sehr und wurde fester Bestandteil des Tages. Es bildete einen kompletten Kontrast zu den Tagesanfängen von früher. Zu Hause, während der Arbeitswoche, hatte ich irgendwann das gemütliche Frühstücken verloren. Ich nahm mir nicht mehr die Zeit, bei einer dampfenden Tasse Kaffee, einem leckeren Brot und der Zeitung den Tag in Ruhe zu beginnen. Vielmehr hechtete ich in mein Auto, kaufte mir beim Bäcker um die Ecke ein belegtes Brötchen und einen Milchkaffee. Beides nahm ich unterwegs zu mir. Obwohl ich das als schlecht empfand, änderte ich es nicht. Während meiner Kindheit waren wir immer viele um den Frühstückstisch gewesen. Lag es daran? War es mir in meiner Küche zu still? Früher hatte ich aber doch auch allein gefrühstückt. Was war es dann? Ließ ich das Frühstück sausen, um morgens eher im Büro zu sein und die erste Stunde ungestört zu bleiben? Ich glaube, es war beides.

Bei unserer Wanderung liefen wir durch eine ähnlich malerische Landschaft wie am Tag zuvor, es wurde nur zunehmend flacher. Der Rio Arga floss mal leise und träge, dann laut murmelnd neben unseren Wegen her. Zwischendurch staute sich das Wasser an einem Wehr. Wieder umschwirrten uns zahlreiche Schmetterlinge. Es war wunderbar anzusehen, wie die Sonne wanderte und nach und nach immer mehr Berge in ihr Licht tauchte.

Das Wandern ermöglicht eine ganz andere Wahrnehmung, sie ist intensiver, bewusster und auf Kleinigkeiten bedacht. Man sieht nicht nur einfach einen Fluss, nein, man spürt und hört seine unterschiedlichen Geschwindigkeiten, erkennt, wann sich seine Farbe wechselt, registriert jeden seiner vielen schönen Plätze, hat ein Auge für Furten, überquert nicht nur eine Brücke, sondern bewundert auch ihre Schönheit. Man sieht entzückende

Weiler, an denen Angler ihre Rute auswerfen. Ja, und manchmal hat man das Glück Tiere wie Otter, Reiher und Rehe zu Gesicht zu bekommen. Die Natur so zu erleben, erfüllte mich mit großer Dankbarkeit.

Das Baskenland gefiel uns ausgesprochen gut, überall sah es gepflegt und belebt aus. Je näher wir Pamplona kamen, der Hauptstadt der Region Navarra, desto urbaner und verkehrsstärker wurde es. An der Peripherie von Pamplona liefen wir durch eine Art Park, als vor uns plötzlich eine Pilgerin auftauchte, die ihren Rucksack wie einen Trolley hinter sich herzog. Die Trolley-Vorrichtung war mit dem Rucksack verbunden und das ganze Gefährt schaukelte beim Ziehen hin und her, es sah sehr komisch aus. Gu und ich schauten uns an und prusteten los. So etwas hatten wir nicht erwartet. Ich tippte gleich auf eine Kollegin aus der Modebranche. Als wir sie passierten, hatten wir wirklich Mühe, ernste Gesichter zu machen. Ihr schien es aber auch irgendwie unangenehm, als ob wir sie bei etwas Unerlaubtem ertappt hätten.

Gegen elf Uhr, nach ungefähr 16 km, durchquerten wir das mittelalterliche Tor der Befestigungsanlagen, das Portal de Francia, den Zugang zur Altstadt von Pamplona. Vor uns lag ein Gewirr von schmalen Straßen und Gassen. Wir hatten beschlossen nicht weiterzugehen, sondern die Hauptstadt von Navarra und gleichzeitig die größte Stadt am Jakobsweg zu erkunden. Wir wollten uns im Gewimmel dieser Stadt treiben lassen. Die Herberge, die wir ansteuerten, hatte aber noch zu. Erst zwei Stunden später sollte sie ihre Türen öffnen. Unsere Rucksäcke noch weiter mit uns rumzuschleppen oder bei einem anderen Refugio unser Glück zu versuchen, darauf hatten wir keine Lust. Wir entschieden, es als Wink des Schicksals zu nehmen und uns für die kommende Nacht ein Hostal, eine Art Pension, zu nehmen. Wir hielten Ausschau. In der Nähe des Plaza del Castillo klingelten wir an einer Tür, ein Türschild wies auf ein Hostal im ersten Stock hin. Doch die knarzende Stimme, die durch den Lautsprecher zu uns sprach, meinte nur: »Todo completo!« – »Alles ausgebucht!« Wir schauten uns enttäuscht an. Zwei junge Spanierinnen, die genau in dem Moment durch diese Tür heraustraten, schauten uns mitleidig an, gingen ein paar Schritte und kehrten dann wieder zu uns zurück. »Sucht ihr ein Zimmer? Wir kennen ein gutes Hotel, gar nicht teuer, ein paar Straßen weiter, noch ganz neu und zentral gelegen. Sollen wir es euch zeigen?« Wir konnten unser Glück nicht fassen, nicht nur dass die zwei uns den Tipp gaben, nein, sie gingen uns auch noch voraus! Das Hotel war klein, sehr modern, fast stylish – ein Zimmer war sogar noch frei. Wir konnten es zwar noch nicht belegen, da es gerade gesäubert wurde, aber unsere Rucksäcke konnten wir im Gepäckraum deponieren, sodass einer ersten kleinen Sightseeingtour nichts im Wege stand.

Wir bummelten durch die Straßen der Altstadt, schauten dem bunten Treiben der Geschäftsleute zu und nahmen das Durcheinander von Einheimischen, »normalen« Touristen und Pilgern wahr. Man konnte durchaus zwischen Letzteren einen Unterschied wahrnehmen. Leicht war es natürlich, wenn Pilger mit ihrem gesamten Gepäck unterwegs waren und somit unschwer zu erkennen waren. Aber auch ohne dieses typische Merkmal waren Unterschiede festzustellen: Oft schwerere Fotoausrüstungen, größere Stadtführer, gepflegtere Bekleidung, kein Verschwitztsein, bei den Frauen Handtaschen. Ein deutlicher Hauch von Urbanität umgab die Stadttouristen, wir strahlten dagegen ländlich-wilde Wanderschaft aus. Ganz deutlich wurde dies, als wir in einem Café am Plaza del Castillo Platz genommen hatten. Bei meinen früheren Reisen hätte ich mich in so einer Situation nur wohl gefühlt, wenn mein Äußeres der eleganten Stadtatmosphäre und den schönen Spanierinnen »Rechnung getragen« hätte, wenn ich konform gegangen wäre. Wie sehr genoss ich es jetzt trotzdem, in Ruhe den x-ten Kaffee zu trinken, Pinxtos, ähnlich den Tapas, zu essen und sich von den kräftigen Mittagsstrahlen der Sonne bescheinen zu lassen. Woran lag das auf einmal? Begann ich schon eine andere Art von Selbstsicherheit zu gewinnen, die sich mehr auf das Innere als auf das Äußere begründete?

Erni und Toni trafen wir auch wieder, keine zwei Tische von uns entfernt, frönten auch sie den fantasievollen kulinarischen

Häppchen. Beide wollten aber nach der Pause weiter bis in den nächsten Ort, nach Cizur Menor. Sie strahlten eine große Energie aus, auch beim Wandern machten sie einen konditionell hervorragenden Eindruck, obwohl sie deutlich älter waren als wir. Toni war lang aufgeschossen und von drahtig-hagerer Statur, seine Frau war kleiner, rundlicher und hatte einen sehr großen Busen. Beide, vor allem aber Erni, hatten viele Lachfältchen und wettergegerbte Gesichter. Sie erzählten uns, das sie auch zu Hause so oft wie möglich wandern würden.

Das Zimmer im Hotel war toll, ruhig, da zu einem kleinen Innenhof gelegen, sauber und mit einer großen Dusche ausgestattet. Was sonst so selbstverständlich für mich war, empfand ich jetzt als puren Luxus: Saubere Handtücher statt meines eigenen leicht feuchten Handtuchs, gestärkte, blitzsaubere Bettwäsche, eine Toilette und Dusche nur für uns allein. Nach Duschen und Wäschewaschen sowie dem üblichen Pflegeprogramm mit Tigerbalsam hielten wir erst einmal Siesta. So ein Mittagsschläfchen war für uns beide etwas ganz Fremdes, umso schöner war es, den hiesigen Landessitten einfach mal für ein oder zwei Stunden zu folgen.

Gegen halb vier setzten wir zu unserem zweiten Erkundungsgang an. Die erste Station war die Post. Gu und ich hatten im Hotel noch mal aussortiert. Fast meinen gesamten Kulturbeutel mistete ich bis auf das Allernotwendigste aus, ein weiteres T-Shirt und meine warme Wanderhose wanderten in das Paket. Gu entledigte sich seiner langen Unterhosen und einiger Nahrungsvorräte, die er vorher für absolut notwendig gehalten hatte. Wegen der stets drohenden Unterzuckerung hatte er Unmengen an Studentenfutter und Müsliriegeln für uns mitgeschleppt. Über drei Kilo wog das Paket und machte uns um fast dreißig Euro ärmer. Wären wir nur vorher schlauer gewesen. Anscheinend waren wir aber nicht die einzigen Pilger, die mit diesem Anliegen in die Post gekommen waren. Wenigstens das war tröstlich und natürlich auch die Aussicht auf einen leichteren Rucksack!

Wir schlenderten zurück in die Altstadt und gelangten wieder in die Nähe der alten Stadtmauer. Von dort oben hatten wir einen fantastischen Blick auf die Pyrenäen. Es war trotz des Windes sonnig und warm. Wir konnten die letzte Strecke unserer Tagesetappe vor uns sehen, immer noch waren Pilger unterwegs. Jeder hat eben seinen eigenen Rhythmus. In einer schönen, sehr einladend wirkenden Taverne mit Terrasse saßen wir noch ein Weilchen inmitten einer bunten Gesellschaft von Spaniern und Fremden unterschiedlichster Nation. Gu und ich wunderten uns, wie schnell wir jegliche Gedanken an Zuhause und die Arbeit hinter uns gelassen hatten. Die Reise war ein wahres Geschenk.

Von der Taverne aus spazierten wir in Richtung Kathedrale, der Catedral de Santa Maria. Als wir eintraten, umfing uns Orgelspiel. Schnell setzten wir uns in eine Bank und hatten das Glück, noch zwei Lieder hören zu können. Der Organist probte anscheinend, denn es war keine Messe. Die Kirche hatte eine wunderbare Akustik und die Musik brauste durch unsere Ohren und schwang in uns mit. Die Stücke waren erhebend. Wieder musste ich weinen, obwohl ich glücklich war. »Hier bist du willkommen, alles ist gut«, flüsterte eine innere Stimme mir zu. Gu, der meine Stimmung spürte, nahm mich fest in den Arm und schaute mich liebevoll an.

Zurück im Tageslicht stellten wir fest, dass jetzt immer mehr Menschen die Gassen bevölkerten, vor allem junge Leute waren zu sehen. An einem kleinen Platz standen wir plötzlich vor einem Schokoladengeschäft, das uns mit seiner Schaufensterauslage in das Innere lockte. Selten habe ich zuvor ein Geschäft erlebt, das so liebevoll seine Waren, übrigens nicht nur Schokolade, sondern auch Kuchen, Marmeladen und Liköre in den Regalen präsentierte. Alle Köstlichkeiten waren auf grünem Stoff platziert, der wiederum zu den rot-karierten Stoffen, die unterhalb der Regalböden angebracht waren, in einem anheimelnden, an Omas Küche erinnernden Kontrast stand. Eine Spanierin mit weißer Schürze lächelte uns freundlich an. Gu und ich unterhielten uns gerade darüber, welche Schokolade wir kaufen wollten, als wir hinter uns ein verlegenes Kichern hörten. Zwei junge Frauen standen hinter uns und eine von ihnen fragte mit breitestem amerikanischen Akzent auf Deutsch: »Kommen Sie aus

Deutschland?« Wir bejahten und die Amerikanerin war komplett aus dem Häuschen. Sie erzählte uns, wie glücklich sie sei, wieder ihre Deutschkenntnisse anbringen zu können, wie viel sie verstehen würde und welche Freude wir ihr machen würden, dass wir nun mit ihr sprechen würden. Die Verkäuferin staunte nur noch angesichts der Redesalven, die auf uns »abgefeuert« wurden. Wir hatten Spaß daran, mit so wenig einen anderen Menschen glücklich machen zu können. Die beiden hatten auch Gefallen an diesem kleinen Laden gefunden und zum Abschied machten wir für die Zwei ein Erinnerungsfoto vor dieser Kulisse. Diese kleine Episode ist mir noch heute im Gedächtnis. Die junge Frau hatte keinerlei Berührungsängste, keine Scheu, zwei wildfremde Menschen anzusprechen. Mir imponierte das, mit zwanzig hätte ich das auf keinen Fall gemacht, es sei denn, ich hätte einen sehr triftigen Grund gehabt. Auch wenn viele in meiner Umgebung das nicht von mir vermuten würden, niemals wäre ich so spontan gewesen.

Hungrig fassten wir den Entschluss der Landessitte entsprechend von Bar zu Bar zu ziehen und uns an Pinxtos satt zu essen. Es war ein Fest für den Gaumen und es machte ungeheuren Spaß das Treiben in den Bars dabei zu beobachten. Es war schön zu sehen, wie zwanglos sich Jung und Alt hier untereinander mischten. So ganz anders als es oft bei uns der Fall ist.

Gut gelaunt stürzten wir uns später wieder in das Gewühl. In der Nähe des Plaza del Castillo schlugen uns rhythmische Klänge entgegen, wir folgten ihnen. Auf dem Platz selbst war eine große Bühne aufgebaut, eine Gruppe bunt gekleideter Musiker und Tänzer spielte eine Art afrikanische Musik. Sie war mitreißend und wild. Eine schwarze Tänzerin bewegte sich dazu in einem unglaublichen Rhythmus. Ihr gesamter Körper schien unter Strom zu stehen. Ihre Hüften kreisten und ihr runder, wunderbar geformter Po strahlte Sinnlichkeit aus. Die ganze Gruppe strahlte eine solche Energie aus, dass der Funke schnell auf das Publikum übersprang. Wir klatschen mit und feuerten mit Zurufen an. Ein Highlight jagte das andere, ein wahrer Instrumenten- und Tanzregen wurde dargeboten. Von Afrika wanderten sie thematisch nach Australien. Didgeridoo-Klänge durchpulsten den Platz, das Instrument der australischen Ureinwohner entfaltete seine Mystik. Dieses unverhoffte Konzert riss uns mit. Am Ende mischten sich alle Tänzer unter das Publikum und forderten zum Mittanzen auf. Es war ein wildes Durcheinander, Lebensfreude pur schwang durch die Menge. Vom Rand des Platzes schauten viele lächelnd zu, andere schüttelten den Kopf. Wir empfanden es einfach nur als überraschendes Geschenk. Ein wenig später schauten wir auf einer Bank sitzend den Strahlen der Abendsonne zu, die sich noch ihren Weg über die Dächer der Häuser rund um den Platz suchten. Es war ein magischer Tag! Im Hotel sanken wir glücklich und zufrieden in unsere Kissen und schliefen sofort ein.

4. Pilgertag, Freitag, 26. Mai 2006
Pamplona – Puente la Reina

Um 6.45 Uhr verließen wir das Hotel. Es war schön anzusehen, wie die Stadt langsam erwachte. Im dämmerigen Licht der Morgensonne zogen einige wenige Jogger ihre Runden. Mehr ältere als jüngere Menschen waren schon so früh auf den Beinen, nur wenige Autos waren auf den Straßen unterwegs, der eine oder andere Kiosk verkaufte seine frisch gedruckten Tageszeitungen, nichts Hektisches haftete dieser frühen Stunde an. Gu und ich liebten diese Zeit am frühen Morgen. Die Eindrücke waren jedes Mal unterschiedlich, aber diese unvergleichliche Ruhe verbunden mit den ersten aufkommenden Aktivitäten von Mensch und Tier machten diese Stunde zu etwas Besonderem.

Auf dem Weg hinaus aus Pamplona kam uns ein Pilger aus der anderen Richtung entgegen. Wir wunderten uns. Erst später verstanden wir, dass wir unserem ersten Pilger begegnet waren, der auf dem Weg von Santiago zurück nach Hause oder zu seinem ursprünglichen Startpunkt war, wie die Pilger in früheren Zeiten. Immer mal wieder trafen wir so jemanden und jedes Mal hatten wir einen großen Respekt vor ihm.

In der ersten kleinen Ortschaft nach Pamplona, in Cizur Menor, starteten gerade einige altbekannte Gesichter in den Tag. Es ist nicht so, dass man dann sofort stoppt und sich gegenseitig auf den neuesten Stand bringt. Man entwickelt ein Gespür für sich selbst oder den anderen, was gerade gut tun würde, ein freundlicher Gruß, eine kurze Begegnung oder vielleicht ein Stück Wegbegleitung. Hans-Jakob, ebenso Bert und Theo hatten in Cizur Menor übernachtet. Von ihnen erfuhren wir, dass Nele, die wir zusammen mit Jörg auf unserer ersten Tagesetappe kennengelernt hatten, in Pamplona den Entschluss gefasst hatte, den Weg abzubrechen. Wir waren darüber traurig. Gerne hätten wir sie wieder gesehen.

Nach Cizur Menor verlief der Weg zunächst etwas flach, doch dann ging es langsam bergauf. Schon von Weitem konnten wir den Alto del Perdón mit seinen 735 m erblicken. Der Bergkamm war gesäumt mit unzähligen Windrädern, die sich sehr schnell drehten. Rechts und links des Weges wechselten sich zunächst Felder und kleine Baumhaine ab, später wurde es wilder und kleinere Sträucher wie blühender Ginster waren zu sehen. Je höher wir kamen, umso heftiger wehte der Wind. Trotz der Sonne wurde es zunehmend ungemütlicher, wir waren nass geschwitzt und der kalte Wind zerrte an unseren Sachen. Oben angekommen blies der Wind uns fast um, sodass wir uns nur kurz den fantastischen Rundblick gönnten. Auch die wirklich eindrucksvolle Pilgerkarawanenskulptur und der Gedenkstein, der auf eine ehemalige Kapelle und ein Pilgerhospital hinwies, konnten uns nicht lange aufhalten. Wir froren! Der

Auf dem Weg zum Alto del Perdón

Gu inmitten der Pilgerkarawane auf dem Alto del Perdón

Abstieg nach Uterga war zu Anfang steil und vor allem sehr steinig; ich war froh über meine festen Wanderschuhe. Dann wanderten wir weiter auf einem besonders schönen Weg, neben uns wogte der Weizen in sachtem Wind, es blühten wilde Blumen, wir sahen Klatschmohn und Kornblumen, ringsherum zwitscher-

Blick vom Alto del Perdón in die Ebene nach Uterga hin

Völlig verschwitzt, erschöpft und dennoch glücklich den Aufstieg geschafft zu haben

ten die Vögel. Wir waren so inspiriert, dass Gu ein Lied dichtete und wir es lauthals sangen: »Der Weizen im Winde sich hin und her wiegt, die Augen der Wanderer leuchten vor Glück, die Erde, wie wunderschön vor uns sie liegt. Die Pappeln, sie flüstern ihr ewiges Lied.«

Wir waren so beschwingt, lachten, scherzten. Es war eine ganz andere Wirklichkeit als noch vor Wochen! Kurz vor Uterga passierten wir eine Marienstatue, vor der einladend eine Bank stand. Gu und ich verstanden uns blind, ohne große Worte steuerten wir auf dieses Plätzchen zu. Ein kurzes Gebet und eine kleine Verschnaufpause taten jetzt einfach gut. Es war schön zu spüren, dass uns beiden das Gleiche wichtig war. In Uterga dagegen waren Gu und ich uns gar nicht einig. Dort wollte er in einer Bar unbedingt einen café con leche trinken, ich dagegen hatte keine Lust wieder inmitten des Pilgerpulkes zu sitzen. »Mi, mi, mi, café con leche, mi«, Gu schaute mich an wie der gestiefelte Kater aus dem Film »Shrek«, zum Schreien komisch. Er nahm sogar seine Hände vor das Gesicht, sodass ich nur noch seine flehenden braunen Augen sehen konnte. Ich schüttete mich aus vor Lachen, ging aber weiter. Ich wollte mit Gu alleine sein. »Mi, mi, mi, café con leche, mi«, blieb zwischen uns allerdings ein geflügeltes Zitat.

Wenig später, in Muruzábal, picknickten wir mitten im Dorf am Rande eines Hanges mit Blick auf die darunter gelegenen Felder. Wir hatten in Pamplona Brot, Käse, Tomaten, Schinken und

Salami eingekauft und ließen es uns nun unter freiem Himmel bei strahlendem Sonnenschein schmecken. So eine einfache Mahlzeit bekam hier auf dem Camino eine ganz andere Bedeutung. Inmitten dieser idyllischen ländlichen Umgebung schmeckte jeder einzelne Bissen wie ein kleines Festmahl. Essen ist etwas ganz Wichtiges für mich. Essen ist vielfältig, wohltuend, sättigend, sinnlich, in der Zubereitung oft spaßig und spannend, vielfach kommunikativ. Aber wie oft ist man aufgrund der zeitlichen und beruflichen Umstände versucht, sein Essen mal eben schnell als reine Nahrungsaufnahme zu deklassieren. Zu Hause, so versprachen wir uns, sollte uns das nicht mehr passieren.

Gegen Mittag kamen wir in Obanos an. Dort vereinigen sich der Camino Francés und der Camino Aragonés. Es ist ein hübscher, kleiner Ort mit mittelalterlichem Flair. Wir besichtigten die Kirche, die im Verhältnis zum Ort riesig war. Ihr Portal stand weit geöffnet und wirkte einladend, auch im Inneren war sie wunderschön. In dieser Kirche versammelte sich mit Sicherheit regelmäßig die Gemeinde; sie war liebevoll geschmückt. Auch hier sprachen wir ein Gebet und ließen die Atmosphäre auf uns wirken. Am Dorfbrunnen füllten wir unsere Wasservorräte auf, denn in der Mittagshitze wollten wir auf den letzten Kilometern bis Puente la Reina nicht ohne Wasser sein. Nach einer Tagesetappe von fast 23 km kamen wir müde und verschwitzt dort an. Deshalb blieben wir direkt am Ortseingang in der Herberge Hotel Jakue, froh unsere Rucksäcke für den Tag endgültig los zu sein und eine Dusche nehmen zu können. Das Hotel war zweigeteilt, es gab ganz normale Hotelzimmer und im Keller eine Herberge mit den üblichen Stockbetten. Hier waren sie allerdings in Parzellen aufgeteilt, mehr zum Zweck des Sichtschutzes als zum Lärmschutz. Die Dusche und die Toilette, beides Einzelexemplare, aber immerhin nur für Damen reserviert, waren sauber und ordentlich. Im Aufenthaltsraum gab es sogar Waschmaschine und Trockner, bis auf das, was wir nach dem Duschen angezogen hatten, wanderte alles hinein. Maschinengewaschene Wäsche, was für ein Luxus nach den Tagen der Handwäsche! Die Wartezeit bis unsere Wäsche wieder trocken war, vertrieben wir uns in den nächsten zwei Stunden in der Bar des Hotels. Hans-Jakob, der auch hier übernachtete, gesellte sich zu uns. Bei einem Cerveza hatten wir nach kurzer Zeit ein intensives Gespräch. Wir erzählten uns gegenseitig aus unserem Leben, die einschneidenden Veränderungen, die es im Leben des anderen gegeben hatte. Ich weiß nicht mehr genau, wer mehr von sich preisgab, aber ich empfand diese zwei Stunden als etwas ganz Besonderes. Mir und Gu war ein Mensch begegnet, der anderen wirklich begegnen wollte, bei dem man sich öffnen konnte, der wiederum sich selbst dem anderen nicht verschloss. Hans-Jakob strahlte Offenheit sowie fürsorgliche Neugier bei einer doch spürbaren gesunden Distanz aus. Er war so, wie ich mir einen guten Seelsorger vorstellte. Wie sich herausstellte, arbeitete er auch als Familientherapeut. Ihm erzählte ich, warum ich meinen alten Job aufgegeben hatte und von meinen früheren beruflichen Träumen. Ich beschrieb meine Familie, meinen Vater und meine Mutter, wie sie mich und meine Geschwister erzogen hatten. Welche Werte sie uns dabei vermittelt hatten, wie wir durch ihren Umgang mit anderen Menschen geprägt wurden. Beide haben einen sehr hohen sozialen und moralischen Anspruch. Andere im Blick zu haben ist etwas Selbstverständliches für meine Eltern. Dort zu helfen, wo Not ist, das konnten und können wir Kinder immer wieder erfahren. Mein Vater hat einmal gesagt: »Ich möchte helfen, andere auf ihrem Weg unterstützen, genauso, wie ich auch einmal Hilfe bekommen habe, als ich sie ganz dringend brauchte.« Meine Familie war mir in diesem Gespräch so präsent. Auch in der Firma, die ich nun verlassen hatte, war dieser Geist immer zu spüren. Ich berichtete von meinen Geschwistern, welche Berufe sie ergriffen hatten und wo sie heute in ihrem Leben standen: Vier von uns fünf Kindern, Thomas, Bernd, Heike und ich hatten eine Laufbahn in der Bekleidungsindustrie eingeschlagen. Meine Brüder hatten Produktionstechnik studiert, nachdem sie eine Lehre – der eine als Bankkaufmann, der andere als Schneider – absolviert hatten. Bernd führt heute ein großes Einzelhandelsgeschäft. Heike hatte nach ihrer Ausbildung zur Schneiderin ein Studium der Bekleidungstechnik abgeschlossen und danach als Schnittdirectrice gearbeitet. Wie man so schön sagt: Der Apfel fällt nicht weit vom Stamm. Meine Schwester Sigrid dagegen hatte eine Ausbildung als Rechtsanwalts- und Notargehilfin gemacht, obwohl sie eigentlich Kindergärtnerin hatte werden wollen. Sie war in ihrem Job zwar sehr erfolgreich gewesen, in Frankfurt hatte sie lange Zeit als Bürovorsteherin in einer Kanzlei gearbeitet, richtig zufrieden war sie mit ihrer Berufswahl aber nie. Meine beiden Schwestern haben inzwischen geheiratet und als Hausfrauen und Mütter - die eine von drei, die andere von zwei Kindern - sind sie voll beschäftigt. Auch meine Brüder haben geheiratet. Wie ich hat Bernd keine Kinder, Thomas ist Vater von zwei Kindern.

Hans-Jakob äußerte nach allen meinen Ausführungen eine These, die er aus seiner Arbeit als Familientherapeut als häufiges Grundmuster kannte. Viele Familien sind über eine oder mehrere Generationen in bestimmten Berufstraditionen verhaftet, bis einer aus diesem Schema herausbricht und einen neuen Weg geht. Dieser Weg ist aber bereits durch die Familie angelegt. Man geht ihn jedoch neu, abseits der alten Traditionen, um das Potenzial einer Familie voll auszuschöpfen. Die Ressourcen werden neu genutzt und geben den Blick auf andere Horizonte frei. War das bei mir der Fall? Sollte ich auch deshalb andere Wege gehen? Sollte ich den Menschen auf eine andersartige Weise zum Mittelpunkt meiner zukünftigen Arbeit machen? Würde ich nicht mehr in der freien Wirtschaft arbeiten, sondern mich vielleicht in anderen sozialen Zusammenhängen bewegen? Hans-Jakob erwähnte in diesem Zusammenhang seine familientherapeutische Ausbildung am Institut für Familientherapie in Weinheim und empfahl mir, mich dort zu informieren. Dieses Gespräch war für mich wie ein weiterer Stein des Mosaiks, das ich für meine Zukunft legte. Mehr denn je war ich sicher, dass mir der Camino Klarheit verschaffen würde!

Gegen vier brachen wir auf, um uns Puente la Reina anzuschauen. Die kleine Stadt ist beeindruckend. Gleich zu Anfang gingen wir durch einen romanischen Torbogen, der das Johanniterkloster, ein vormaliges Pilgerspital, sowie die ehemalige Templerkirche miteinander verbindet. In dieser eher kleinen Iglesia del Crucifijo ist ein ungewöhnliches Pilgerkreuz zu besichtigen. Die Christusfigur ist auf einem Stamm in Y-Form angebracht. Sie soll eine Schenkung rheinländischer Pilger sein, die sie im 14. Jahrhundert von dort auf ihren Schultern bis nach Puente la Reina getragen haben sollen. Kaum vorstellbar, mir war mein Rucksack schon Anstrengung genug und früher hatte es sicher nicht in jedem Dorf eine Verpflegung wie heute gegeben. Das Kreuz, es gibt noch ein zweites dieser Art in Carrión de los Condes, war jedenfalls etwas Besonderes. Die Calle Mayor, ein Teil des Pilgerweges, führte direkt durch die Stadt. Im Ortskern liegt die Iglesia de Santiago. Auf ihrem Turm konnten wir ein weiteres Phänomen dieser Reise beobachten: Ein Storchenpaar hatte auf dem Kirchturm sein Nest gebaut und man konnte das Kommen und Gehen der Storcheneltern gut beobachten. Gu und ich schauten uns lachend an und werteten es als gutes Zeichen. Wer weiß, vielleicht würde unser Wunsch, doch noch Vater und Mutter zu werden, eines Tages in Erfüllung gehen? Was wir nicht wussten, Störche würden wir immer wieder entlang unseres Weges sehen, Nordspanien war anscheinend eine bevorzugte Gegend zur Aufzucht ihres Nachwuchses. Möglicherweise spürten die Vögel auch die Magie und Spiritualität, die Nähe zu Gott? Warum sollten allein wir Menschen diesen Weg für uns beanspruchen?

    Das Innere der Kirche war im Gegensatz zur eher kargen Iglesia del Crucifijo, die wir vorher besichtigt hatten, reicher und mit vielen Goldornamenten ausgeschmückt. Wir folgten weiter der Calle Mayor und schlenderten in gemütlichem Tempo in Richtung der Brücke, die der Stadt ihren Namen gegeben hatte. Die Brücke, ein romanischer Bau, spannt sich über den Rio Arga, der hier sehr breit ist. Auf der Mitte der Brücke blieben wir stehen, um den Fluss und die Stadt in aller Ruhe zu betrachten. Die Sonne schickte uns ihre wohltuenden Strahlen und so entspannt, wie der Arga dahin floss, so entspannt gaben wir uns auch der Zeit und dem Raum hin. Ein irischer Lehrer, der mit seiner Klasse, zu der auch seine Tochter gehörte, unterwegs war, verwickelte uns in ein kurzes, aber lustiges Gespräch. Diese offene Atmosphäre unter den Pilgern gefiel mir gut. Man erfährt so viel Neues. Auf unserem Weg zurück, kauften wir neuen Proviant ein. In einer Bar tranken wir draußen einen Kaffee und beobachteten das Treiben um uns herum. Wir sahen viele Pilger wieder. Toni und Erni, die Franzosen, Daniel, den jungen Polen, der in Obanos von uns ein Foto gemacht hatte, sowie Bert und Theo, die sich kurze Zeit später zu uns setzten. Wir tauschten uns gerade über unsere Herbergen aus – sie übernachteten in der Herberge am Ende der Stadt und waren von ihr völlig begeistert – als Jörg und Nele die Calle Mayor entlangkamen. Welch ein Hallo, wir alle freuten uns sehr, Nele wiederzusehen. Sie hatte sich doch entschlossen, weiterzugehen. Nun hatte sie uns, auch Jörg, hier wieder getroffen. Der Camino hat eben seine eigene Dynamik.

Vor dem Abendessen besuchten wir die Pilgermesse. Hier hat man oft erst gemerkt, wie viele Pilger doch in der Stadt waren. Wieder wurde die Messe auf Spanisch gehalten, dennoch war uns der liturgische Ablauf wohlvertraut. Es tut gut, dem Gesang und der Orgel zuzuhören, innezuhalten, sich auf sich selbst zu konzentrieren und in sich hineinzuspüren. Den eigenen Gedanken nachzuhängen und sich trotzdem in der Gemeinschaft geborgen zu fühlen. Für mich war die Messe, auch zu Hause, eine Stunde, um Kraft zu schöpfen und gleichzeitig zur Ruhe zu kommen. Es hatte Zeiten gegeben, in denen ich, wie so viele andere auch, diesem Impuls sehr oft nicht nachgegeben hatte. Vielleicht aus Bequemlichkeit? Verdrängung? Das Setzen anderer Prioritäten? Was hatte ich nur verpasst!

Ich ließ die letzten Wanderungen noch mal Revue passieren und freute mich, dass Gu und ich so im Gleichklang waren. Wir hatten das gleiche Tempo, wir lachten viel, schwiegen an den richtigen Stellen, empfanden oft das Gleiche. Auch deshalb war es schön, dass er mich in der ersten Zeit begleitete, aber die Trennung würde umso schmerzlicher werden.

5. Pilgertag, Samstag, 27. Mai 2006
Puente la Reina – Estella

Vor uns lagen gut 23 km. Um 6 Uhr liefen wir los, da wir den kühlen, stillen Morgen für uns haben wollten. Sehr leise waren wir aufgestanden, um die anderen Pilger nicht zu stören, einzig die knarrende Tür hatte nicht mitgespielt. Offensichtlich war aber niemand wach geworden, sodass unsere Bemühungen nicht umsonst gewesen waren. Zwielicht, erwachendes Vogelgezwitscher, kein Autolärm, eine fast noch schlafende Stadt, genauso hatten wir es uns vorgestellt. Als wir die Puente la Reina überquerten, dämmerte der Morgen dem Tag entgegen und das erste Rot der Sonne war zu sehen. Unbeschreiblich, unvergleichlich!

Wir marschierten durch ein Auf und Ab von Hügeln, sahen Weinanbau oder Getreidefelder. Wiederum begeisterte uns die Landschaft. An diesem Tag erfuhr ich, wie man wahrscheinlich Schnecken ernten kann: In einem Distelfeld, das in voller lila Blüte stand, bemerkten wir Hunderte, ach Tausende von Schnecken, die alle auf den Blütenstängeln saßen. Es war ein beeindruckender Anblick. Wir waren fest davon überzeugt, vor einer Schnecken-Zuchtanlage eines Biobauern zu stehen.

Kleine mittelalterliche Dörfer wie Mañeru und Cirauqui unterbrachen unsere Wanderung durch die Natur. Cirauqui war schon von Weitem zu erblicken. Beide Orte waren so früh am Samstagmorgen wie ausgestorben. Ab 10 Uhr baute ich zunehmend ab, wieder hatte ich in der letzten Nacht nicht besonders gut geschlafen und meine Beine schmerzten höllisch. Ich versuchte, mich mit den vielen bunten Farben der Blumen am Wegesrand zu trösten. Wildblumen, die ihren betörenden Duft abgaben, wuchsen zu Hunderten inmitten der üppigen Vegetation. Die Getreidefelder waren dicht übersät mit sattrotem Klatschmohn. Der Frühling zeigte sich hier im Navarra von seiner schönsten Seite. Die Spanier, die uns nun zunehmend begegneten, waren alle sehr freundlich, immer wieder wurden wir mit einem »buen camino« oder »buenos días« gegrüßt. Die Schmerzen, vor allem im rechten Bein, wurden dadurch zwar etwas erträglicher, aber bei jedem

Schritt spürte ich sie deutlich. Gu war liebevoll um mich besorgt, seine Zuwendung munterte mich auf.»Ich schaffe das schon, so schlimm ist es dann doch nicht«, versicherte ich ihm ein um das andere Mal.

Kurz vor Villatuerta überholte uns mit einer Affengeschwindigkeit und vernehmlichem Schnaufen ein kleiner, muskelbepackter, sehr drahtiger Mann mit fast kahl rasiertem Kopf in olivgrüner Kleidung. Er verschwand hinter einer Kurve und als wir diese passierten, war er bestimmt schon einen Kilometer entfernt. Der Weg gabelte sich und ich folgte automatisch dem Pilger vor uns, als Gu mich stoppte: »Der Weg geht in die andere Richtung, siehst du, hier ist der gelbe Pfeil, ganz eindeutig. Der Mann vor uns läuft in die falsche Richtung.« Wir schrieen hinter ihm her, aber er war außer Rufweite. »Der Arme, in der Hitze auch noch einen falschen Weg wählen«, so dachten wir. Keine zehn Minuten später, am Ortseingang von Villatuerta, hatte er uns bereits wieder eingeholt, hinter uns hörten wir das Schnaufen, so als ob eine Lokomotive sich näherte. Er grinste uns kurz an und weg war er.

Vor der Iglesia de la Asunción in Villatuerta machten wir über eine Dreiviertelstunde Rast. Die Kirche lag oberhalb der Stadt, umgeben von einigen Bäumen, in deren Schatten wir nun unsere Isomatten ausrollten und unsere Schuhe zum Lüften auszogen. Was für eine Wohltat, die Füße aus den stinkenden und qualmenden Socken herauszuschälen! Der Vorplatz der Kirche war mit Rasen ausgestattet, in der Mitte war ein Brunnen. Der Pilgerweg ging an dieser Kirche vorbei und zahlreiche Pilger stoppten hier, um es uns gleichzutun, neues Wasser aus dem Brunnen zu schöpfen oder das Gotteshaus zu besichtigen. Es ist wirklich bemerkenswert, dass wir trotz der zahlreichen Pilger nie das Gefühl hatten, es sind zu viele. Es konnte passieren, dass man sehr, sehr lange Zeit allein unterwegs war und niemanden sah, dann überholte man jemanden oder man wurde überholt, und schon war man wieder allein. Hatte man sich trotz gelber Pfeile und Muscheln verlaufen, brauchte man nur warten und irgendwann hörte man zuverlässig das Klappern eines Stockes. Fast jeder hatte entweder einen historisch anmutenden Wanderstab oder zwei moderne Wanderstöcke, so wie wir. Sie waren eine große Erleichterung, federten sie doch einen Teil des Rucksackgewichtes ab und entlasteten so beide Seiten gleichmäßig. Die Pause war belebend, beschwingt gingen wir über Feldwege weiter hinunter nach Estella. Der Ortseingang von Estella war sehr schön, wir liefen am Rio Ega entlang, der sehr malerisch zwischen Wiesen und Häusern daher floss. Eine sehr alte Kirche mit deutlichen Verfallsspuren gefiel uns sehr, sie war leider nicht geöffnet. Kurz danach kamen wir an der Herberge von Estella vorbei. Vor der geschlossenen Tür hatte sich bereits eine Schlange gebildet. Wir hatten keine Lust uns dort anzustellen, zumal in unserem Wanderführer zu lesen war, dass es sich um eine sehr unruhige Großherberge mit eng beieinanderstehenden Betten handeln sollte. So beschlossen wir in ein Hostal zu gehen und fragten in einer kleinen Bar die Wirtin nach einem Tipp. Ausgestattet mit zwei Adressen zogen wir los. Im ersten Hostal, das etwas entfernt vom Stadtkern lag, hatten wir kein Glück. Das zweite Hostal hatte dann, obwohl wir zunächst auch hier eine Absage bekamen, ein Zimmer für uns. Anscheinend hatte unser enttäuschter Hundeblick das Besitzerehepaar erweicht. Das Zimmer war etwas plüschig, aber sauber und sehr ordentlich. Es lag zum Plaza de los Fueros, inmitten der Altstadt. Wir hielten es wie die Spanier und machten erst einmal eine lange Siesta. Das Einschlafen war für mich nicht so einfach, immer wieder durchzuckten Krämpfe meine Beine, im Liegen war es nur schwer zu ertragen. Irgendwann überkam mich aber die Müdigkeit und fast drei Stunden später wachte ich erst wieder auf. Gu schlief immer noch und ich kuschelte mich sanft an ihn. Es war so schön, seine Wärme zu spüren. Langsam wurde er wach, liebevoll nahm er mich in seine Arme. Wir streichelten uns gegenseitig, küssten uns zärtlich, dann zunehmend leidenschaftlicher, seit Münster hatten wir uns nicht mehr geliebt. Entweder waren wir zu müde gewesen oder wir waren nicht allein. Nun war niemand da, den wir stören oder der uns stören konnte. Jetzt zählten nur wir beide.

Am späten Nachmittag saßen wir in einer Bar auf dem Platz

vor unserem Hostal und schauten der Menge auf dem Platz bei ihren vielfältigen Beschäftigungen zu. Väter und Mütter spielten mit ihren Kindern. Junge Männer versuchten, hübsche Spanierinnen mit besonders coolem Auftreten zu beeindrucken. Paare kamen mit Tüten beladen vom Shopping zurück. Ältere Spanier trafen sich in unserer Bar auf ein Glas Vino Tinto. Auf einer großen Bühne, die bereits auf dem Platz aufgebaut war, wurden Tonproben abgehalten. Es war laut, bunt, quirlig und voller Leben.

Wenig später schlenderten wir entspannt durch die Stadt. Irgendwann standen wir vor der spätromanischen Kirche San Pedro de la Rúa, die etwas erhöhter lag und deren Eingangsportal wir über eine sehr lange, breite und beeindruckende Treppe erreichten. Eine Besichtigung war leider nicht möglich, denn eine Hochzeitsgesellschaft versammelte sich gerade auf dem Vorplatz, um feierlich in das Gotteshaus einzuziehen. Alle waren sehr festlich angezogen und warteten aufgeregt auf das Eintreffen der Braut. Wir warteten mit, eine Hochzeit sieht man nicht alle Tage. Ich wurde sehr wehmütig, weil es mich an meine eigene Hochzeit vor vielen Jahren erinnerte. Aber nicht nur daran, sondern auch an das Scheitern meiner Ehe. Wie oft kam in derartigen Situationen danach das Gefühl bei mir auf, in einem ganz wichtigen Punkt meines Lebens versagt zu haben, auch vor Gott gescheitert zu sein. Natürlich hatte ich das romantische Drumherum genossen, aber die Frage: »Willst Du Deinen Mann lieben, achten und ehren, bis dass der Tod euch scheidet?« war mir an diesem Tag schon das Wichtigste gewesen. Auch wenn ich nach unserer Trennung versucht hatte, mir alles zu erklären, zu verstehen und daraus zu lernen, so war bis heute die Empfindung, gescheitert zu sein, in solchen Momenten wieder präsent. Als alle in der Kirche verschwunden waren und nur noch der aufwendig geschmückte Wagen an das Vorangegangene erinnerte, besuchten wir das nah gelegene Museo Gustavo de Maeztu, das im Palacio de los Reyes de Navarra untergebracht war. Die dort zu sehenden Ausstellungsstücke waren vielfältig und spiegelten vor allem die Geschichte von Estella als alte Pilgerstadt wider.

Danach war Zeit für das Abendessen. Wie schon in den vergangenen Tagen ließen wir uns durch die Tafeln mit der Aufschrift »menú del peregrino« leiten. Schließlich landeten wir in der kleinen Bar, in der wir morgens nach den Hostals gefragt hatten. Gu und ich hatten beide den Wunsch mit keinem Bekannten an einem Tisch zu sitzen, wir wollten neue Menschen kennen lernen. Unser Wunsch wurde erhört, die Wirtin ließ uns an einem Tisch Platz nehmen, an dem schon der rasende Pilger, dem wir am Vormittag schon begegnet waren, saß. Mike, so sein Name, kam aus Schottland, lebte aber in England. Auf seine Fitness angesprochen, erklärte er uns, dass er fünfundzwanzig Jahre bei der englischen Armee gedient habe, lange Jahre als Ausbilder einer Eliteeinheit. »Jetzt, mit 45 Jahren, beginne ich ein neues Leben«, erzählte er uns. »Nach all den gefährlichen Einsätzen in Afrika, im Kosovo und im ersten Irakkrieg habe ich mich nicht mehr als Mensch gefühlt. Durch das ständige Unterwegssein waren keine Wurzeln mehr vorhanden, meine Ehe ist daran zerbrochen. Nach meinem Abschied aus der Berufsarmee habe ich studiert und bin nun ausgebildeter Lehrer. Den Jakobsweg gehe ich, weil ich im Begriff bin, Katholik zu werden.« Gu und ich waren von Mikes Lebensgeschichte sehr beeindruckt. Welche Erlebnisse wohl hinter ihm liegen mussten? In welche Abgründe hatte er schon blicken müssen? Nun saß ein ruhiger, zurückhaltender und doch offener Mensch vor uns, der für sich einen ganz neuen Weg gewählt hatte. Es war auch ein Weg zu Gott. Mike sahen wir nach diesem interessanten Abend nie wieder. Seine Geschwindigkeit ließ ihn uns davoneilen.

Vor dem Schlafengehen tranken wir noch einen Vino Tinto. Immer noch war der Platz voller Menschen. Auf der Bühne wurde spanische Musik gespielt und viele tanzten dazu. Kinder drehten sich im Takt der Musik, Eltern schauten stolz lächelnd zu. Dieses pulsierende Leben zu spüren, zu genießen und in sich aufzusaugen, war etwas, was mir sehr gefiel. Wie oft hatte ich mir auf meinen beruflichen Reisen, aber auch zu Hause in Münster gewünscht, mehr Zeit für den Alltag einer Stadt zu haben. Jetzt hatte ich alle Zeit der Welt. Ungeniert konnte ich meiner Leidenschaft frönen, Menschen zu beobachten. Ich konnte mir Geschichten über sie ausdenken oder mir vorstellen, was sie gerade bewegte. Ich konnte versuchen, die Beziehungen der Einzelnen untereinander wahrzunehmen. Für mich war dies pure Lebensfreude.

Gegen elf gingen wir hoch in unser Zimmer und schliefen trotz des Lebens, das durch unser Fenster drang, sofort ein. Allerdings nur bis Mitternacht, denn dann wurde plötzlich die Musik auf der Bühne um einige Dezibel verstärkt. Ohrenbetäubend schallte sie zu uns herauf. Das gefiel uns überhaupt nicht mehr. Nach einem kurzen Blick auf den Platz konnten wir feststellen, dass anscheinend die gesamte Jugend der Stadt auf den Beinen war. Bis 4.30 Uhr tobte auf dem Platz und in den Gassen das pralle Leben, an Schlaf war nicht zu denken, selbst Ohropax half nicht. Gu und ich warfen uns von einer Seite auf die andere. Auch nachdem die Musik nicht mehr spielte, konnte von Nachtruhe keine Rede sein. Um kurz vor sechs standen wir auf, müde, gerädert und leicht genervt.

6. Pilgertag, Sonntag, 28. Mai 2006
Estella – Los Arcos

Der kühle Morgen, erfüllt mit Vogelgezwitscher, versöhnte uns ein wenig mit der Nacht. Meine Beine fühlten sich fit an und nichts erinnerte an die Krämpfe vom Tag zuvor. Gu und ich ließen den Samstag noch einmal Revue passieren, Mike beschäftigte uns noch immer. Die Begegnung mit ihm hatte Spuren hinterlassen, da waren wir uns einig. Er hatte uns erzählt, dass er den Tod in so vielen Facetten erlebt habe, dass er zum eigenen Schutz immer mehr abgestumpft sei. Er habe so viele Kameraden sterben gesehen, habe selbst Menschen erschossen und sei nicht nur einmal dem Tod entronnen. Er habe zum Schluss gar nichts mehr empfinden können. Irgendwann wusste er, dass er radikal umkehren müsse, bevor er sich ganz seelenlos fühlen würde. Über den Weg zur Kirche habe er den Glauben an sich selbst wiedergefunden und begriffen, dass er als Ausbilder auch Lehrer gewesen war und diese Berufung in friedlichen Zusammenhängen leben solle. Mike hatte es geschafft. Für uns war Mike eindrucksvolles Beispiel dafür, dass, egal welche Geschichte ein Mensch hinter sich hat oder wie sie ihn geprägt hat, es einen Ausweg, einen Neubeginn geben kann.

Nach Estella passierten wir eine gute halbe Stunde später das Kloster Santa María la Real de Irache. In der frühen Morgenstunde war die Klosterkirche noch verschlossen. Auch der berühmte Fuente de Vino, ein Weinbrunnen, an dem Pilger sich kostenlos mit einem Schluck Wein stärken können, war mit einem Vorhängeschloss gesichert. Trotzdem, der Gedanke an dieses freundliche Angebot weckte positive Energien.

In Azqueta machten wir mitten im Dorf eine kleine Pause, um zu frühstücken. Nach dieser ersten Wegstrecke schmeckten Brot, Käse und Schinken vorzüglich. Wir hätten auch nicht länger warten dürfen, denn wer so ganz ohne Frühstück in den Morgen startet, dem droht schnell eine Unterzuckerung. Im Dorf war es um diese Zeit am Sonntag noch ganz still, nur ab und zu wurden wir von einem Hund angekläfft. Villamayor de Monjardín, der nachfolgende Ort, war ein hübsches kleines Dorf. In der Iglesia de San Andrés zündeten wir Kerzen an und beteten ein Morgengebet.

Die weitere Strecke war leicht zu gehen, fast keine Steigung. Weinberge durchzogen die Getreidefelder sowie einzelne kleinere Wälder. Zum überwiegenden Teil war der Weg nach Villamayor aber baumlos, deshalb machten uns die höher steigenden Temperaturen umso mehr zu schaffen. Meine Beine fingen wieder an zu schmerzen. Die Krämpfe, die ich bisher meistens nachts im Liegen verspürt hatte, waren furchtbar. Ich schleppte mich nur so dahin. Gu versuchte mich zu motivieren, aber ich jammerte zwischendurch wie ein »altes Fischweib«. Die Sonne gewann immer mehr an Kraft und brannte auf unsere Schädel. Der Schweiß floss in Bächen unsere Körper entlang. Zum ersten Mal wünschte ich mich weit weg. Gu und ich mussten häufiger Pausen einschieben. Beim Gehen biss ich die Zähne zusammen. Die 10 Kilometer nach

Los Arcos zogen sich endlos dahin. Die bezaubernde Landschaft um uns herum konnte mich nicht mehr aufheitern. Viele Pilger zogen an uns vorbei, bekannte und unbekannte Gesichter. Einige in blendender Verfassung, unterwegs mit schnellen, sicheren Schritten, andere langsam, aber stetig und wieder andere, die ähnlich wie ich mit ihren Schritten kämpften. Gu und ich hatten am Morgen noch überlegt, vielleicht sogar bis Torres del Río zu gehen, aber ich weigerte mich nun, nur einen Schritt weiter zu gehen als Los Arcos.

Die Herberge »Albuerge de la Fuente/Casa de Austria« lag ziemlich am Anfang des Ortes, dort bezogen wir Quartier. Wir hatten Glück und ergatterten noch ein Stockbett in einem Raum, in dem noch fünf weitere Stockbetten standen. Er lag ebenerdig, sodass wir unsere Rucksäcke nicht die Treppe hoch schleppen mussten. Da es noch nicht Siesta-Zeit war, gingen wir erst einmal für den nächsten Tag einkaufen, auch wollte ich noch in einer Apotheke für mich Magnesium besorgen.

Als wir den kleinen Laden verließen, kam Hans-Jakob die Gasse entlang und wir beschlossen, gemeinsam einen Kaffee zu trinken, da er noch weiter bis Torres del Río wandern wollte. Wie immer war das Gespräch mit Hans-Jakob ein Geschenk für den Tag. Wir verabschiedeten uns mit gegenseitigen guten Wünschen für den Rest der Reise. Es stand in den Sternen, ob und wann wir uns wiedersehen würden.

In der Herberge war große Wäsche angesagt: Körperwäsche und Kleidungswäsche. Gu und ich waren jedes Mal glücklich, wenn wir eine Waschmaschine in der Unterkunft vorfanden. Nichts war befriedigender, als die schweißdurchtränkte und stinkende Kleidung in eine Maschine zu stecken und sie duftend und gereinigt wieder herauszuholen. Wenn wir dann selbst sauber und erfrischt in die ebenfalls saubere Kleidung schlüpfen konnten, blieb nur noch wohlige Zufriedenheit. Es erinnerte mich an früher, wenn ich als kleines Kind am Samstag gebadet worden war, danach von meiner Mutter aus der Badewanne herausgehoben und mit einem warmen, kuscheligen Handtuch von ihr umhüllt wurde. Meist hatten wir zu dritt in der Wanne gesessen, hatten Schiffe versenken gespielt oder waren selbst Kapitäne und Matrosen. Geborgenheit als Kind hat viel mit Gut-Versorgt-Sein zu tun, im Blick der Eltern zu sein, dass sie sich kümmern. Ich glaube, jeder Mensch verbindet bestimmte Situationen, Gerüche und auch Sätze mit Erinnerungen an die eigene Kindheit. Ich hatte das Glück, eine behütete Kindheit zu haben.

Nach einer kurzen Mahlzeit im Innenhof der Herberge hielt ich ein Mittagsschläfchen. Gu wollte einfach draußen auf der Terrasse sitzen bleiben und der Dinge harren, die da kommen würden. Todmüde kroch ich in meinen Schlafsack und konnte doch nicht einschlafen, meine Beine krampften zu sehr. Die meisten Betten waren mittlerweile besetzt, sodass ich einfach die anderen Pilger ein wenig beobachtete. Nele und Jörg waren hier, ein französisches Ehepaar schlief links neben uns. Ein weiteres Paar – Schweizer, wie sich sehr viel später auf dem Weg herausstellte – lagen rechts von uns. Vor Kopf schliefen ein Mann und eine Frau, die Gu und ich schon oft wahrgenommen hatten und die wir für Skandinavier hielten. Sie sahen zwar überhaupt nicht skandinavisch aus, statt groß, schlank und blond, waren beide dunkelhaarig, von normaler Größe und sportlich-muskulös. Wir hatten sie ab und zu reden hören und eine Wette laufen, aus welchem nordischen Land sie stammten. Ich vermutete Finnland, Gu tippte auf Schweden. Es war immer wieder spannend, anderen Menschen zu begegnen. Hier im Raum lagen bis auf einen einzelnen jungen Mann nur Pilger, die zu zweit unterwegs waren. Bisher hatten wir wenige Pilger getroffen, die allein wanderten. Kurze Zeit später war ich nur noch mit Nele im Raum und so unterhielten wir uns noch ein wenig. Ich sagte ihr, dass ich es schön fände, dass sie wieder unterwegs sei und nicht nach Hause gefahren sei. Wir kamen auf Jörg zu sprechen und auf einmal vertraute mir Nele ihre Geschichte an. Jetzt verstand ich ihre Traurigkeit. Sie hatte ihren Mann im Jahr zuvor an Krebs verloren, nun müsse sie auch noch das gemeinsame Haus aufgeben, da sie es sich allein finanziell nicht mehr leisten könne. Der Weg erschien ihr als Möglichkeit, Abstand zu allem zu bekommen und ihre Trauer besser bewältigen zu können. Jörg in seiner Fröhlichkeit und Lebensfreude täte ihr einfach gut, seine unvoreingenommene Freundschaft würde ihr helfen. Mehr sei da nicht, er sei fest liiert und liebe seine Freundin sehr. Nele und Jörg zeigten mir einmal mehr, das nichts offensichtlich war und sich vieles im Auge des Betrachters anders darstellte, als es in Wirklichkeit eigentlich war.

Da meine Schmerzen einfach nicht aufhören wollten, schob ich mir die Isomatte als Rolle unter meine Unterschenkel, sodass sie hoch gelagert waren. Schlagartig wurde es besser und langsam dämmerte ich in den Schlaf. Irgendwann wachte ich auf und stellte fest, dass ich mehr als zwei Stunden tief und fest geschlafen hatte. Nachdem ich meine Sandalen angezogen hatte – es ist schon sehr praktisch, wenn die Schlafklamotten gleichzeitig als Sportoutfit durchgehen – machte ich mich auf die Suche nach Gu. Ich fand ihn im sonnigen Innenhof, in angeregtem Gespräch mit Nele, Jörg und einigen anderen, die ich nur vom Sehen her oder noch gar nicht kannte. Die Stimmung war locker, es wurde viel gelacht, eine Flasche Rotwein kreiste in der Runde. Ich fühlte mich in meine früheren Jugendherbergszeiten zurückversetzt, zumal überall im Innenhof Wäsche zum Trocknen verteilt war. Am Tisch saßen auch vier Leute einer Pilgergruppe, die wir schon das eine oder andere Mal überholt hatten, wir hatten sie immer etwas seltsam gefunden. Ständig wartete einer auf den anderen, da die Gruppe sehr inhomogen lief. Dann waren sie überhaupt nicht mehr zu sehen, bis sie unverhofft wieder vor einem auftauchten. Alle trugen nur kleine Rucksäcke. Wie sich herausstellte, wanderten sie nur mit Tagesgepäck von Herberge zu Herberge. Der Rest wurde per Auto befördert. Auch war das Auto immer in ihrer Nähe, sodass sie notfalls ein Stück fahren konnten. Jörg kannte die Truppe, da sie aus der gleichen Stadt wie er kamen. Diese Art des Pilgerns war mir vorher überhaupt nicht bewusst gewesen. Einen sehr netten Eindruck machte Kathrin, eine Deutsche, die mit ihrer Familie in Österreich lebt und dort als Psychologin arbeitet. Zu ihr hatten Gu und ich gleich einen sehr persönlichen Draht. Unsere Unterhaltung drehte sich schnell um Themen, die nicht an der Oberfläche blieben, sondern substanziell waren. Kathrin blieb auch auf eine bestimmte Art und Weise rätselhaft. Auf meine Frage, wie alt sie sei, lächelte sie nur und meinte ernst: »Ich bin über hundert Jahre alt.«

Irgendwann war es Zeit für die Pilgermesse. Es tat gut, wenn in einem Ort eine Pilgermesse angeboten wurde und wir nutzten es jedes Mal gern. Die Iglesia de Santa Maria stand mitten in Los Arcos und war wunderschön anzusehen. Sie schien sehr alt zu sein und man konnte verschiedene Baustile ausmachen. Innen war die Kirche zum Teil reich geschmückt und wirkte in vielen Segmenten barock. Am meisten gefiel mir der Kreuzgang, in seinem Innenhof blühten Rosen über Rosen, einige Weinreben rankten sich am alten Gemäuer hoch. Es wirkte malerisch und romantisch auf mich, die kühle Stille schuf einen zusätzlichen Zauber. Die Messe setzte diesen Zauber fort. Als die Orgel einsetzte, hörte sie sich zum Gesang der Besucher prächtig an. Es waren nicht nur zahlreiche Pilger, sondern auch viele Einheimische erschienen. Der noch relativ junge Priester hielt den Gottesdienst mit offensichtlicher Freude ab und wirkte sehr engagiert. Am Ende bat er uns Pilger nach vorne zu kommen, um uns vor der Statue der Schutzpatronin der Kirche, der heiligen Mutter Maria, segnen zu können. Er scherzte mit uns, auch in Englisch und Deutsch. Darüber hinaus bat er uns, in Santiago für ihn und seine Gemeinde zu beten. Er fragte unsere Nationalitäten ab, wieder waren Pilger aus allen Himmelsrichtungen vertreten. Am Ende verteilte er Heiligenbildchen, die Jakobus zeigten und mit einem Pilgergebet versehen waren. Der Priester hatte sie sogar in einigen Landessprachen vorrätig. Berührt und angefüllt mit Zuversicht und Vertrauen wollten wir gerade die Kirche verlassen, als hinter uns das »Lobe den Herren« erklang. Unsere Reisegruppe aus dem Innenhof hatte sich vor dem Altar aufgebaut und sang nun mit Inbrunst dieses wunderbare Lied. Sie sangen wunderschön!

Kathrin, Nele, Jörg, Gu und ich hatten uns im Dorf zum Paella-Essen verabredet und genossen den warmen Frühlingsabend auf der Terrasse eines netten Restaurants. Es war eine lustige Runde und erst spät kamen wir in die Herberge zurück. Alles war schon dunkel und in unserem Zimmer war es bereits verdächtig still. Wir verabschiedeten uns voneinander, nie konnte man sich sicher sein, ob man sich tatsächlich noch mal wiedersehen würde. Nele und Jörg sahen wir tatsächlich in Los Arcos zum letzten Mal, danach waren sie wie vom Erdboden verschwunden. Bei Jörg war es noch zu verstehen, da er in Burgos wieder den Heimweg antreten wollte, doch Nele so völlig aus dem Blick zu verlieren, fand ich schade. Niemand hatte sie danach gesehen oder konnte mir über sie etwas berichten. Noch heute ist sie mir sehr gegenwärtig. Kathrin sahen wir einen Tag später noch ein Mal, danach sollte ich ihr lange nicht mehr begegnen.

7. Pilgertag, Montag, 29. Mai 2006
Los Arcos – Logroño

Gu und ich wurden häufig am Morgen zur gleichen Zeit wach, bereits um fünf Uhr weckte uns diesmal unsere innere Uhr. Wir hatten uns mittlerweile angewöhnt, dann auch aufzustehen und die frühen Morgenstunden, die kühl und schattig waren, zum Wandern zu nutzen. In fast schon gewohnter Weise brachten wir mit wenigen, möglichst leisen Handgriffen das Gepäck vor die Tür, um erst dann das Anziehen und Packen zu erledigen. Für uns war es selbstverständlich, auf die anderen Pilger Rücksicht zu nehmen.

Vor uns war das französische Paar schon aufgestanden. Jetzt saß die Frau am Eingang, zum Losgehen bereit und wartete sichtlich genervt auf ihren Mann, der im Aufenthaltsraum in aller Seelenruhe seinen Rucksack packte und dabei noch frühstückte. Sie war klein und zierlich und wirkte sehr durchtrainiert. Ihre kurz geschnittenen grauen Haare standen in apartem Kontrast zum braun gebrannten Gesicht. Er war bestimmt zwanzig Zentimeter größer als sie und hatte etwas von einem mächtigen Bretonen, sein Gesicht wurde von einem sehr großen Schnauzer dominiert. Beide schätzte ich um die 55 bis 60 Jahre alt. Es war das erste Mal, dass wir Patricia und Michél wahrnahmen.

Draußen war es noch sehr dunkel, als wir die Herberge verließen. Die Sterne leuchteten am Firmament und tiefe Stille lag über Los Arcos. Wie immer gefiel es Gu und mir sehr, so ganz allein, ohne einer Menschenseele zu begegnen, in den Tag hineinzuwandern. In der Regel sprachen wir dann auch sehr wenig oder überhaupt nicht, doch heute war es anders. Gu's Rucksack quietschte und durchbrach immer wieder vernehmlich die Stille. Gu fand dieses Geräusch zunehmend nervtötend und stoppte immer wieder, um seinen Rucksack zu untersuchen oder weil ich nachschauen sollte, woran es liegen könnte. Ständig wurden die Gurte verstellt, das Gepäck im Rucksack neu positioniert, um nach ein paar Metern festzustellen, dass das Quietschen immer noch da war. Seine Nerven waren deshalb eindeutig strapaziert und ich ließ mich davon anstecken. Der Weg nach Torres del Río gestaltete sich als schwieriger Start in den Tag. Umso schöner war es, als wir dort um 7 Uhr ankamen und eine wirklich schöne Bar bereits geöffnet hatte. Dort frühstückten wir in aller Ruhe, nach und nach trudelten auch andere Pilger ein, einige aus Los Arcos, andere hatten offensichtlich hier übernachtet. Die Bar lag direkt an der Iglesia del Santo Sepulcro, die noch nicht geöffnet war. Wir setzten uns mit einem zweiten café con leche auf ein Mäuerchen davor und ließen uns von den ersten Sonnenstrahlen wärmen. Als sich das skandinavische Pärchen dazu gesellte, wechselten wir zum ersten Mal mehr als die üblichen Begrüßungsworte. Sie waren gar kein Paar, sondern einfach nur gute Freunde und kamen aus Schweden. Michael hatte deutsche Eltern und sprach deswegen hervorragend deutsch. Wir plauderten in Englisch und zwischendurch auch mal in Deutsch. Malin hatte Michael überredet mitzukommen, da sie nicht allein gehen wollte. Sie war Mitte zwanzig, er dagegen über vierzig, beide machten auf uns einen offenen und sehr wachen Eindruck. Im Laufe des Tages trafen wir sie immer wieder und fast jedes Mal hielten wir ein kurzes Schwätzchen. Beide arbeiteten im psychosozialen Bereich. Michael leitet ein Heim für junge Frauen und Mädchen, die sich aufgrund von psychischen Problemen selbst erhebliche Verletzungen beibringen. Malin war nach ihrem Studium noch

Auf meinem Weg nach Santiago irgendwo zwischen Navarra und Rioja

auf der Suche nach einer Festanstellung. Sie hatte so vieles über den Weg gehört, dass sie ihn unbedingt hatte gehen wollen und Michael hatte nach anfänglichem Zögern die Chance gesehen, Abstand zwischen sich und seine Arbeit zu legen, da er sich mehr und mehr ausgebrannt gefühlt hatte. Sie waren sehr schnell unterwegs, machten aber immer wieder große Pausen - ein Grund warum wir sie an diesem Tag nicht aus den Augen verloren.

Von Torres del Río bis nach Viana, der letzten Pilgerstation auf unserem Weg durch die Region Navarra, durchwanderten wir eine weitgehend schattenlose Landschaft. Wir waren sehr froh, dass die Sonne nicht so stark vom Himmel herunterbrannte wie am Vortag. Die Natur präsentierte uns ein Bild aus erdigen Farben mit grünen Tupfern durchsetzt. Über den Hügeln – Rioja und seine Weinberge waren spürbar – hob sich der Himmel in prächtigem Blau ab, immer wieder zogen weiße »Wattewolken« über uns hinweg. Die Wege waren oft steinig und dadurch sehr unbequem, unsere Wanderschuhe waren deshalb sehr nützlich. Gelegentlich mussten wir über asphaltierte Straßen gehen, auch das war nicht gerade eine Wohltat für Beine und Füße. Zwar machte sich vor allem mein rechtes Bein bemerkbar, dennoch ging es viel besser als am Vortag.

Viana erreichten wir gegen zehn, von Weitem hatten wir bereits die höher gelegene Altstadt erblicken können. Im Zentrum der Stadt legten wir unsere Rucksäcke ab und betraten das Innere einer wunderschönen alten Kirche, deren Portal für uns Pilger weit geöffnet war. Ein wunderbares Willkommen! Diese stillen Minuten, das Gebet, die Zwiesprache mit Gott, der eigenen Seele dabei nachzuspüren, waren jedes Mal wohltuend und Kraft spendend. Auf dem Weg hinaus aus der Stadt stoppten wir nochmals auf einem Plateau vor der in Ruinen liegenden Kirche San Pedro; von dort hatten wir einen fantastischen Ausblick in Richtung Rioja. Der irische Lehrer, den wir in Puente la Reina kennen gelernt hatten, verwickelte uns auch diesmal in ein kurzweiliges, sehr interessantes Gespräch. Auf unsere Frage, mit wie vielen Schülern er unterwegs sei, antwortete er, mit acht Mädchen und vier Jungen, wobei, wie er betonte, die Mädchen um ein Vielfaches ambitionierter und sportlicher seien als die Jungen. Das konnten wir nur unterstreichen, die Mädchen hatten uns in den vergangenen Tagen immer wieder in einem sehr hohem Tempo überholt, die Jungen waren unter Stöhnen hinterhergeschlichen. Wir wollten wissen, woran das seiner Meinung nach liege und er vertrat daraufhin die These, dass das weibliche Geschlecht einfach den größeren Willen habe und die bessere Durchsetzungskraft bei den ihnen wichtigen Themen. Deshalb sei er auch der festen Überzeugung, dass auf Dauer Frauen die Welt regieren würden. Allerdings meinte er auch, dass dieser Wille, etwas zu erreichen, bei einigen Frauen auch in totale Kompromisslosigkeit münden würde. Er nannte als Beispiel die deutsche Terroristin Ulrike Meinhof. Ich fand seine Thesen ganz schön gewagt, pflichtete ihm aber bei, dass Frauen oft den größeren Willen und die bessere Durchsetzungskraft hätten. Es waren vielleicht zehn Minuten, die wir miteinander gesprochen hatten, und dennoch hatten sie ausgereicht, um so ein Thema anzugehen. Diese intensiven, prägnanten Intermezzi finden auf dem camino nicht selten statt. Der übliche small talk hat wenig Chancen.

Durch Schrebergärten verließen wir Viana und wanderten auf

der Landstraße weiter. Bei der Kapelle Virgin de las Cuevas machten wir noch einmal eine kurze Pause, da der Rastplatz vor ihr so einladend wirkte. Unter sich leicht im Wind wiegenden Weiden und neben einem Bächlein standen ein paar Bänke. Dort saß bereits ein hoch aufgeschossener älterer Italiener, der uns zusammen mit einer grauhaarigen Frau schon häufiger aufgefallen war. Deshalb wussten wir, dass beide Italiener waren. Sie waren immer sehr freundlich. Augenscheinlich wartete er auf sie, denn wir hatten sie kurz vorher überholt. Ich teilte ihm mit meinen mageren sprachlichen Italienkenntnissen mit, dass seine Frau gleich da sein würde, da wir sie nur wenige Minuten vorher gesehen hätten. Er bedankte sich, stellte aber klar, dass Mirella, so ihr Name, und er, Walter, nur gute Freunde seien und beide aus Vincenza kämen. Mit beiden, Mirella war mittlerweile auch eingetroffen, plauderten wir noch ein wenig in einem Kauderwelsch aus Italienisch und Deutsch – Walter konnte ein paar Brocken Deutsch. Mirella verarztete in der Zwischenzeit ihre Füße, sie hatte schreckliche Blasen, die überhaupt nicht gut aussahen. Gu und ich waren beide froh, davon bisher verschont geblieben zu sein.

Der weitere Weg führte durch ein Feuchtgebiet, das unter Naturschutz stand. Schilf, satte Wiesen, viele Weiden säumten den Weg. Zahlreiche Vögel waren zu sehen und zu hören. Irgendwann lag vor uns die Laguna de las Cañas, ein See, an dessen Ufer wir eine Zeit entlangwanderten. Logroño, die Hauptstadt von Rioja, war schon mit ihren Ausläufern zu sehen. Der Wanderweg war plötzlich asphaltiert und beanspruchte unsere Beine, die Sonne glühte jetzt in der Mittagszeit vom Himmel. Die hinter uns liegenden 22 km machten sich deutlich bemerkbar, laut Reiseführer hatten wir noch gute 6 km vor uns. Kurz vor der Überquerung des Río Ebro passierten wir ein kleines Haus, vor dem eine ältere Frau an einem Tisch unter einem Sonnenschirm saß und jeden Pilger, der vorbeikam, um seinen Pilgerpass bat, um ihn abzustempeln. Dabei sprach sie im munteren Spanisch, egal ob man sie verstand oder nicht. Geschäftstüchtig verkaufte sie auch kalte Getränke. Der Stempel ist einer der schönsten: Die

Gezeichnet von der Anstrengung und der Hitze – die Aussicht entschädigt alles

Inschrift zeigt eine Muschel, einen Wasserkrug, ein Blatt und ein Kreuz sowie die Worte »Higos – agua y amor«, Feigen – Wasser und Liebe. Nach dieser netten Episode zogen wir lächelnd weiter.

Fast eine Stunde später erreichten wir die mitten in der Altstadt gelegene Herberge in Logroño. Im Innenhof der Herberge stand schon eine lange Schlange, die nach und nach in Grüppchen von vier Personen eingelassen wurde. Vor uns standen bestimmt dreißig Personen und wir wussten nicht, wie viele bereits ein Bett zugewiesen bekommen hatten. Wir hofften inständig, dass auch für uns am Ende noch eines übrig war. Zunächst übten wir uns allerdings in Geduld. Die Zeit vertrieben wir uns mit Unterhaltung und Beobachtung. Vor uns in der Reihe war Hans-Jakob, einige »unserer« Franzosen waren schon da, auch Theo und Bert sahen wir wieder. Es war erstaunlich, wie viele ältere Pilger unterwegs waren. Einige waren bemerkenswert fit, bei anderen fragten wir uns, wie sie den täglichen Weg überhaupt bewältigten. In jedem Fall befand ich sie bewundernswert. Durch die Tür hindurch kamen die ersten geduschten Pilger mit noch nassem Haar und wuschen in einer extra dafür vorgesehenen Ecke des Innenhofes ihre Wäsche. Wie gerne wäre ich auch schon so weit gewesen. Ich warte nicht gerne, ich fühle mich gebremst und in meinen schon im Kopf vorhandenen konkreten Plänen gestört. Ich muss mir dann immer selbst klarmachen, welche positive Seite Warten auch haben kann, so hatte Hans-Jakob Zeit, uns von seiner letzten Nacht zu erzählen. In Torres del Río hatte er keinen Schlafplatz mehr bekommen und deshalb auf dem Dach der Herberge unter freiem Himmel geschlafen. Der Sternenhimmel über ihm wäre ein wunderbares

Geduldiges Warten auf ein Bett im Refugio – die Reihenfolge der Rucksäcke markiert die Ankunft

Erlebnis gewesen, auch wenn es empfindlich kalt geworden wäre. Würde ich mich so etwas jemals trauen, ich alter Angsthase im Dunkeln? Endlich durften wir auch hinein, die Betten wurden uns mittels einer Nummer zugewiesen. Oben, fast unter dem Dach, in einem der letzten noch zu besetzenden Schlafräume waren unsere Betten. Wir hatten Pech, unsere Plätze befanden sich genau an der Tür, also würden wir das ständige Kommen und Gehen der anderen achtzehn Pilger in dem Raum hautnah miterleben können. Wir hofften, dass die Nacht trotzdem einigermaßen ruhig verlief.

Ich entledigte mich meiner Shorts. Ja, abgesehen von Badeanzug oder Bikini hatte ich zum ersten Mal seit meiner Kindheit wieder eine kniefreie Hose angehabt. Dass ich sie mir überhaupt gekauft hatte, lag ausschließlich an Gu, er hatte mir deswegen gut zugeredet. Nur ihm zuliebe hatte ich sie eingepackt, in der festen Überzeugung sie auf keinen Fall zu irgendeinem Zeitpunkt der Reise aus dem Rucksack zu holen, geschweige denn zu

Der Jakobsweg macht's möglich: Sabine in Shorts

tragen. Die Hitze, vielleicht auch eine veränderte Einstellung, hatte mich heute Morgen diesen Vorsatz vergessen lassen. Bisher hatte ich meine Kleidung immer als eine Art Schutzschild benutzt. Indem ich mich perfekt kleidete und meine äußeren Makel, wie beispielsweise meine hässlichen Knie, verdeckte oder kaschierte, fühlte ich mich sicher und nicht so schnell angreifbar. Dieses Verhaltensmuster hatte ich heute durchbrochen, auch wenn es am Tag die eine oder andere Situation gegeben hatte, in der ich mich nicht sonderlich wohl gefühlt hatte, so war ich dennoch stolz auf mich. Meine Besenreißer, meine wunden Stellen durch die Neurodermitis, die Zellulitis und meine Knie hatten mich nicht davon abgehalten, die erste kurze Hose seit über 25 Jahren zu tragen!

Wir waren schon sehr beeindruckt gewesen, als wir in Logroño hineingelaufen waren. Die Brücke Puente de Piedra führte über den Ebro, einen der größten Flüsse Spaniens; mit ihren sieben Bögen wirkte sie imponierend. Sie führt direkt in das älteste Viertel der Stadt, in dem auch die Herberge liegt. Jetzt spazierten wir durch enge, alte Gassen. Es war wegen der Siesta noch relativ ruhig, nur wenige Menschen schlenderten umher oder saßen in den Cafés. Das Viertel wirkte wie ausgestorben, alle offiziellen Gebäude waren geschlossen. Am Marktplatz, direkt an der Kathedrale Santa María de Palacio, setzten wir uns deshalb in die Sonne, genossen die Ruhe, beobachteten die Menschen um uns herum und freuten uns darüber, fernab von zu Hause so überhaupt keinen Druck zu verspüren. Nach einiger Zeit sahen wir Kathrin quer über den Platz kommen, sie war in Begleitung von drei weiteren Leuten. Alle vier hatten keinen Platz mehr in der Herberge bekommen und waren nun auf der Suche nach einem Bett. Wir gaben ihnen den Tipp mit den Hostals. Kathrin erzählte uns später, sie habe sich dann ein Zimmer mit einer ihrer Begleiterinnen geteilt, einer jungen Norwegerin, die mit ihren Eltern unterwegs sei. Die Norweger waren eine interessante Familie, sehr freundlich, offen und zugewandt. Die Eltern sahen aus wie echte Wikinger, hochgewachsen, mit klaren und schönen Gesichtszügen, wettergegerbt, hellblondes beziehungsweise schlohweißes Haar. Die Tochter hatte offensichtlich das Aussehen ihrer Eltern geerbt, sie arbeitete als Model. Welche Beweggründe hatte sie wohl zu pilgern? Fühlte sie sich auch ausgebrannt von der Hektik der Mode- und Werbewelt?

Auf der Kathedrale nisteten wieder Störche, wie immer erfreuten wir uns an ihrem Anblick. Im Inneren des Gotteshauses nutzte ich die Zeit wieder für ein Zwiegespräch mit Gott. So viel Schönes war an diesem Tag passiert, für das ich dankbar sein konnte. Es tat gut, neben Gu in der Bank zu sitzen, ihn bei mir zu haben, den eigenen Gedanken nachzuspüren und sich geborgen und behütet zu fühlen. Hier konnte ich einfach sein. Die Kirche war zudem pittoresk ausgestattet. Zwei handwerklich beeindruckend geschnitzte Altäre stachen ins Auge. Mich erstaunt immer wieder, wozu Menschen früher in der Lage waren, ohne all die Werkzeuge, die heute zur Verfügung stehen.

Gu und ich wollten in Logroño abends zum ersten Mal richtig toll essen gehen. Nachdem wir aus der Kathedrale kamen, machten wir uns auf die Suche nach einem entsprechenden Lokal. Doch entweder boten die Restaurants nur ein Pilgermenue an, worauf wir diesmal überhaupt keine Lust hatten, oder sie öffneten erst um 21 Uhr. Bis dahin wären wir verhungert und zu allem Überfluss mussten wir um spätestens 22.30 Uhr im Refugio sein. Wir beschlossen zu kochen, in der Herberge gab es eine Gemeinschaftsküche, die von allen genutzt werden durfte. Im Supermarkt kauften wir Spaghetti, Tomaten, Speck und Ruccola, dazu einen Rotwein aus dem Rioja. Spaghetti a la Amatriciana wollten wir zubereiten.

In der Küche ging es bereits hoch her, es war eng und laut. Viele Gerüche empfingen uns, ein Gewirr von Sprachen war zu vernehmen: Deutsch, Englisch, Spanisch und Italienisch. Wir fanden noch ein freies Plätzchen bei drei älteren Spaniern, die wir unterwegs, allerdings zu viert, schon häufiger bemerkt hatten. Sie gehörten offensichtlich zusammen, aber jeder ging über den Tag sein Tempo. Immer waren sie freundlich und sprachen uns munter auf Spanisch an. Sie hatten sichtlich Spaß, wenn Gu ihnen mit seinen Spanischkenntnissen antwortete. Nachdem ich Gu bei den Vorbereitungen geholfen hatte und er allein weiterkochen wollte, setzte ich mich zu den Herren, die sofort versuchten, mich in ihre Unterhaltung einzubeziehen. Es war so lustig, außerdem versuchten sie, mir auf charmante Art und Weise ständig Komplimente zu machen. Da ich nicht alles verstand, wurde Gu immer wieder an den Tisch geholt, um zu übersetzen, aber leider verstand er auch nicht alles. Als wir gerade mit dem Essen begonnen hatten, trudelte der Vierte ein. Er konnte etwas Deutsch, sodass nun die Unterhaltung noch besser in Schwung kam. Zunächst berichtete er uns aber, dass er gerade geholfen habe, einer Italienerin, die sich bereits vor Tagen verletzt habe, einen Flug nach Hause zu beschaffen. Im Krankenhaus habe sich herausgestellt, dass sie sich das Waden- oder Schienbein gebrochen habe. Wir wunderten uns alle sehr, dass sie mit so einer Verletzung überhaupt noch so weit hatte laufen können. In der anderen Ecke der Küche wurde es lauter und lauter. An dem Tisch saßen Italiener und Deutsche, die offenkundig bester Laune waren. Bei Mirella und Walter waren zwei junge Italiener, einer davon mit wilder Rastamähne. Die beiden Deutschen waren zwei strohblonde Frauen, die eine klein, die andere groß, beide lachten ausgesprochen fröhlich und sehr prägnant – man konnte sie deutlich heraushören. Unterdessen wurde das Essen munter untereinander ausgetauscht, jeder verteilte seine Reste, es war kurzweilig und sehr anregend. Es war eine Form der Völkerverständigung. Wir waren froh, nicht essen gegangen zu sein! Satt, zufrieden und müde gingen wir gegen zehn nach oben.

Die Ersten lagen bereits wieder im Bett. Vor dem Schlafengehen sortierte ich noch einmal den Rucksack aus. Trotz meiner trockenen Haut ließ ich die Bodylotion zurück, auch die Seife musste dran glauben, das Shampoo musste ab sofort für Kopf und Körper reichen. Gu tauschte mit mir die Isomatte, da seine Matte leichter war als meine, jedes Gramm zählte! Ein wenig ärgerte ich mich immer noch, dass ich den größeren Rucksack statt des kleineren gekauft hatte, aber wie heißt es so schön: Wer nicht hören will, muss fühlen. Vielleicht sollte ich mir meines Ballasts bewusst werden, damit ich ihn abwerfen konnte, um beweglicher zu sein. Vielleicht sollte mir dadurch endlich klar werden, wie wenig ich eigentlich zum Leben brauche.

8. Pilgertag, Dienstag, 30. Mai 2006
Logroño – Nájera

Wir hatten uns für den achten Pilgertag Nájera als Ziel gesetzt, bis dahin waren es fast 31 km. Würden wir es schaffen? Zunächst hieß es aber aus Logroño herauskommen. Eine größere Stadt zu verlassen, ist meistens unschön, da an der Peripherie oft die Industriegebiete angesiedelt sind. Kurz nach Logroño führte der Pilgerweg dann aber über einen Spazierweg in ein Naherholungsgebiet, La Grajera. Ein riesiger Stausee lag malerisch vor uns, an seinem bewaldeten Ufer wanderten wir eine ganze Weile entlang. Die Gegend erinnerte mich an zu Hause, an die Vennlandschaften im Münsterland, auch wenn die Bäume schon eher dem mediterranen Klima entsprachen. Leider führte der Weg irgendwann weg aus dem idyllischen Gebiet in die Nähe der viel befahrenen Hauptstraße. Dort machten wir zum ersten Mal Bekanntschaft mit einem weiteren Pilgerritual. Vorher war uns bereits das Ritual aufgefallen, dass auf den steinernen Wegmarkierungen oder unterhalb von Wegkreuzen Stein auf Stein geschichtet worden war. Kleine Steinhaufen, pyramidengleich, waren das Ergebnis. Die Steine wurden als Zeichen des Dankes oder verbunden mit einem Wunsch von den Pilgern abgelegt. Jetzt sahen wir Hunderte von Kreuzen, eingebunden in den

Kreuze – eingebunden in Maschendraht – als eindrückliche Zeichen am Wegesrand

Maschendrahtzaun, der parallel zur Straße verlief. Die Kreuze waren aus Reisig oder dünnen Ästen gebastelt und schienen mit dem Zaun verwoben. Fast einen Kilometer lang war die Strecke dieser Kreuze. Es war ein eindrückliches Bild, die Kreuze wirkten zerbrechlich und verletzlich, dennoch hatten sie Halt und Festigkeit.

Seltsamerweise habe ich selbst auf den Wegmarkierungen nie einen Stein abgelegt oder auch nur ein einziges Mal ein Kreuz in einen Zaun hineingeflochten. Warum nicht? Eigentlich gefielen mir diese Rituale, bei den Steinen waren zudem manchmal Grußbotschaften von Pilger zu Pilger hinterlegt. Warum also nicht? In der Kirche zündete ich doch auch eine Kerze zum Dank oder zur Bitte an. Was hat mich davon abgehalten? Ich glaube, es war der Drang auf dem Weg weiter voranzukommen, mich nicht beim Gehen aufhalten zu lassen. Es gab doch schon so viel zu sehen und zu verarbeiten. Ich wollte mich nicht zusätzlich mit etwas auseinandersetzen oder länger beschäftigen. Ich kannte mich, ich würde sehr sorgfältig einen Stein auswählen und ihn dann mit Andacht ablegen, ein Kreuz wäre trotz meiner geringen handwerklichen oder bastlerischen Fähigkeiten ein ordentliches Kreuz geworden und mit einem Gebet an seinen Platz gebracht worden.

So viel Zeit hatte ich nicht, ich wollte vorwärtskommen. Ich war im Aufbruch begriffen und wollte mich nicht aufhalten lassen.

Navarrette tauchte vor uns auf, schon von Weitem konnte man das Dorf über die Felder hinweg gut erkennen, es lag leicht erhöht. Am Ortseingang von Navarrette passierten wir die Ruinen des Pilgerhospitals San Juan de Acre. Gu und ich stellten uns die Pilger im Mittelalter vor, unter wie viel schlechteren Bedingungen sie unterwegs gewesen waren: Sie hatten keinen Hightech-Rucksack, sondern ein Stoffbündel; Sandalen statt Wanderschuhe; keine Multifunktionswäsche oder -kleidung, sondern schwere handgesponnene Baumwoll- oder Wollkleidung; kein Handy für Notfälle, sondern sie mussten Angst vor Räubern und Wegelagerern haben. Hauptsächlich Männer waren gepilgert, keine oder nur wenige Frauen. Sicherlich hatten ihnen gelbe Pfeile auf Bäumen, Häusern oder Straßen nicht als Wegweiser gedient. Herbergen, gut organisiert und regelmäßig an der Strecke gelegen, mit ausreichender Bettenzahl, diesen Luxus hatten sie nicht gekannt. Jetzt vor diesen Mauerresten waren wir sehr dankbar für die Annehmlichkeiten, unsere Zipperlein konnten wir mit diesen Gedanken bestens wegstecken. In der Altstadt von Navarrette frühstückten wir wieder einmal in aller Ruhe. Die Sonne beschien den Vorplatz der kleinen Bar und wir sahen die Pilger nach und nach an uns vorbeiziehen oder sie legten ebenfalls für einen Kaffee eine Pause ein. Bevor wir das Dorf verließen, beteten wir in der Iglesia de la Asuncíon das Morgengebet und wanderten doppelt gestärkt weiter.

Das Gehen fiel mir entschieden leichter als die Tage vorher, auch Gu ging es gut. Waren unsere Schmerzen jetzt vorbei, hatten wir uns nun an die Strapazen gewöhnt?

Wir liefen durch endlose Weinberge. Die rote Erde, in der die Weinstöcke verwurzelt waren, leuchtete durch das Grün der Weinblätter und bildete dazu einen satten Kontrast. Es ging immer wieder leicht auf und ab, über uns der endlose blaue Himmel. Kornblumen, Klatschmohn und viele andere Wildblumen verschwendeten wieder am Wegesrand ihre ganze Pracht, Bienen umschwirrten die Blüten, ab und zu rotierte auch eine Libelle an uns vorbei.

Irgendwann konnten wir Nájera in der Ferne liegen sehen. Es dauerte aber noch sehr lange, bis wir das Ziel dieses Tages, die Herberge in der Altstadt, erreichen sollten. Die Weinfelder reichten bis in die Vororte der Stadt, immer wieder durch kleine Industrieanlagen unterbrochen. An einer Betonwand sahen wir in einiger Entfernung zwei Erwachsene und ein kleines Kind stehen. Als wir sie erreichten, erkannten wir, dass es sich ebenfalls um Pilger handelte. Das Kind war ein vielleicht drei- oder vierjähriges wild gelocktes Mädchen, die beiden Erwachsenen, offensichtlich ihre Eltern, sahen aus wie Hippies aus den Siebzigern. Die Kleine hatte sogar einen Minirucksack geschultert und einen Wanderstock in Kleinstausgabe in der Hand. Es war ein anrührendes und erstaunliches Bild, sie blieb die jüngste Pilgerin, die ich unterwegs sah. Später in der Herberge war die Familie das Tagesgespräch.

Auf der Betonwand war in Deutsch ein Pilgergedicht in großen Lettern niedergeschrieben. Es war wunderschön und ausdrucksstark. Leider kann ich mich nicht mehr genau an den Wortlaut erinnern, aber es ging um unsere einzigartige Welt, die wir von Gott geschenkt bekommen haben und wie wir mit ihr umgehen sollten.

Durch die Neustadt, in der wir noch einige Vorräte einkauften, wanderten wir über eine Brücke des Río Najerilla in den alten Teil der Stadt. War mir das Gehen bis dahin leicht gefallen, gestaltete sich die letzte Stunde wieder sehr viel schwieriger. War unser Tempo zu hoch? Kurz vor Erreichen der Herberge war es 12.30 Uhr. Wir hatten inklusive der ausgiebigen Frühstückspause für die knapp 31 km nur 6,5 Stunden benötigt. Gu und ich hatten ein relativ schnelles Tempo, andere waren aber durchaus noch schneller unterwegs. Nahmen wir uns zu wenig Zeit für den Weg? Andererseits bin ich nicht der Typ, der langsam durch die Gegend schlendert. Auch zu Hause beim Spaziergang laufe ich mit gutem Tempo, sodass sich selbst Gu manchmal darüber beschwert. Schlendern ist so gar nicht meine Sache.

Vor der Herberge, die erst um 14 Uhr öffnete, standen schon die ersten Rucksäcke ordentlich aufgereiht in einer Schlange. Wir waren ungefähr an zehnter Stelle, das bedeutete, dass wir später zu den Ersten gehören würden, die die sauber geputzten Duschen aufsuchen konnten. Was für eine Freude! Nach und nach trudelten immer mehr Pilger ein, die Rucksackschlange wuchs. Es wurde gelacht und gescherzt, Erlebnisse wurden ausgetauscht und Tipps verteilt, alles in einem Kauderwelsch von Spanisch, Deutsch, Französisch und Englisch. Wenn nötig, wurde übersetzt. Viele bekannte Gesichter wie Hans-Jakob, Michael, Malin, Jacques und seine anderen französischen Freunde, die ich bisher nicht namentlich kannte, die lange Spanierin, die kleine Japanerin mit dem riesigen Rucksack, der wie ein Koffer aussah, wie auch die ältere spanische Herrenclique tauchten auf. Daneben neue Pilger, deren Ankunft ebenfalls die Zeit vertrieb.

Gu und ich packten unsere Vorräte aus und nutzten die Wartezeit, um einen kleinen Mittagssnack zu uns zu nehmen. Wie immer schmeckte uns die einfache Mahlzeit aus Schinken, Käse, Tomaten und Brot hervorragend. Andere Pilger taten es uns gleich, einige Männer hatten sich kühles Bier besorgt. Mir gefiel diese heitere, ungezwungene Atmosphäre. Es war schön, so viele Menschen, die alle das gleiche Ziel verfolgten und dennoch unterschiedlicher nicht sein konnten, friedlich versammelt zu sehen. Ein Aufeinandertreffen von Generationen und unterschiedlichen Völkern.

Endlich wurden wir eingelassen. Die Betten wurden in dieser Großherberge, die relativ neu war und wie ein riesiger Flachbau wirkte, zugewiesen. Die ersten Ankömmlinge bekamen im hinteren, ruhigeren Teil die Betten, darüber freuten wir uns sehr. Als wir an der Reihe waren, fragte Gu höflich auf Spanisch, ob wir nebeneinanderliegende Stockbetten mit zwei oberen Betten nahe bei einem Fenster bekommen könnten. Die beiden Spanier waren sichtlich erfreut, dass ein Deutscher versuchte, seine Bitte in Spanisch zu formulieren, und wir bekamen unseren Wunsch erfüllt. Diese kleinen Annehmlichkeiten bereiteten uns wohliges Behagen. In einem Schlafsaal mit so vielen Menschen einen ruhigen

Platz mit frischer Luftzufuhr zu haben, ist entscheidender Luxus. Wenn dann noch der Mann, den man liebt, statt einer wildfremden Person neben einem liegt, ist sowieso alles bestens. Auf meiner ganzen Reise habe ich, wann immer Stockbetten vorhanden waren, im oberen Bett geschlafen. Ich habe es schon als Kind nicht gemocht, meinen Blick begrenzt zu wissen und das Gefühl von Enge zu haben. Irgendwie beschleicht mich leicht die beängstigende Vorstellung, unter etwas begraben zu sein. Im Gegensatz zu mir waren die meisten Pilger froh, wenn sie ein unteres Bett ergattern konnten.

In der Dusche war ich tatsächlich eine der Ersten. Als ich die sanitären Anlagen sah, war ich erleichtert. Es gab nur zwei Duschen für alle Pilgerinnen, aber immerhin waren die Geschlechter getrennt. Auch gab es nur drei Toiletten, diese waren aber wie die Duschen tipptopp sauber und relativ neu.

Wir wollten irgendwo in der Sonne sitzen, ein kühles Bier trinken und uns dabei entspannen. Nach Sightseeing stand uns, wie so oft, gar nicht der Sinn, Hans-Jakob schloss sich uns an. Nicht unweit von der Herberge, nah an der Brücke, die wir überquert hatten, lagen einladend aussehende Cafés und Bars. Unter einem Sonnenschirm sitzend zischten wir uns ein cerveza, bestellten beim zweiten Bier dann pulpo, Tintenfische sowie morzilla, eine Art Blutwurst, dazu. Wir ließen es uns richtig gut gehen und genossen das Faulsein. Kurze Zeit später gesellten sich Michael und Malin noch zu uns. Hans-Jakob kannte die beiden nur vom Sehen. Unsere Unterhaltung wechselte nun vom Deutschen ins Englische. Michael hatte große Probleme beim Laufen, sein Knie schmerzte sehr, er zog sein Bein schon sichtlich nach. Er nahm an, dass seine Schuhe daran schuld waren, und wollte sich später in Nájera ein Paar neue Wanderschuhe kaufen. Malin und Michael erzählten uns von ihrer Arbeit und von dem, was sie zu Hause erwartete. Malin hatte eine Stelle in Aussicht und wartete auf Rückmeldung. Regelmäßig checkte sie ihre Mails und hatte ihr Handy immer auf Stand-by. Es war wichtig für beide, dass sie spätestens um den 20.–21. Juni in Santiago ankamen. Ein eng gesteckter Zeitplan.

Nach zwei Stunden angeregter Unterhaltung gingen wir etwas müde zurück zur Herberge. Auf dem Weg dorthin tauchte plötzlich vor uns eine kleine, sehr zerbrechlich wirkende Frau auf. Sie ging deutlich nach vorn gebeugt und schwankte beim Gehen hin und her. Ihr Rucksack, sie war tatsächlich eine Pilgerin, hing schräg auf ihrem Rücken, an ihrem Handgelenk baumelte der Schlafsack. Wir beschleunigten unsere Schritte, um sie einzuholen. Es war eine Frau, vielleicht so um die sechzig, die auf uns völlig abgekämpft wirkte und todmüde aussah. Wir boten ihr unsere Hilfe an, die sie aber ablehnte. Wie sich herausstellte, war sie Deutsche. Sie fragte nur: »Ist die Herberge noch weit weg?« Wir versicherten ihr: »Keine hundert Meter mehr.« Sie wollte partout keine Hilfe, sodass wir sie allein ließen, aber für alle Fälle in Sichtweite blieben. Das war unsere erste Begegnung mit Elisabeth aus München.

Im Schlafsaal herrschte emsige Geschäftigkeit. Immer noch kamen Nachzügler an, die sich einrichteten. Andere packten ihre Rucksäcke neu, einige kümmerten sich um ihre Blasen, wieder andere massierten ihre müden Glieder. In der Küche saßen Pilger und diskutierten. Später am Abend hatten wir uns mit Hans-Jakob zum Essen verabredet. Wir waren gerne mit ihm zusammen, die Abende waren kurzweilig und wohltuend. Er war für uns bereits zu einem väterlichen Freund und Gefährten geworden. Lore-Lilith Boden hat sehr feinsinnig zum Ausdruck gebracht, was Menschen wie Hans-Jakob für andere auch schon nach kurzer Zeit bedeuten können: »Jede Begegnung, die unsere Seele berührt, hinterlässt eine Spur, die nie ganz verweht.«

9. Pilgertag, Mittwoch, 31. Mai 2006
Nájera – Grañón

Die Nacht endete um 6.30 Uhr, für unsere Verhältnisse waren wir erst spät aufgewacht. Gu und ich hatten tief und fest geschlafen, wir fühlten uns frisch und ausgeruht. Viele Betten waren bereits leer, die meisten befanden sich im Aufbruch. Wir packten unsere

Rucksäcke, ausnahmsweise nicht im Dunkeln, draußen war der Tag bereits angebrochen. Es war ein komisches Gefühl, diesmal nicht zu den ersten, sondern zu den letzten Pilgern zu gehören, die die Herberge verließen. Ich fühlte mich getrieben, so als wenn ich keine Zeit hätte. Der Impuls zu gehen wurde immer stärker, ich wollte endlich los. Hinter den anderen her, ich wollte nicht als eine der Letzten ankommen. Was war das, was mich innerlich so antrieb? Ehrgeiz, fehlende innere Ruhe, die geänderte Gewohnheit des frühen Laufens, Neugier auf den Tag und seine vor uns liegenden Ereignisse? Ich denke, es war eine Mischung aus allem. Warum sollte es auf dem Weg anders sein als zu Hause? Hier war ich doch die gleiche Sabine wie bisher, oder?

Als wir gegen 7.15 Uhr die Herberge gerade verlassen wollten, wurde es auf einmal unruhig. Paolo, der italienische junge Mann mit den Rastalocken, der uns in der Herbergsküche von Logroño aufgefallen war, kam aufgeregt aus dem Raum, in dem wir unsere Schuhe unterstellen mussten. Im Schlafsaal waren keine Schuhe erlaubt. Er hatte trotz Suche seine Schuhe nicht gefunden. »Wo sind sie nur, seit einer halben Stunde habe ich jeden Zentimeter da drinnen abgesucht, nichts! Vielleicht ist jemand nun mit meinen Schuhen unterwegs. Was soll ich nur tun?« Einige beruhigten ihn und fragten, ob sie ihm bei der Suche nicht helfen sollten, vielleicht hätte er sie in der Aufregung übersehen. Wir kamen ebenfalls mit, kurze Zeit später fanden wir sie tatsächlich. Er hatte sie durch den Schmutz nicht erkannt. Welch eine Erleichterung! Paolo strahlte und gleichzeitig entschuldigte er sich wortreich für die Aufregung. Wir alle hatten Verständnis – nicht auszudenken, wenn die eigenen Schuhe abhandenkommen.

Heute wollten wir über Santa Domingo de la Calzada nach Grañón wandern, insgesamt um die 28 km. Hans-Jakob hatte uns von diesem Ort und seiner Herberge erzählt. Sie war nämlich in der Kirche des Dorfes untergebracht. In unserem Führer war sogar beschrieben, dass man dort gemeinsam das Abendessen einnahm und auch eine Pilgerandacht gefeiert wurde. Gu und ich wollten unbedingt dorthin.

Nach gut einer Dreiviertelstunde erreichten wir Azofra. Ein

kleines gemütliches Dörfchen, in dem es schon sehr lebendig zuging. Vor einer Bar sahen wir viele Rucksäcke stehen, ein um diese Zeit untrügliches Zeichen für ein ausgezeichnetes Frühstück. In der Bar klang uns munteres Stimmengewirr entgegen und köstlicher Kaffeeduft wehte uns um die Nase. Wir setzten uns zu zwei Frauen, an deren Tisch noch zwei Plätze frei waren. Beide kannten wir vom Sehen, die eine war die Frau mit dem Trolley. Ihr Name war Michaela, eine gebürtige Rumänin, die in den USA, in Miami, lebt. Die andere junge Frau, um Ende 20, wirkte auf uns sehr naturverbunden, sie sah aus wie aus einem Cowboy-Film entsprungen, allerdings ohne die typischen Requisiten. Minka kam aus Kanada. Natürlich tauschten wir unsere bisherigen Erfahrungen aus, aber wir konnten es uns nicht verkneifen, Michaela zu fragen, wann sie das letzte Mal ihren Rucksack geschoben habe. Sie lachte, wurde aber dennoch ein wenig verlegen und meinte, dass es eine ganz blöde Idee gewesen sei, sich diese Art von Rucksack zu kaufen, da er bisher nur ganz selten als schiebendes Transportmittel brauchbar gewesen sei. Die meiste Zeit sei es schlicht unmöglich gewesen, ihn zu ziehen, oder aber sie sei von Pilgern oder Einheimischen mit Blicken verfolgt worden. Diese Blicke, oft eine Mischung aus Verwunderung, Unglauben, Spott und Missfallen, hätten ihr am meisten zugesetzt, deshalb habe sie es mit der Zeit gelassen. Wir mussten alle schmunzeln, auch solche Geschichten machen den Weg einzigartig. Wir verließen gemeinsam die Bar und trennten uns bald mit einem »buen camino«. Der eigene Rhythmus bestimmte wieder den Weg.

Das Laufen an diesem Morgen war mühelos, wir waren schnell und beschwerdefrei unterwegs. Das sollte an diesem Tag so bleiben. Auch das Wetter war schön, die Sonne brannte nicht so heiß vom Himmel wie bisher, dicke weiße Wolken waren zu sehen. Der Wind pustete uns durch, ohne uns frösteln zu lassen. Er blies warm und sanft. Es war gut, dass die Sonne immer wieder hinter den Wolken verschwand, denn die Strecke bot kaum Schatten. Die Temperatur war sehr angenehm, einfach ideales Wetter zum Wandern. Auch die Landschaft war beeindruckend. Die Hochebene des Rioja Alta ließ uns immer wieder weit den

Immer wieder eindrucksvolle Landschaftsbilder – das Rioja Alta

Blick schweifen. Die Aussichten waren zum Teil atemberaubend. Je weiter wir kamen, desto häufiger wurden die Weinhänge von Getreidefeldern abgelöst, die mit ihrem Grün in einem wunderbaren Kontrast zum weiß-blauen Himmel standen, dazu die erdigen Töne der Feldwege, auf denen wir liefen. Zum Teil wurden die Felder bewässert und unter den Bewässerungsanlagen bildeten sich kleine Regenbögen, die im Licht der Sonne zusätzlich glitzerten. Gu und ich waren so beschwingt, dass wir sangen und pfiffen. »Ehre sei Gott in der Höhe«, »schalom chaverim«, »Halleluja«, diese drei Lieder wiederholten wir immer wieder. Das Singen und Pfeifen löste zusätzliche Glücksgefühle in uns aus, wir waren mit der Natur und mit allem um uns herum im Einklang.

Vor Cirueña war der Weg nicht mehr so leicht zu erkennen, da anscheinend eine komplette Wohnsiedlung neu gebaut wurde. Wir liefen durch eine riesige Baustelle und versuchten immer wieder den gelben Pfeil auszumachen. Wir hatten Glück, dass auch andere Pilger in unserer Nähe waren, gegenseitig halfen wir uns, den richtigen Pfad zu finden. Nachdem wir das alte Dorf hinter uns gelassen hatten, stießen wir auf Malin und Michael, die im Gras saßen und rasteten. Beide sahen nicht sehr glücklich aus. Wie sich herausstellte, schmerzte das Knie von Michael mehr als je zuvor. Wenig später sahen wir, wie sich Michael beim Laufen quälte. Mit zusammengebissenen Zähnen zog er sein Bein steif hinter sich her. Es sah schlimm aus, schon beim bloßen Zuschauen bekamen wir Mitleid. Wir rieten ihm, dringend einen Arzt aufzusuchen und eventuell eine Pause einzulegen.

Der Weg nach Santo Domingo de la Calzada zog sich hin. Wir wanderten weiter auf einem fast schnurgeraden Feldweg, der durch eine Senke führte, um dann wieder anzusteigen. Wie auf einer Perlenschnur aufgereiht, sahen wir Pilger an Pilger diesen Weg gehen. Es war ein berührender Anblick. Sie alle strebten vorwärts, der eine langsam, der andere schnellen Schrittes. Leicht wankend oder gerade und hoch aufgerichtet, humpelnd oder leichtfüßig, schweigend oder miteinander kommunizierend, so unterschiedlich sie auf uns wirkten, alle hatten das gleiche Ziel. Als wir den Anstieg geschafft hatten, konnten wir Santo Domingo sehen, die Stadt war zum Greifen nah. Es dauerte aber noch fast eine Stunde, bis wir den Ortskern erreichten. Wir wollten uns ein wenig in der Stadt umschauen und später die Kathedrale mit dem berühmten Hühnerkäfig besichtigen. Gu und ich ließen uns treiben, die Altstadt mit der Plaza Mayor gefiel uns gut. In den Gassen herrschte ein buntes Treiben, Waren wurden vor den Ladenlokalen ausgestellt. Da es noch nicht Mittagszeit war, waren viele Menschen unterwegs und machten die kleine Stadt lebendig. Wir trafen plötzlich Malin und Michael wieder, die trotz Michaels Handicap relativ schnell unterwegs gewesen sein mussten. Gemeinsam setzten wir uns in ein kleines Straßencafé. Es hieß Abschied nehmen, sie hatten sich entschieden hier mindestens einen Tag Pause einzulegen, Michael wollte auch einen Arzt aufsuchen. Er wirkte bedrückt und beschäftigte sich mit der Frage, was wäre, wenn die Schmerzen ständige Begleiter für den Rest des Weges sein würden. Eine Antwort wussten wir alle nicht. Unsere Pause dehnten wir relativ lange aus, wir mochten die beiden. Sie waren offen, verbindlich und hatten einen besonderen Humor, schade, dass wir sie wahrscheinlich nicht mehr sehen würden. Irgendwann mussten wir uns dennoch voneinander verabschieden, von Herzen wünschten wir ihnen einen weiteren »buen camino«.

Gu und ich besichtigten danach die Kathedrale. Wir hatten nun schon so viel über das Hühnerwunder gehört, dass wir mit eigenen Augen überzeugen wollten, ob tatsächlich in der Kirche zwei lebende weiße Hühner in einem Käfig gehalten werden. Der Hahn und die Henne sollen an das Wunder von Santo Domingo erinnern. Im 16. Jahrhundert machten deutsche Pilger aus Xanten – Vater, Mutter und der Sohn Hugonell – in Santo Domingo Station. Die Wirtstochter des Hauses, in dem sie abgestiegen waren, fand Gefallen an Hugonell, der aber ihre Liebe nicht erwiderte. Aus Rache versteckte sie einen silbernen Becher in seinem Gepäck und zeigte diesen vermeintlichen Diebstahl an. Nach damaligem Recht stand darauf die Todesstrafe, die der Stadtrichter nach kurzem Prozess auch vollstrecken ließ. Hugonell wurde gehängt. Seine Eltern wollten vor ihrer Abreise noch einmal Abschied nehmen, als sie aber an den Galgen traten, sprach Hugonell mit ihnen. Der heilige Dominikus stützte der Legende nach den jungen Burschen, in dem er ihn auf seinen Schultern trug. Atemlos liefen die Eltern zum Haus des Richters und berichteten vom Geschehen. Dieser antwortete, ihr Sohn sei so lebendig wie die Mahlzeit vor ihm, ein gebratener Hahn und eine gebratene Henne. Im gleichen Moment erhoben sich die Federtiere und flogen davon. So von seiner Unschuld überzeugt, ließen sie Hugonell unverzüglich frei. Seit dieser Zeit erinnern die Hühner an das Wunder. Tatsächlich befanden sie sich in der Kirche in einem schutzverglasten Käfig, zwischendurch konnten wir sie gackern und krähen hören. Die Kathedrale war schön anzuschauen, sie war in mehreren Etappen erbaut und erweitert worden. Der Hauptteil ist romanischen Ursprungs, dieser schlichte und schnörkellose Baustil gefällt mir sehr. Er ist »einfach« und wirkt klar und wahrhaftig auf mich. Zahlreiche Kapellen waren verschiedensten Heiligen gewidmet, beeindruckend auch der aus der Renaissance stammende Hochaltar. Wir stiegen auch in die Gruft hinab, in der die Reliquien des heiligen Domingo – des Gründers der Kathedrale – aufbewahrt werden. Es war kalt und roch muffig. Ich musste sofort wieder nach oben, mir behagte die Situation dort unten überhaupt nicht. Ich blieb lieber noch ein paar Minuten für mich und setzte mich zum Gebet in eine der Bänke, um mich zu entspannen.

Wir verließen Santo Domingo am frühen Nachmittag und überquerten beim Verlassen der Stadt den träge dahin fließenden Rio Oja. Der Weg verlief als Schotterweg neben der Bundesstraße. Die Geräusche der vorbeifahrenden Autos bekamen wir natürlich mit, aber zumindest waren wir durch Bäume und Sträucher von der Straße abgeschirmt.

Als wir Grañón in der Ferne erblickten, gabelte sich der Weg. Wir konnten zwischen zwei Varianten auswählen, einer längeren und schöneren, die durch Felder verlief und einer kürzeren, etwas gefährlicheren, die an der Straße entlangführte. Wir entschieden uns für den schöneren Weg. Hüfthoch bewegte sich der Weizen neben uns im Wind, die leichte Brise strich über unsere Gesichter, ein tiefes Glücksgefühl breitete sich in uns aus. Wir fühlten uns ganz eins mit der Natur. Irgendwann machte unser Pfad eine Rechts-

Letzte Verschnaufpause und Rast vor unserer Ankunft in Grañón

kurve und führte uns an ein besonders schönes Fleckchen. Rechts und links des Weges standen mächtige Pappeln, die im Wind rauschten und uns ihr Lied zusäuselten. Ein kleiner Bach floss vorbei und murmelte leise vor sich hin. Das Getreide raschelte vor sich hin und um uns herum war die Atmosphäre angefüllt mit dem Gesang der Vögel. Es war eine zauberhafte Stimmung. Am Wegesrand standen einige Bänke, die uns einluden nochmals zu pausieren, zu ruhen und zu picknicken. Wir waren nicht allein, eine ältere Pilgerin, die uns freundlich anlächelte, hatte bereits Platz genommen. Höflich fragten wir auf Englisch, ob wir stören würden, was sie verneinte. Gu packte unseren Proviant aus und bereitete unsere Mahlzeit vor. Wie immer richtete er Brot, Schinken, Salami und Tomaten appetitlich an. Wir luden die Frau ein, die aber auf Deutsch dankend ablehnte. Obwohl sie gut deutsch sprach, hörte ich ihrem Akzent an, dass sie aus Italien kommen musste. Da ich mit 22 Jahren für ein halbes Jahr in Italien ein Praktikum absolviert habe, sind mir die Klänge der italienischen Sprache immer noch wohl vertraut, auch wenn heute der größte Teil meiner Kenntnisse verschüttet ist. Tatsächlich, Gabriella, so ihr Name, stammte aus Imola und hatte lange in der Schweiz gearbeitet. Sie machte einen sehr sympathischen und aufgeschlossenen Eindruck. Mit ihrem flotten, blonden Kurzhaarschnitt wirkte sie jung und voller Tatendrang. In ihrer Wanderkluft sah sie gepflegt und schick, fast schon elegant aus. Wie alt mochte sie sein? Vielleicht Ende fünfzig, Anfang sechzig? Wenig später schulterte sie ihren Rucksack, sie wollte ebenfalls in Grañón übernachten. Wir freuten uns, sie später wiederzusehen. Als sie weiterlief, sah man, dass sie leicht humpelte.

Gu und ich blieben fast eine halbe Stunde unter den Bäumen sitzen und genossen die einzigartige Stimmung. Ich hatte das Gefühl, Raum und Zeit um mich herum zu verlieren, ich lebte ganz im Augenblick. Zum ersten Mal dachte ich nicht daran, was vor mir liegen könnte. Nichts drängte mich, um mich herum nahm ich nur die Natur wahr. Wie würde ich empfinden, wenn die fünf Wochen vorüber waren, welche Veränderungen würden spürbar sein? Da waren sie wieder, diese Fragen, die doch das Morgen einschlossen. Egal, ich fühlte mich hier, genau an dieser Stelle und zu diesem Zeitpunkt unglaublich jung und frei! Und ich war von großer Liebe erfüllt, zärtlich schaute ich Gu an und war dankbar, dass er an meiner Seite war. Wir trennten uns nur ungern von unserer kleinen Lichtung, sie war irgendwie magisch. Ein Platz voller Kraft und positiver Energien. Gu und ich waren uns einig, dass es bisher unser schönster Tag der Reise war.

Wenig später erreichten wir Grañón. Vor der Kirche war ein kleiner Garten angelegt, in dem einige Pilger in der Sonne saßen. Sie waren keine Unbekannten für uns, drei Italiener und eine Italienerin in unserem Alter. Loredana hatte eine tiefe, sehr erotische Stimme, die so gar nicht zu ihrem Äußeren passte. Sie war klein, wohlproportioniert und ein totales Energiebündel. Die drei Männer waren Polizisten und entsprechend trainiert. Die vier waren immer zusammen anzutreffen, obwohl nicht ersichtlich war, ob sie sich erst hier kennen gelernt hatten oder sich bereits von zu Hause kannten. Wir hatten bemerkt, dass Walter und Mirella oft in Begleitung der kleinen Truppe waren und tatsächlich trafen wir sie später.

In der Herberge, deren Räume seitlich oberhalb des Kirchenschiffes lagen, empfing uns ein deutscher Herbergsvater. Eigentlich nichts Ungewöhnliches, viele Herbergen werden durch ausländische Gesellschaften unterstützt oder sogar geleitet, hier war es die fränkische St. Jakobusgesellschaft. Es war schön, alles in unserer Muttersprache erklärt zu bekommen. Wir schliefen in einem Raum auf halber Höhe der Treppe. Dünne Ledermatratzen, die ähnlich aussahen wie die Unterlagen früher im Schulsportunterricht, würden in dieser Nacht unser Bettenlager sein. Dicht an dicht lagen sie, dicke Staubflocken flogen zwischen ihnen umher. Neben uns lagen offenbar Vater und Tochter. Ihn schätzte ich auf mindestens 75 Jahre, sie war in meinem Alter. Vor dem Mann konnte ich nur meinen Hut ziehen, in seinem Alter diese Strapazen auf sich zu nehmen, das verdiente Hochachtung. Auch Erni und Toni sowie Paolo waren hier. Gabriella, die wir zuvor kennengelernt hatten, trafen wir, wie angekündigt, ebenfalls hier an. Es war schön, so viele vertraute Gesichter wiederzusehen.

Nachdem wir das Nachtquartier aufgeschlagen und geduscht hatten, gingen wir in den Gemeinschaftsraum. Der Raum war wie ein riesiges, sehr gemütliches Wohnzimmer eingerichtet. Hinten links in der Ecke standen einige Sessel vor einem großen Kamin. Rechts vor der gesamten Fensterfront, von wo man gut auf die gegenüberliegenden Häuser hinunterblicken konnte, war ein langer, sehr breiter Tisch aufgestellt. Trotzdem war mir schleierhaft, wie wir alle an diesem Tisch Platz haben sollten. Mittlerweile waren wir sicherlich dreißig Pilger und es kamen immer wieder neue hinzu. Unser Raum war bereits voll, sodass die Neuankömmlinge im Chorgestühl der Kirche ihr Matratzenlager aufschlugen – nicht ohne die Ermahnung sich entsprechend leise und respektvoll dort oben zu verhalten. Ich muss zugeben, ich war zum ersten Mal neidisch. Wie gerne hätte ich in dieser Nacht dort oben geschlafen. Von dort konnte man den gesamten Kirchenraum überblicken. Was für ein Gefühl musste das sein, im Haus Gottes eine Nacht verbringen zu dürfen. Die Plätze wurden nun aber mal der Reihe nach vergeben, wir waren einfach zu früh gewesen.

Der Herbergsvater hatte die italienischen Pilger zu den Küchenchefs des Tages gemacht, nach ihren Anweisungen sollten wir kochen. Der gemeinsame Einkauf dafür war kurzweilig. Es sollte Gemüserisotto, dazu Salat und zum Nachtisch einen großen Obstsalat geben, ein leckeres Kontrastprogramm zu den bisherigen Pilgermenüs. Schräg gegenüber vom Lebensmittelladen war eine Bäckerei, in der wir für den nächsten Tag das Brot einkaufen wollten. Als wir eintraten, fühlte ich mich in eine andere Welt hineinversetzt. Wir standen mitten im Geschehen, Laden und Backstube waren eins, es sah aus wie in früheren Zeiten. Aus einem gerade geöffneten Ofen wurden mit einem Holzschieber Brotlaibe herausgeholt. Backbleche mit köstlichsten Plätzchen lagen überall aus. Der Duft, der in dieser Backstube allgegenwärtig war, ließ uns das Wasser im Munde zusammenlaufen. Noch nie hatte ich eine Bäckerei als sinnlich empfunden, doch hier wurden alle meine Sinne angeregt.

Die Zeit bis zum Kochen nutzten wir, indem wir in der Sonne sitzend einen Kaffee tranken, Tagebuch schrieben und mit Erni und Toni plauderten, die mit einem Landsmann, Georg, am Nebentisch Platz genommen hatten. Wie immer tauschten wir unsere Erfahrungen aus und berichteten von unseren Wehwehchen und Schmerzen. Erni hatte dicke Blasen. Sie mussten höllisch weh tun, aber Erni schilderte nur sehr sachlich ihre Versorgungsmaßnahmen und ließ sich über Weiteres nicht aus. Erni fragte mich, ob wir Kinder hätten, ich verneinte mit Bedauern und erzählte ihr, dass Gu und ich uns ein Kind wünschen würden. Sie lächelte mir ermunternd zu und meinte: »Nimm es einfach als gutes Omen, dass euch so viele Störche begegnen. Hier nisten sie ja auch schon wieder. Ich wünsche es euch von Herzen.« Diese Anteilnahme und Bereitschaft auf andere Pilger einzugehen – wie Erni es getan hatte – ist auf dem Weg sehr häufig anzutreffen. Ich habe sie immer als kleine Geschenke für den Tag empfunden.

Als wir hochkamen, waren die Vorbereitungen für das Essen schon in vollem Gange. Gu und ich reihten uns bei den Obstschnipslern ein. Mir gegenüber saß eine Brasilianerin, die um die fünfzig sein musste und mit ihren großen braunen Kulleraugen einen warmen und herzlichen Eindruck vermittelte. Sie fragte uns, wie wir diesen Ort empfanden, welche Gefühle er bei uns auslösen würde. Bevor wir antworten konnten, erklärte sie uns auf Englisch: »My whole life I was looking for God. Everywhere I tried to find him, here I can feel him. Here, in this church, at this place, he is with us. I am so deeply happy. I cannot believe it, I finally found him!« Während sie uns dies sagte, füllten sich ihre Augen mit Tränen und ihre Worte wurden von Schluchzen unterbrochen. Ich glaubte ihr jedes Wort, ihre Sätze kamen aus tiefstem Herzen. Sie empfand genauso, wie sie es gesagt hatte. Was empfand ich für diesen Ort? Ja – er war etwas Besonderes. Die Kirche war alt und gab Zeugnis ab von vergangenen wie auch gegenwärtigen Ereignissen. Nicht nur die Einheimischen, auch die zahlreichen Pilger luden hier ihre Sorgen ab, äußerten ihre Wünsche und Hoffnungen, feierten Freudenfeste. »Gottes Sehnsucht ist der Mensch«, hat Augustinus so treffend formuliert. Ein Platz wie dieser ist von Gott erfüllt, da bin ich mir sicher, denn Gott will bei den Menschen sein, die zu ihm kommen. Der Gottesdienst war sehr gut besucht, viele Einheimische feierten mit uns. Es war die schönste Messe meiner gesamten Pilgerreise. Wir waren umringt vom örtlichen Damenchor, der für uns sang. Der Priester wirkte engagiert. Er hielt die Liturgie feierlich und uns sehr zugewandt ab. Am Ende bat er uns alle nach vorne, damit er uns segnen konnte. Mirella stand neben mir, umarmte mich liebevoll und bat mich flüsternd sie in Vincenza auf jeden Fall zu besuchen. Auf Englisch lobte der Priester uns. Pilger, die sich auf diesen Weg machen würden, um das Grab des heiligen Apostels zu erreichen, wären für ihn eine große Freude. Tränen stiegen in mir hoch, sammelten sich in meinen Augen. Nur mühsam konnte ich sie unterdrücken. Es war schön, für jemanden eine Freude zu sein, egal aus welchem Grund. Nach dem Segen verließen fast alle die Kirche, doch ich ging zurück in eine Bank, kniete nieder und wollte noch mal ganz für mich allein beten. Doch die Tränen überkamen mich ein zweites Mal, diesmal ließen sie sich nicht zurückhalten. Ich schlug die Hände vor mein Gesicht, weinte, schluchzte. Es war befreiend und tröstlich zugleich, so als würde mit jeder Träne eine große Last von mir genommen. Was waren das für Lasten? Empfand ich immer noch eine Art von Schuld, weil ich unseren Familienbetrieb hinter mich gelassen hatte? Weil ich mir eine Auszeit gönnte? Weil ich mich selbst in den Vordergrund stellte und nicht andere oder anderes? Weil ich Verantwortung, Verpflichtung und Disziplin nicht mehr so wichtig nahm? Ich dachte an meine Familie, wie lieb ich sie hatte, wie sie mich trug, aber auch manches Mal belastend war. Blickte auf meine Sorgen, Nöte und Ängste zurück. Ich dachte an meine gescheiterten Beziehungen. Wem hatte ich weh getan? Wer hatte mir weh getan? Dieser Moment war einer der einschneidendsten auf dem Weg, es war wie ein neuer Anfang. Ich durfte alles loslassen, so als wenn mir jemand die Erlaubnis dazu gab. Ja, sogar Verständnis für mich aufbrachte. Ich fühlte mich gut aufgehoben. Woran lag das? Lag es an diesem Gotteshaus? Lag es am Pilgern? Papst Benedikt ist in einem Interview einmal gefragt worden, ob der Weg zu Gott immer über die Kirche gehe. Er hat geantwortet: »So viele Menschen es auf der Welt gibt, so viele Wege gibt es zu Gott.« Nach einer ganzen Weile tippte mir sanft jemand auf die Schulter. Als ich aufschaute, blickte ich in das Gesicht einer älteren Einheimischen, die mich mit Tränen in den Augen mitleidig und besorgt anschaute, auf Spanisch fragte sie, ob ich Hilfe bräuchte, jedenfalls verstand ich es so. Ich bedankte mich bei ihr und versuchte ihr begreiflich zu machen, dass es mir gut gehe. Ja, es ging mir gut, es war eine gesunde Traurigkeit, die ich hatte. Sie war reinigend. Bevor die Frau ging, drückte sie fest meine Hand. Vor der Kirche wartete Gu. Er breitete liebevoll seine Arme aus, ich schmiegte mich an ihn. Gut, dass er da war, einfach nur da war. Ohne Worte verstand er und hatte mir in der Kirche die Zeit gegeben, die ich benötigte. Auch er passte auf mich auf.

Oben im Gemeinschaftszimmer war ein zweiter großer Tisch neben dem anderen aufgebaut worden. Vierzig Pilger fanden nun an diesen beiden Tafeln Platz und unser Herbergsvater hieß uns

Gemeinsames Abendessen in der Herberge von Grañón

alle nochmals willkommen. Er rief die Herkunftsländer der anwesenden Pilger nacheinander auf und die jeweiligen Pilger mussten dazu aufstehen. Es war großartig zu sehen, woher sie kamen: Spanien, Frankreich, Deutschland, Italien, Österreich, Belgien, Schweiz, Brasilien und die Niederlande. Danach sprach er ein Tischgebet und bat um eine Spende für Unterkunft und Essen, die in unserem eigenen Ermessen lag. Am schönsten war dieses Gemeinschaftsgefühl, das an dieser Tafel herrschte. Es wurde gelacht und gescherzt. Gu und Paolo hatten für alle noch eine Überraschung: Aus der Bäckerei hatten sie für uns alle köstliche Plätzchen gekauft und verteilten sie jetzt an uns. Nach dem Essen räumten wir zusammen auf. Um 22 Uhr war Schlafenszeit, die Kirche wurde abgeschlossen und das Licht ausgemacht. Uns war es recht, waren wir doch alle hundemüde.

Im Gegensatz zum gelungenen Abend war die Nacht furchtbar. Es war hart und ich fror entsetzlich. Die Schnarcher waren wieder zahlreich und trotz Ohropax vernahm ich ein lautes Schnarchkonzert. Zu allem Überfluss stach mich eine Mücke in ein Augenlid, sodass ich am anderen Morgen nicht nur übermüdet, gerädert und steif, sondern auch mit einem geschwollenem Auge aufwachte.

10. und 11. Pilgertag, 1.–2. Juni 2006
Grañón – Belorado – Agés

Die beiden folgenden Tage waren von drei Dingen geprägt: Wunderbare Landschaften und Aussichten, zwei komfortable Herbergen aber Wandern unter erheblichen körperlichen Beschwerden. Nach Grañón gestaltete sich der Weg für mich sehr schwierig. Ich war in sehr schlechter Verfassung: Völlig erkältet, mit Husten, Schnupfen und anschwellenden Mandeln schaffte ich es bis Belorado. So wenig waren wir erst ein einziges Mal gelaufen, ganze 16 km. Gu, der sich fit fühlte, nahm natürlich auf mich Rücksicht, ich konnte einfach nicht weiter. Ich sehnte mich nach einem einigermaßen komfortablen Bett und wollte nur eines, schlafen. Obwohl es mir nicht gut ging, waren wir wieder früh unterwegs gewesen und hatten Belorado zeitig erreicht. Die überwiegend baum- und schattenlose Gegend der autonomen Region Castilla y León, deren Grenze wir an diesem Morgen überschritten hatten, hatte mir den Rest gegeben. Was musste nur passieren, dass Gu und ich das langsame Gehen lernten? Die Herberge war noch nicht geöffnet, sodass wir uns die Zeit auf der Plaza Mayor vertrieben. Ich hatte kaum Augen für dieses schöne, alte Städtchen, das früher Wallfahrern in zwei Hospitälern und neun Kirchen Zuflucht geboten hatte. Eine davon stand noch an diesem sehr einladend wirkenden Platz, die Iglesia de San Pedro.

Ich versuchte, in einer Apotheke Medikamente für mich zu kaufen. Die beiden Damen schickten mich aber unverrichteter Dinge hinaus, in meinem Zustand solle ich besser erst einen Arzt aufsuchen. Schlapp hing ich in meinem Stuhl, selbst mein heiß geliebter café con leche schmeckte mir an diesem Morgen nicht. Endlich gegen 12 Uhr öffnete die Herberge. Wir gehörten zu den ersten in der schon wieder langen Schlange. Die Franzosen, Hans-Jakob und auch einige Spanier, die wir bereits kannten, standen mit uns an, sie hatten alle in Santo Domingo de la Calzada übernachtet. Alle sahen mich mitleidig an. Von vielen Seiten wurden mir Ratschläge oder auch Medikamente angeboten. Gu wurde aufgefordert, sich gut um mich zu kümmern. Es entsteht unterwegs eine Art Pilgersolidarität, man hat sich gegenseitig im Blick. Ich verschlief den gesamten Nachmittag und bekam von dem geschäftigen Treiben in unserem Schlafsaal nichts mit. Gu hatte diese Stunden mit den Spaniern, die wir in der Herbergsküche von Logroño kennen gelernt hatten, sowie dem portugiesischen Paar Fernando und Antonio, mit denen wir schon den einen oder anderen kurzen Kontakt gehabt hatten, verbracht. Sie hatten ihn zum Mittagessen eingeladen. Es gab hinter dem Haus einen Grillplatz und sie hatten gemeinsam Sardinen über dem Feuer geröstet. Er war völlig begeistert und plante deshalb zum Abendessen für uns und Hans-Jakob Lamm zu grillen. In der Zwischenzeit hatte er für mich Medikamente besorgt, die er problemlos bekommen hatte. Gegen Abend, gestärkt durch die Arznei und die Mahlzeit, ging es mir bereits viel besser, obwohl ich fürchterlich aussah: Meine Nase war rot und wund, außerdem hatte ich tiefe Ringe unter den Augen. Ich hoffte auf eine Nacht, die mir weitere Linderung brachte. Wir konnten keinen weiteren Tag hier verbringen. Übermorgen wollten wir in Burgos sein, Gu musste wieder nach Hause. Ich wollte diese beiden letzten Tage nicht mit Krankheit verbringen. In meinem Nachtgebet bat ich Gott um Hilfe.

Agés erreichten wir am Nachmittag des nächsten Tages, hinter uns lagen mühevolle 25 km. Nach den Getreidefeldern waren es überwiegend grüne Landschaften gewesen, durch die wir gelaufen waren. Die Montes de Oca mit einem Anstieg auf über 1100 Meter lagen nun hinter uns. Die Gegend hatte uns zunächst sehr bezaubert, dichte Wälder mit Moosen und Farnen sowie blühender Ginster boten Kühle und Schatten. Später aber verlief der Weg über eine sehr breite Schotterschneise, sodass das Gehen unter der sengenden Sonne mühevoll war. Mir rann der Schweiß in Strömen den Körper hinab, auch weil ich am Morgen mehrere Kleiderschichten übereinander angezogen hatte. Ich wagte nicht, nur eine davon zu entfernen, die Worte meiner Eltern klangen mir in den Ohren: »Schwitzen ist die beste Kur für einen von Grippe geschwächten Körper, deshalb pack' dich immer schön warm ein. Der ganze Rotz kommt dann über die Poren raus.« Gu schleppte sich ebenfalls so dahin, er hatte wieder große Probleme mit seinem Fuß und dem Unterschenkel. Wir machten viele Pausen und wanderten erheblich langsamer als sonst. In Agés wurden wir dafür mit einer kleinen, aber feinen Herberge belohnt, in der es sehr familiär zuging. Die Wirtin überraschte uns Pilger am Abend mit einer selbst gemachten Paella. Den Nachmittag hatten Gu und ich mit faulem Nichtstun verbracht. Unsere Lebensgeister waren nach der heißen Dusche in einem sensationellen Bad – es gab hier ein richtiges Badezimmer, das man während der Nutzung für sich ganz allein hatte – wieder neu erwacht. Meine Eltern hatten Recht gehabt. Die Stunden bis zum Abend flossen träge dahin, Gu und ich genossen sie. Wir redeten wenig, hielten uns an den Händen, schauten in den wolkenlosen Himmel, lauschten dem Wind und waren froh, dass der Nachmittag so langsam verstrich. Der Abschied nahte. Es war, als wenn wir die Zeit anhalten wollten, aber vielleicht tat das auch schon jemand anderes für uns.

12. Pilgertag, 3. Juni 2006
Agés – Burgos

Wir wanderten auf unserer letzten gemeinsamen Etappe sehr langsam. Gu humpelte leise fluchend vor sich hin, er konnte einfach nicht schneller laufen. Sein Schienbein schmerzte wieder sehr stark und jeder Schritt war für ihn eine Qual. Doch wir hatten keine Wahl, Gu musste am nächsten Morgen im Zug sitzen. Er konnte seinen Urlaub nicht verlängern, er wurde von seinen Mitarbeitern zurückerwartet. Als Selbstständiger – Gu betrieb damals noch sein Sportgeschäft für Schnee- und Wassersportarten – hatte er gewisse Freiheiten, aber auch jede Menge Pflichten. Wir versuchten trotzdem das Beste aus der Situation zu machen und uns abzulenken. Atapuerca lag bereits hinter uns. Das kleine Dorf zählt zu den wichtigsten archäologischen Ausgrabungsstätten der Welt, dort wurden 800.000 Jahre alte Knochenreste des »ersten Europäers«, des Homo antecessor, gefunden. Diese Tatsache lasen wir mit Interesse in unserem Reiseführer, aber anschauen wollten wir die Gebeine nicht, wir hatten schon genug mit unseren eigenen zu tun. Nach Atapuerca mussten wir wieder einmal eine Passhöhe erklimmen, in Gu's Zustand kein Vergnügen. Mir ging es abgesehen von meinem noch verbliebenen Schnupfen und der wunden Nase wieder deutlich besser. Auf der Passhöhe konnten wir in der Ferne schon Burgos sehen. Mittlerweile konnten wir solche Entfernungen gut einschätzen, mindestens fünf Stunden lagen noch vor uns – Gu stöhnte deshalb hörbar auf.

Im nächsten Dorf trafen wir auf Paolo, den italienischen Rasta-Mann. Wir beschlossen, gemeinsam zu frühstücken, zumal die Pause Gu's Bein guttat. Zum ersten Mal erfuhren wir mehr über Paolo: Er war 25 Jahre jung und verdiente seinen Lebensunterhalt als Pizzabäcker in England, da er dort wesentlich mehr Lohn erhielt als im heimischen Florenz. Für eine gewisse Zeit arbeitete er sehr, sehr hart, oft mehrere Schichten hintereinander, kündigte dann und nahm sich Zeit, um neue Erfahrungen zu sammeln, wie eben auf dem Jakobsweg. Paolo war offen, neugierig, positiv und ging auf andere Menschen zu. Seine sympathische Art hatte uns von Anfang an gefallen. Außerdem war er uns wie auch anderen Pilgern dadurch aufgefallen, dass er extrem langsam lief, fast schon schlenderte. Er war immer einer der letzten Pilger, die abends im Refugio ankamen. Von uns darauf angesprochen entgegnete er: »Ich möchte einfach nichts übersehen. Gerade die kleinen Dinge am Wegesrand sind oft die schönsten. Ebenso brauche ich diese Zeit, um mir selbst näher zu kommen.« Ich bedauerte sehr, dass ich ihn auf meinem weiteren Weg aus den Augen verlieren würde, da er in Burgos für zwei Tage einen Abstecher nach Madrid unternehmen wollte, um Freunde zu besuchen. Wir drei verabschiedeten uns mit einer festen Umarmung.

Kurz vor Burgos: Bald heißt es Abschiednehmen

Nach der Pause konnte Gu wieder etwas besser laufen. Auch deshalb entschieden wir uns die schönere, etwas längere Variante nach Burgos zu gehen. Wir wollten nicht über die historische, originale Route durch das Industriegebiet und die Neustadt wandern, sondern lieber weiter über Wiesen und Felder und später am Río Arlanzón entlang nach Burgos gelangen. Leider erfanden wir eine dritte Variante. Bis nach Castañares machten wir alles richtig, doch dann verließen uns die gelben Pfeile und wir waren auf uns allein gestellt. Uns wurde erst jetzt klar, wie sehr wir uns auf die Wegweiser verlassen hatten. Was hatten die Pilger früher nur ohne solche Wegmarkierungen gemacht? Ob sie deshalb oft Umwege gelaufen waren? Wir waren entnervt, wollten endlich ankommen. Zum ersten Mal herrschte zwischen uns eine angespannte Stimmung. Woran lag das? Sicher nicht allein an der Tatsache, dass wir uns verlaufen hatten. Waren Gu's Schmerzen schuld, die mittlerweile wieder glühende Mittagshitze oder war es die bevorstehende Trennung?

Erst eine Stunde nach Castañares erreichten wir müde die Altstadt von Burgos, nachdem wir lange Zeit an einer Ausfallstraße entlangmarschiert waren. Gu's Weg führte schnurstracks in ein Reisebüro, um sich über Rückfahrtmöglichkeiten zu erkundigen. Anders als bei uns bekam er dort aber keine Auskünfte zu Bus und Bahn, sondern wurde auf den Bahnhof verwiesen. Ich hatte in der Zwischenzeit ein Hotel ausfindig gemacht, es war schön, sauber, nicht zu teuer und in einem schönen Altbau untergebracht. Wir wollten in den letzten Stunden und auch in der Nacht nicht von Mitpilgern umzingelt sein. Wir bekamen ein Zimmer, das nostalgisch-romantisch eingerichtet war und dennoch über modernsten Komfort verfügte. Dunkles, glatt poliertes Holz, roter Marmor, Eichenparkett, Samtstores und dazwischen leichte, sich im Wind bewegende Gardinen erfüllten uns mit Freude. Ein breites Bett mit gedrechselten Pfosten, Kissen und Decken bezogen mit frisch gestärkter Bettwäsche schienen Gu und mich geradezu einzuladen. Unsere Rucksäcke muteten in dieser Umgebung ganz seltsam an. Wir entledigten uns kurz unserer Wanderschuhe, tauschten sie gegen Sandalen aus und

Unkraut vergeht nicht – die Erkältung ist überstanden

machten uns dann auf, einen ersten Blick auf die Stadt zu werfen und noch einiges zu erledigen. Gu wollte noch zum Bahnhof, ich wartete währenddessen in einem Café auf der Plaza Mayor. Es herrschte dort geschäftiges Treiben, es war Samstag und jeder schien auf den Beinen zu sein. Ich genoss es, im Schatten sitzend wieder einmal meinen Beobachtungen nachhängen zu können. In der Nähe musste eine Herberge sein, denn zahlreiche Pilger passierten den Platz. Georg hatte mittlerweile bei mir Platz genommen und erzählte mir den neusten Klatsch vom Camino. Es gibt immer etwas Interessantes zu berichten, diesmal versorgte er mich mit den letzten Nachrichten zu Elisabeth. Wir alle waren beeindruckt von ihrer Zähigkeit und ihrem eisernen Willen den Weg zu schaffen. Diese kleine, zarte Frau hatten wir alle in unser Herz geschlossen.

Als Gu vom Bahnhof zurückgekehrt war, verschwand ich kurz in eine Apotheke, um mich noch mal mit Vitamin C zu versorgen. Als ich sie wieder verließ, prallte ich fast mit Hans-Jakob zusammen. Wäre ich nur eine Minute später aus dem Geschäft gekommen, hätte ich ihn verpasst. Auch er freute sich sehr: »Ich hatte so gehofft, dich und Gu hier zu treffen, da Gu doch morgen nach Hause fährt. Ich möchte mich von ihm verabschieden.« Für mich gehörten solche Begegnungen zur Magie des Camino: Die Menschen, die einem begegnen sollen, die trifft man – früher oder später. Hans-Jakob bat sogar um unsere Adresse, da er sich nicht sicher sei, ob wir uns hier wiedersehen würden und er sich gerne in Deutschland bei uns melden würde. Wir freuten uns sehr, denn wir hatten Hans-Jakob schätzen gelernt und fühlten uns ihm sehr nahe.

Burgos lockte uns mit seinen zahlreichen Tapas-Bars. Auf dem Weg zurück in das Hotel frönten wir diesen köstlichen Leckereien bei einem Glas Vino tinto und ließen die vergangenen Tage Revue passieren. Gu und ich waren uns einig, dass diese Zeit unsere Beziehung gefestigt hatte. Wir hatten etwas Besonderes miteinander geteilt, das Band unserer Liebe war noch stabiler geworden. Waren wir vorher schon sehr respekt- und liebevoll miteinander umgegangen, so fühlten wir uns nun noch inniger miteinander verbunden. In vielen Situationen hatten wir uns blind verstanden und in bestimmten Momenten auch das Gleiche gedacht. Wussten wir vor der Reise bereits, dass wir zusammengehörten, so waren wir uns dessen jetzt ganz sicher. Im Hotel fielen wir übereinander her, wir waren hungrig aufeinander nach all der enthaltsamen Zeit. Die Nähe unserer beiden Seelen, über die wir vorher gesprochen hatten, fand nun über unsere Körper zusätzlich Ausdruck. Es war sexy, leidenschaftlich, zärtlich, innig und aufregend. Wir gehörten in jeder Hinsicht zusammen. Ich hatte in der Vergangenheit oft einzelne Tage als die glücklichsten meines Lebens empfunden, aber hier in diesem kleinen Hotelzimmer war ich wirklich glücklicher als je zuvor. Gu sprach an diesem Nachmittag immer wieder davon, wie sehr er mich liebe und er sich freue, mit mir alt zu werden. Auch ich wollte das.

In dieser Stimmung besichtigten wir die Kathedrale von Burgos. Kirchen haben immer magische Anziehungskraft auf mich gehabt, doch die Catedral de Santa María war etwas ganz Besonderes. Sie war gigantisch groß und erstrahlte in dem gebrochenen Weiß ihrer Mauern prachtvoll und schön. Die beiden hohen Türme über dem Westportal sowie die zahlreichen anderen Eingangsportale waren beeindruckend. Es war unmöglich mit meiner Kamera diese Kathedrale einzufangen. Auch im Inneren war sie gewaltig in ihren Ausmaßen, das spürte man unter anderm an der Eiseskälte, die in der Kathedrale herrschte. Wir besichtigten trotzdem in aller Ruhe diese architektonische Meisterleistung der gotischen Baukunst. Wie immer in solchen Augenblicken fragte ich mich, wie Menschen ohne unsere heutigen modernen Geräte zu solchen Leistungen fähig waren. Im Shop der Kathedrale schenkte mir Gu zwei Ketten mit dem T-förmigen »Tau«-Zeichen. Die eine Kette war besonders kunstvoll und sollte von Gu mit nach Hause genommen werden, um dort auf meine sichere und gesunde Heimkehr zu warten. Das andere Tau hing an einem dünnen, aber stabilen Lederband und sollte mich von nun an auf dem Weg beschützen. Das Tau ist der letzte Buchstabe des hebräischen Alphabets und entspricht dem griechischen Tau. In der Bibel wird es als Schutz bringendes Zeichen erwähnt. Papst Urban IV. nannte es ein Symbol christlicher Hingabe. Die Mönche des Antonius-Ordens trugen es als Erkennungszeichen und gaben es den Pilgern mit, auf dass es sie vor Unheil und Krankheit bewahre. So wurde es zum Cruz del Peregrino und ist noch heute eines der mystischen Symbole des Jakobsweges. Ich habe es auf dem Weg Tag und Nacht getragen und fühlte mich damit geborgen und sicher.

13. und 14. Pilgertag, 4.–5. Juni 2006
Burgos – Hontanas

Die letzte Nacht hatten wir damit verbracht eng aneinander geschmiegt zu schlafen und ein letztes Mal die Nähe des anderen auszukosten. Ich wollte wie immer früh los, um nicht in die Tageshitze zu kommen. Gu's Zug sollte um 10.30 Uhr Burgos verlassen. In der Nähe der Kathedrale verabschiedeten wir uns, die ersten Strahlen der Sonne suchten sich ihren Weg und tauchten den Platz, auf dem wir standen, in gleißendes Licht. Wir umarmten uns lange, küssten uns und strichen uns immer wieder gegenseitig über unsere Gesichter. Ich mochte Gu überhaupt nicht loslassen, wollte seine Wärme und seine Liebe ganz in mich aufnehmen, mir jeden Zug seines Gesichtes ganz genau einprägen. Über drei Wochen würde ich ihn nicht sehen! Er fehlte mir schon, obwohl er noch bei mir war. Heute frage ich mich oft, warum ich eigentlich nicht so lange in Burgos geblieben war, bis Gu in seinen Zug eingestiegen war. Wir hätten noch den Morgen zusammen gehabt. Warum wollte ich unbedingt an meinem bisherigen

Rhythmus festhalten? War es wirklich nur die Furcht vor der Tageshitze? Ich weiß es nicht. Vielleicht war es auch der Grund, am Ende des Tages wieder auf bekannte Gesichter stoßen zu wollen, eben nicht unter Fremden zu sein an meinem ersten Abend ohne Gu. Hätte ich den Morgen in Burgos verbracht, wäre es gut möglich gewesen, dass die anderen Pilger mindestens eine Station voraus gewesen wären.

Nun wanderte ich allein. Was würde sich verändern? Welche Erfahrungen würde ich nun machen? Veränderte sich überhaupt etwas? Zunächst war ich damit beschäftigt, meine Emotionen in den Griff zu bekommen. Erni und Toni, die ich auf dem Weg hinaus aus der Stadt traf, fragten natürlich sofort nach Gu, was mich wieder einmal in Tränen ausbrechen ließ. An diesem Tag gab es immer wieder solche Situationen. Unser Zusammensein fehlte mir, ich fühlte mich allein. Das rhythmische Klacken seiner Stökke fehlte mir. Niemand war da, dem ich meine Beobachtungen oder Empfindungen schildern konnte. Alles musste ich nun mit mir selbst ausmachen. In den nächsten Tagen sollte sich aber die Traurigkeit darüber wandeln, denn etwas Neues und Schönes entstand.

Bei Burgos beginnen die Tierras de Campos, die scheinbar unendlichen Getreidefelder der Meseta, der zentralspanischen Hochebene. Im Reiseführer wird sie als weit, eben und karg beschrieben. Die zermürbende Flachheit und Eintönigkeit der kaum besiedelten Region würde dem Pilger eiserne Willensstärke abverlangen. Mich beeindruckte die Landschaft ungemein. Es wurde zwar nach den frühen Morgenstunden immer heißer, da wenig Schatten vorhanden war, doch ich fand die Meseta wunderschön. Ich liebe es, kilometerweit in die Ferne zu schauen, den Horizont endlos vor mir liegen zu sehen, keine Begrenzung des Blickes zu haben und damit meine Fantasie auf eine unendliche Reise schikken zu können. Ich berauschte mich an dem außergewöhnlichen Farbenspiel, das diese Gegend bot. Ich sah Felder, die schon abgeerntet waren und sich gelb und stoppelig gegen den Himmel abhoben. Andere Felder waren noch im Reifeprozess und bildeten in ihrem satten Grün einen deutlichen Kontrast zu dem dar-

Die Meseta – wunderschön und unerbittlich schattenlos

über liegenden Blau. Dazwischen lagen knallrote sommerliche Mohnteppiche, die mir schon von Weitem ins Auge stachen. Meine Gedanken gingen auf große Fahrt, es war ganz anders als in den Tagen mit Gu. Wir hatten zwar nicht pausenlos geredet, sogar oft lange geschwiegen, aber doch hatten wir uns von Zeit zu Zeit ausgetauscht oder Außergewöhnliches sofort kommentiert. Jetzt setzte ich meine Beobachtungen von Menschen und Dingen auf intensivere Art und Weise zu mir in Beziehung. Sie hallten in meinem Kopf nach und fanden kein Echo von außen. Auch mich selbst erlebte ich auf einmal deutlich bewusster. Meine Verhaltensweisen in bestimmten Situationen und meine Haltung in vielen Momenten erkannte ich in neuer Klarheit. Obwohl oder gerade weil ich über den Tag weitestgehend allein blieb, lernte ich mich selbst besser kennen. Es war wohltuend, sich einfach dem Wandern, dem Schauen und Fühlen hinzugeben, einfach da zu sein.

Auf dem Weg nach Hornillos del Camino konnte ich noch einen anderen Unterschied zu vorher feststellen. Ich wurde von Einheimischen viel mehr gegrüßt als vorher, auch die anderen Pilger, weiblich wie männlich, schauten mich deutlich offener und neugieriger an. Ich hatte das Gefühl, mehr in ihrem Blick zu sein. Zum ersten Mal wurde ich auch von einer Spanierin angehalten und von ihr regelrecht ausgefragt. Sie wollte alles wissen: Woher ich käme; seit wann und warum ich unterwegs sei; ob ich bis Santiago laufen wolle; warum ich allein unterwegs sei; warum ich so traurig aussehen würde; warum ich so eine wunde Nase hätte? Sie konnte ein wenig Deutsch, ich hatte mittlerweile ja auch etwas Spanisch aufgeschnappt und unsere Hände taten ihr Übriges. Sie verabschiedete mich mit guten Wünschen und gab mir für meine Nase einen guten Tipp: Olivenöl würde die Haut beruhigen und sie wieder glatt und geschmeidig machen. Ich habe es leider nicht ausprobiert, da ich das Gewicht einer Olivenflasche nicht mit mir herumtragen und am Abend im Restaurant nicht auffällig werden wollte.

Jede Kirche, jede Kapelle, an der ich nun vorbeikam, war geschlossen. Darüber war ich sehr traurig, wie gerne hätte ich eine Kerze angezündet und still in einer der Bänke auf das Christuskreuz geschaut. Es hätte mich getröstet.

Mein Schienbein schwoll immer mehr an, obwohl ich zwischendurch immer wieder, auch länger, Rast gemacht hatte. Mein Tempo war aber sehr hoch. Ich hatte das Gefühl unbedingt vorwärtskommen zu wollen, als wenn mich etwas oder jemand an einer Schnur zog. Immer weiter, nur weiter. War

Nur noch ein Rucksack – der erste Tag ohne Gu

Hans-Jakob unterwegs nach Hornillos

es der Abschiedskummer? Wollte ich einfach nur Distanz zwischen mich und Burgos legen, so als wenn ich dadurch den Schmerz über die Trennung von Gu ein wenig aus meinen Gedanken verbannen könnte?

Bei meiner letzten Rast an einem Wegkreuz schaute ich auf Hornillos del Camino hinunter, nach 20 km wollte ich dort Quartier beziehen. Der kleine Ort lag einladend zwischen den Feldern, umgeben auch von einigen Schatten spendenden Bäumen. In einigen Abständen zogen immer wieder Pilger an mir vorbei, auch Gabriella und Hans-Jakob. Letzterer leistete mir Gesellschaft und nach kurzer Zeit brachen wir gemeinsam auf. Ich lief langsamer als er, so dass Hans-Jakob irgendwann vorlief und meinte: »Ich warte in Hornillos auf dich, dort trinken wir noch einen Kaffee zusammen.« Tatsächlich saß er dort, als ich nach zwanzig Minuten eintraf. Die kleine Bar war sehr strategisch platziert, direkt am Pilgerweg, der durch das Dorf führte und nicht weit vom Eingang der Herberge entfernt. So konnten wir jeden Pilger in Augenschein nehmen. Es waren so viele darunter, die ich schon kannte und fast an jedem Abend sah. Im Gegensatz zu meinen morgendlichen Gefühlen hatte ich nun irgendwie keine Lust auf sie. Ich wollte nicht in diesem Pilgerpulk festsitzen. Hans-Jakob wollte bis nach Hontanas gehen und verabschiedete sich. Ich zögerte mein »Einchecken« in der Herberge immer weiter hinaus, immer mehr Pilger kamen geduscht und umgezogen in die Bar. Ich war unentschlossen. Mein Bein schmerzte immer noch leicht und auch die Schwellung war nicht zurückgegangen; vernünftiger war es hier zu bleiben. Von anderen Pilgern hörte ich nun von San Bol. Die Herberge war einsam gelegen, ungefähr sechs Kilometer weiter in einer Senke, und bot nur wenigen die Möglichkeit dort zu schlafen. Im Wanderführer stand auch, dass kein Strom vorhanden war, Wasser aus einer Quelle lief und keine sanitären Anlagen vorhanden waren. Ich weiß nicht warum, ich stellte mir einen mystischen und spirituellen Ort vor. Es reizte mich, dorthin zu gehen. Entgegen aller Vernunft lief ich nach über einer Stunde weiter, es zog mich einfach voran. Meine Trinkflasche war mit frischem Brunnenwasser neu aufgefüllt. Das Gehen lief besser als erwartet, mein Rucksack fühlte sich selt-

San Bol – winzig kleiner Fleck in der Ferne – inmitten der Einsamkeit

samerweise leichter an als vorher. Ein strahlendblauer Himmel, die wogenden Felder und dazwischen der sich dahinschlängelnde Weg veranlassten mich wieder lauthals das Halleluja zu singen.

San Bol war aus der Ferne betrachtet ein grandioser Anblick. Es lag eingebettet in einer von Bäumen umstandenen Mulde, das Gebäude in knalligem Blau schimmerte im Sonnenlicht. »Willkommen«, schien es zu sagen, wie es so friedlich da lag. Beschwingt ging ich die letzten Meter bis dorthin. Doch wie groß war meine Enttäuschung, als ich dort ankam. Laute Musik, mit hartem Beat unterlegt, empfing mich. In der wirklich bezaubernden Lichtung waren überall Zelte verteilt, eine Regenbogenfahne flatterte im Wind, überwiegend jüngere Menschen als ich waren zu sehen. Einige saßen im Gras, rauchten und tranken Bier. Im Haus selbst standen die Essensreste vom Mittagessen noch herum, umschwirrt von Fliegen. Alles war offen gestaltet, von der Küche ging man direkt in den Schlafraum. Dort reihten sich sechs Stockbetten aneinander. Die Matratzen waren mit Laken überspannt, die von Flecken übersät waren, alles machte keinen sonderlich sauberen Eindruck. Ich war ja schon einiges gewohnt, aber dies übertraf alles Bisherige. Trotzdem beschloss ich zu bleiben. Eine Reisegruppe von ungefähr sechs Leuten, mit denen ich vorher schon kurzen Kontakt gehabt hatte, Paolo und auch der Herbergsvater, ein junger Italiener, schienen mir eine wohltuende Gesellschaft für den Abend zu sein. Ich packte aus, zog mich kurz um und setzte mich draußen auf die Terrasse. Die Lichtung war schön. Die späte Nachmittagssonne tanzte mit ihren Strahlen durch das Geäst der Bäume. Licht und Schatten wechselten sich ab, Schmetterlinge tanzten über das Gras. Viele Vögel zwitscherten und tirilierten. Es wäre bezaubernd gewesen, wenn nicht die Stille und die Spiritualität von der aufkommenden Partyatmosphäre gestört worden wäre. Die Musik gefiel mir nach wie vor nicht. Ich fragte den jungen Italiener, wie die Abende hier ablaufen würden. Seine Antwort war: »Wir lassen alles auf uns zukommen. Irgendwann fangen wir an zu kochen, derjenige, der Lust hat beteiligt sich. Wir essen gemeinsam und dann, mal schauen, worauf wir Lust haben. Jeder geht dann ins Bett, wenn er mag. Wir hören Musik und feiern das Leben.« Das Leben feiern, dagegen hatte ich nichts, aber auf eine Party, die bis in die späten Nachtstunden gehen könnte, darauf hatte ich überhaupt keine Lust. Ich fühlte mich in meiner eigenen Haut nicht mehr wohl, ich kam mir deplatziert vor. Das, was ich eigentlich wollte, Ruhe, Stille, Einkehr bekam ich hier nicht, dessen war ich mir sicher. Mein Impuls den Ort zu verlassen, doch weiterzulaufen bis nach Hontanas, wurde immer stärker. Mein angeschwollenes Schienbein hielt mich zurück. Mir war klar, dass es viel vernünftiger war, dem Bein nicht weitere fünf Kilometer Strapazen zuzumuten. Da saß ich nun auf der Terrasse, rang mit mir, vielmehr mein Gefühl und mein Verstand rangen miteinander. Mein Gefühl siegte, ich packte meine Sachen und machte mich nach zwei Stunden Zwischenaufenthalt erneut auf den Weg. Obwohl ich mich vorwärts quälte, war ich zufrieden. Ich hatte eine mir nicht zusagende Situation nicht einfach ausgehalten, nach dem Motto: Augen zu und durch, sondern sie in die Hand genommen und verändert. Wie oft hatte ich mich in solchen Momenten selbst dazu motiviert, die Umstände doch einfach anzunehmen, einen positiven Blick darauf zu werfen, dann würde schon irgendwann ein Zustand der Besserung eintreten. Wie oft hatte ich gedacht, es könnte doch auch sein, dass ich etwas Besonderes, Tolles oder Schönes verpasse, wenn ich sofort aufgebe. Grundsätzlich finde ich diese Haltung gut, aber manchmal führt sie auch in eine Sackgasse und ist nicht angebracht. Nur weil ich mit einer zunächst gefällten Entscheidung nicht klarkam und sie instinktiv gerne revidieren wollte, musste ich mich nicht selbst bestrafen, indem ich dort blieb.

Als nach eineinhalb Stunden endlich die Kirchturmspitze von Hontanas wie aus dem Nichts aus einer Senke vor mir hervorragte, hätte ich jubilieren können. Hoffentlich war noch ein Bett in einer der beiden Herbergen frei. Ich hatte Glück im ersten Refugio. Ein oberes Bett, auch noch am Fenster gelegen, schien nur auf mich gewartet zu haben. Jetzt war ich noch überzeugter, das Richtige getan zu haben. Beim Abendessen eine halbe Stunde später lernte ich Rosi und Katrin, Mutter und Tochter aus Nürnberg sowie Rudi kennen. Die beiden Nürnbergerinnen waren sehr nett. Wie verbindend muss es sein, so eine gemeinsame Erfahrung zu machen. Ich dachte an meine Eltern. Würde ich das überhaupt wollen, mit meinem Vater oder meiner Mutter eine solche Reise zu unternehmen? Mir ging das Für und Wider durch den Kopf. Rosi machte nicht gerade einen sportlichen Eindruck auf mich, sie hatte etwas Mütterlich-Gemütliches. Würde sie die Strapazen ohne Schaden überstehen können? Katrin, eine hübsche junge Frau von Mitte/Ende zwanzig, fiel durch ihr für den Camino untypisches Styling auf. Über ihren dunklen Locken trug sie fast immer ein rotes Tuch, das wie ein Turban geschlungen war. Überhaupt erinnerte ihre Kleidung ein wenig an eine verwegene Räuberin aus Tausendundeiner Nacht. Sie fiel auf und war eine der interessantesten Frauen auf dem Weg. Rudi unterhielt uns mit Geschichten zum Camino. Er war schon einige Male die Strecke gegangen und verteilte nun ungefragt Tipps und Ratschläge. Wären sie nicht so inflationär gewesen, hätte ich sie mehr schätzen können. Wir drei waren uns später darüber einig, wieder einmal einem Mann begegnet zu sein, der sich am liebsten selbst reden hörte. Vielleicht war er mir auch deshalb nicht sonderlich sympathisch, weil sein Gebiss vorne einige Lücken aufwies. Rudi war noch keine fünfzig Jahre alt, dessen war ich mir sicher.

Rosi, Katrin und ich ließen den Abend draußen ausklingen. Die Herberge war gleichzeitig Hostal und Restaurant und hatte auch eine Außenterrasse, die an der Hauptstraße des Dorfes lag. Die Straße war eher ein Gässchen und nur ganz selten fuhr ein Auto vorbei. Es handelte sich auch um den offiziellen Pilgerweg, sodass jeder Pilger hier entlang musste. Die letzten Sonnenstrahlen erwärmten uns und wir plauschten angeregt. Plötzlich tauchte aus der Richtung der anderen Herberge eine junge Frau auf, die von Rosi und Katrin herzlich begrüßt wurde. Sie hatte dunkle, raspelkurze Haare, ging mir nur bis zur Schulter und wirkte wie ein kleines, energievolles Kraftpaket. Ich schätzte sie auf Anfang bis Mitte zwanzig. Es war Steffi aus der Schweiz, die bereits zwei Monate unterwegs war und in Genf gestartet war. So viele Kilo-

Der Pilgerweg in Hontanas führt mitten durch das Dorf

meter lagen schon hinter ihr, ganz allein war sie die Strecke gewandert! Ich schloss sie spontan in mein Herz. Sie war so lustig, offen, unverstellt und neugierig. Ein besonderer Mensch stand vor mir. Sie sollte zu einer meiner wichtigsten Weggefährtinnen werden.

Vor dem Schlafengehen telefonierte ich noch mit Gu. Er fehlte mir, auch wenn ich es spannend fand, nun alleine unterwegs zu sein. Wir hatten vereinbart, regelmäßig zu telefonieren. Er sollte damit auch Anlaufstelle für meine Eltern und Geschwister sein, falls sie die neuesten Infos über meine Wanderschaft haben wollten. Ich rief ihn in der Folgezeit jeden dritten oder vierten Tag an. In den ersten Tagen vermisste ich ihn sehr, auch während meines Zwischenstopps in Léon sollten mich seine Anrufe trösten, später hielt mich der Weg immer mehr gefangen mit all seinen Geschichten und Erlebnissen. Mein Zuhause rückte weiter in den Hintergrund. Gu war in meinem Herzen, das reichte mir.

Am anderen Morgen ging nichts mehr. Schon im Bett spürte ich, dass an ein Weiterwandern nicht zu denken war. Schon in der Nacht hatte mir das rechte Bein kaum Ruhe gelassen, ein Krampf hatte den anderen gejagt. Ich fühlte mich elend. Am liebsten wäre es mir gewesen, dass ich nach meiner Mutter hätte rufen können, damit sie sich um mich kümmert. Sie hätte mir wohl versichert, dass es richtig sei, liegen zu bleiben und mein Bein zu schonen. Es wäre wie eine Absolution gewesen: »Ja, Sabine, bleib liegen, ruhe dich aus, du kannst mit der Schwellung wirklich nicht weiter.« Nun musste ich mir selbst eingestehen, dass eine Ruhepause unumgänglich war. Das fiel mir so unendlich schwer. Mir meine eigene körperliche Schwäche zuzugestehen, ohne dafür die Genehmigung von außen zu haben. Zu Hause war das auch so, erst wenn gar nichts mehr ging und jeder meinen miserablen Zustand erkannte, erst dann gönnte ich mir eine Ruhepause. Ebenso ging mir durch den Kopf, dass alle anderen weitergehen würden, nur ich würde in Hontanas zurückbleiben. Nicht mit weiterziehen zu können, ging mir komplett gegen den Strich. Bestimmt würde ich einiges verpassen, viele meiner bisherigen Mitwanderer nicht mehr wiedersehen. Ich fluchte innerlich über meinen schwachen Körper. In dieser Verfassung stand ich kurze Zeit später an der Rezeption der Herberge, die gleichzeitig auch als Bar diente. Der Mann dahinter verteilte ein Frühstück nach dem anderen an die einzelnen Pilger, die zum größten Teil schon für den Aufbruch gerüstet waren. Ich versuchte ihn zu fragen, ob ich noch einen weiteren Tag bleiben und ob ich eines der Einzelzimmer haben könnte, die es dort auch gab. Er verstand mich nicht, mein Spanisch war zu schlecht und er verstand kein Englisch. Die Tränen, die ich ohnehin schon die ganze Zeit verzweifelt zu unterdrücken versuchte hatte, kullerten jetzt über meine Wangen. Mir tat alles weh, ich fühlte mich mutterseelenallein und war kreuzunglücklich. Der Wirt war total erschrocken, alle schauten mich neugierig an. Ich wäre gern auf der Stelle in den Boden versunken. Da stand ich einundvierzigjährige Frau, die noch vor ein paar Wochen in jeder Situation ihre »Frau« hatte stehen müssen, und war völlig hilflos. Doch ich hatte die Solidarität unter den Pilgern vergessen, so viele versuchten mir nun zu helfen. Fragten nach, boten ihre Hilfe an, schließlich übersetzte Rudi, der gut spanisch sprach, für mich. Kurz darauf war alles geregelt. Ich konnte so lange im Schlafsaal bleiben, bis das neue Zimmer gerichtet war. Welche Ironie, dass ausgerechnet Rudi, den ich nicht sonderlich sympathisch fand, mir geholfen hatte. Ich war ihm sehr dankbar.

Rosi, Katrin und auch Gabriella, die ebenfalls hier übernachtet hatte, machten sich auf den Weg und verabschiedeten sich von mir mit liebevollen Umarmungen und Genesungswünschen. Es fiel mir sehr schwer, sie gehen zu lassen. Sie symbolisierten meinen bisherigen Weg und seinen geplanten Ablauf, von dem ich mich nun lösen musste, wohl oder übel. Wann lernte ich mit mir selbst mehr Geduld zu haben? Wann, den Dingen ihren Lauf zu lassen? Wann, nicht darüber nachzudenken, was ich in der Zukunft verpassen könnte, sondern zu schauen, was die Gegenwart mir bringt? Der Tag sollte einiges für mich bereithalten. Am Ende des Tages wusste ich, warum ich hier eine Pause machen sollte.

Während ich draußen in der Sonne saß, passierte ein Pilger nach dem anderen die Herberge. Am späten Vormittag sah ich aus der Ferne die zwei Blondschöpfe, die mir in der Küche in Logroño aufgefallen waren, auftauchen. Ute und Ute setzten sich zu mir. Die kleine Ute meinte:»Jetzt ist genau der richtige Zeitpunkt, um eine Pause zu machen und mit Sabine auf meinen Geburtstag anzustoßen.« Sie hatte tatsächlich Geburtstag und bestellte nun eine große Flasche Sekt, die wir auf ihr Wohl köpften. Meine doch leicht melancholische Stimmung besserte sich. Gut, der Alkohol spielte auch eine Rolle, aber unser unverhofftes Wiedersehen war der Hauptgrund. Sie berichteten mir, dass sie gestern mit Gu noch vor seiner Abreise gefrühstückt hatten und sie mir, falls sie mich sehen würden, noch Grüße von ihm ausrichten sollten. Ich erfuhr viel von den beiden. Die kleine Ute arbeitete im psychosozialen Bereich, in der Drogenhilfe. Wieso traf ich immer wieder auf Menschen aus diesen Zusammenhängen? Das konnte kein Zufall sein. Die große Ute hatte gerade ihren Job gekündigt und war mit ihrem Mann in eine andere Stadt gezogen. Sie war ungefähr in meinem Alter. Sie war so groß wie ich, ihre hellblonden Haare umschlossen in leichten Wellen ihren Kopf, sie hatte empfindlich helle Haut und trug eine markante schwarze Brille. Sie war äußerlich betrachtet eher der klassische Typ. Die kleine Ute war knackig braun, ihre Haare waren fransig-frech geschnitten und ihre Wanderkleidung leuchtete fröhlich bunt. In ihren Ohren baumelten lange Ohrringe. Wie sich herausstellte, war sie schon über fünfzig, was man ihr nicht ansah. Die beiden waren in fast jeder Hinsicht unterschiedlich. Was sie einte, waren ihr Name, ihre Haarfarbe und ihr fröhliches, lautes Lachen. Für mich war es kein Zufall, dass ausgerechnet diese beiden Frauen heute meinen Weg kreuzten. Wahrscheinlich sollte ich durch ihr Verhalten erkennen, was es bedeuten kann, den Tag einfach kommen zu lassen. Obwohl sie noch bis Castrojeriz weiter wollten, saßen sie in aller Seelenruhe schon seit über einer Stunde bei mir. Kurze Zeit später standen auf einmal Malin und Michael vor mir. Wir konnten es alle drei nicht fassen, dass wir uns doch wiedersahen und umarmten uns herzlich. Sie wollten in Hontanas bleiben, weil Michael immer noch sein Knie schonen sollte. Ich fühlte mich reich beschenkt. Diese Begegnungen hätte ich nicht gehabt, wenn ich weitergezogen wäre und nicht auf meinen Körper gehört hätte.

Der Tag verging mit intensiven Gesprächen, Essen, Siesta und einem Spaziergang durch das kleine, malerische Hontanas. Die Ruhe und Schonung taten meinem Schienbein gut. Die Tabletten, die ich mir in Burgos gekauft hatte, wirkten zusätzlich. Ich fasste am Abend den Entschluss, am nächsten Morgen auf jeden Fall weiterzugehen. Die leise Stimme, die sich aus meinem tiefsten Inneren Gehör zu verschaffen versuchte: »Bleib einen weiteren Tag, gönne deinem Bein noch weitere Schonung, sei vernünftig«, ignorierte ich. Nein, ich wollte weiter. Anscheinend hatte ich nach wie vor die Lektion über das Innehalten und über die Geduld mit sich selbst nicht verstanden.

15. bis 17. Pilgertag, 6.–8. Juni 2006
Hontanas – Boadilla del Camino – Carrión de los Condes – Terradillos de los Templarios

»Wunderbar geschlafen! Mein rechtes Bein tut zwar noch weh, aber ich werde laufen!« Diesen Satz schrieb ich am Morgen nach meiner eintägigen Pause in mein Tagebuch. Mit Ausrufezeichen, so als wenn ich mir selbst etwas beweisen wollte. Knapp 83 Kilometer legte ich in den nächsten drei Tagen zurück, im Schnitt also pro Tag fast 27 Kilometer. Für mein lädiertes Bein sollte das nicht ohne Folgen bleiben. Nichts hatte ich dazugelernt. Mein Tempo nahm von Tag zu Tag mehr ab. Meine zu Beginn noch zügige und muntere Schrittfolge wurde am Ende zu einem müden und sehr angespannten Laufstil. Manchmal überkam es mich und ich zwang mir und meinem angeschlagenen Bein ein komplett rücksichtsloses Verhalten auf. Dann biss ich meine Zähne zusammen, missachtete die Schmerzen und riss einige Kilometer in einem Affentempo ab. In solchen Situationen handelte ich nach dem Motto: »Was ich nicht beachte, kann mir auch nichts anhaben.« Das war ein Trugschluss. In Boadilla del Camino, der nächsten Station nach Hontanas, ging die Schwellung über Nacht zunächst wieder ein wenig zurück. Dafür hatte ich mir die erste Blase an der Ferse des linken Fußes zugezogen. In Carrión de los Condes, dem Ziel meiner nächsten Tagesetappe, nahm ich die Schmerzen mit in meinen Schlaf, am Morgen war die Schwellung im gleichen Umfang vorhanden wie am Abend zuvor. In Terradillos de los Templarios quälten mich schließlich nicht nur das rechte Bein und die offene Blase, sondern meine linke Hüfte machte sich ebenfalls deutlich bemerkbar. Bei jedem Schritt hatte ich das Gefühl, als wolle mein Hüftknochen aus der Gelenkpfanne herausspringen, um mich zusätzlich zu peinigen. Die langen, ausgedehnten Pausen, mit denen ich alles wieder hatte wettmachen wollen, hatten mir gar nichts genutzt. Im Gegenteil, danach war es mental wie körperlich umso schwieriger wieder in Tritt zu kommen. Trotzdem möchte ich diese Tage nicht missen. Meine Wahrnehmung für die Natur und die Schönheiten des Weges

Die Meseta – faszinierende Kargheit

wurden durch meine körperlichen Schwächen seltsamerweise nicht beeinträchtigt. Nach wie vor berauschte ich mich an der endlosen Weite der Meseta. Immer wieder ging mein Blick über die vor mir liegenden Felder, von dort schweifte er ab in den Himmel und verlor sich in das Unendliche des Horizontes.

Ungeachtet meiner Schmerzen hatte ich viele wunderbare Erlebnisse. Hinter Castrojeriz erhob sich inmitten der Ebene ein Tafelberg, der Alto de Mostelares. Auf 911 Metern konnte ich die grandiose Landschaft nun auch noch von oben bewundern. Bei einem Stopp vor der Kapelle San Nicolas, die in der heutigen Zeit in ihrer einfachen, schönen und mystischen Art den Pilgern sowohl als Gotteshaus wie auch als Herberge dient, traf ich wieder auf Ute und Ute. Mit ihnen und Anderen zusammen sang ich einem älteren Japaner ein Geburtstagsständchen, der sich so sehr freute, dass er uns allen selbst gefaltete Origami-Kraniche schenkte. Der Kranich ist in der Mythologie ein Vogel mit hoher Symbolik. In Ägypten wurde er als Sonnenvogel verehrt, in Japan steht der Kranich für Glück und Langlebigkeit. Seit dem Tode des Atombombenopfers Sadako Sasaki, die mit dem Falten von Origami-Kranichen gegen ihre durch die Strahlung verursachte

Leukämie-Erkrankung ankämpfte, sind sie auch zu einem Symbol der Friedensbewegung und des Widerstandes gegen Atomwaffen geworden. Zudem bekommt nach alter japanischer Legende derjenige, der 1000 Origami-Kraniche faltet, von den Göttern einen Wunsch erfüllt. Unser Japaner hatte einen ganzen Plastikbeutel voll mit solchen Kranichen, die er mit einem hellen Strahlen im Gesicht an uns verteilte. Welchen Wunsch er wohl an die Götter hatte? Welch ein Widerspruch in sich! Jetzt war er auf dem christlichen Jakobsweg, um am Grab des Apostels alle seine Sünden erlassen zu sehen und gleichzeitig versuchte er, diese Legende zu erfüllen. Ich hoffe, er hat beides erreicht. Mein kleiner, filigraner, liebevoll gefalteter, roter Papierkranich liegt jedenfalls zwischen den Seiten meines Tagebuches und erinnert mich immer an diese einzigartige Begegnung.

Die Kapelle San Nicolas: Gotteshaus wie auch Herberge

In Boadilla angekommen, erwartete mich das Paradies! Neben der Dorfkirche lag die Albuerge en el Camino, ich durchschritt ein aus Ziegelsteinen gemauertes Tor und vor mir breitete sich ein liebevoll gestalteter Garten aus. Gepflegter Rasen, überall Bottiche mit blühenden Blumen sowie Schatten spendende Bäume empfingen mich und zu allem Überfluss befand sich mittendrin ein Swimmingpool. Wir – Michael, Malin, Ute und Ute wie auch ich – verbrachten den ganzen Nachmittag damit, faul in der Sonne zu liegen, uns ab und zu im kalten Nass abzukühlen und

Lüften am Ende eines Wandertages – mehr als notwendig

dabei reichlich Rotwein zu genießen. Es war eine heiter-entspannte Atmosphäre, die sich bis spät in den Abend hineinzog. Wir plauderten, scherzten und tauschten viele sehr persönliche Erfahrungen aus. Ich konnte wieder einmal feststellen, wie mein eigenes Verhalten dazu führte, mit anderen Menschen intensiver in Kontakt zu kommen. In dem Maße, wie ich mich öffnete, unverstellt und ehrlich, öffneten sich auch die Herzen der Menschen um mich herum. Es war beglückend. An diesem Abend traf ich auch Bernhard zum ersten Mal. Er war vielleicht um die Mitte fünfzig, braun gebrannt mit einem von Falten durchfurchten Gesicht, das männlich-markant wirkte. Seine schlanke und hoch gewachsene Gestalt im roten T-Shirt war nicht zu übersehen. Wie er später erzählte, arbeitete er als Theaterdramaturg. Ein »normaler« Beruf wie Schreiner oder Rechtsanwalt hätte auch irgendwie nicht zu ihm gepasst, er wirkte sehr künstlerisch-intellektuell. Außerdem war er stets aus einiger Entfernung zu riechen, an diesem Abend vertrieb seine Pfeife die Mücken um uns herum. Bernhard gab mir eine wunderbare Fußmassage und war auch später immer wieder mit Salben zur Stelle, wenn es galt wunde Füße zu verarzten.

Eine Herberge mit Swimmingpool – Luxus pur

In der Nacht hatte ich einen Traum, den ich sehr intensiv erlebte. Wie immer lag ich im oberen Bett, das Bett neben mir, nur getrennt durch eine schmale Ritze, war frei geblieben. Irgendwann spürte ich, wie sich jemand an mich schmiegte und mich liebevoll in den Arm nahm. Ich fühlte mich beschützt und sicher. Die Haut des anderen, eines mir unbekannten Mannes, konnte ich deutlich ertasten, seinen Geruch ebenso wahrnehmen. Es war nichts Erotisches an dieser Situation, sondern eine besondere Geborgenheit umfing mich. Meine wie immer vorhandene leichte Unruhe, wenn ich schlafe und in fremden Räumen bin, war wie weggeblasen. Als Kind und auch noch als Jugendliche habe ich vor dem Schlafengehen immer den Schrank, alle Ecken und auch unter dem Bett kontrolliert, ob sich jemand dort versteckt. Meine Decke zog ich stets bis über die Ohren und fühlte mich dadurch geschützt vor allem, was die Nacht eventuell bereithalten sollte. Auch heute noch schlafe ich meistens so ein. Als ich die Augen aufschlug, war alles wie gehabt, niemand war zu sehen.

Am nächsten Tag saß ich gegen Mittag in einer kleinen Bar im malerischen Dörfchen Villalcázar de Sirga, direkt vor der Iglesia de Santa María La Blanca. Die große und sehr helle Kirche mit der ausladend wirkenden Treppe davor schien mir der richtige Rastplatz zu sein. Außerdem herrschte mit mehr als 35 Grad eine Bruthitze. Ich konnte einfach nicht weiter. Über zwei Stunden saß ich dort, vertrieb mir die Zeit mit Essen, Trinken, Tagebuch schreiben, dem einen oder anderen Pilgerplausch und einer Besichtigung der Kirche. Sie war tatsächlich geöffnet, eine Busgruppe hatte sich angemeldet und damit konnte ich ebenfalls in das Innere. Das Eingangsportal mit den detailreichen Bildhauerarbeiten sowie das Altarbild mit seinen ausdrucksstarken Farben wie auch die farbigen gotischen Grabmale zweier Edelbürger waren sehenswerte Kleinode. Ich verlängerte meine Pause immer mehr, konnte mich aber nicht dazu durchringen, in diesem kleinen Dorf die Herberge aufzusuchen. Ich zog nicht einmal diese Möglichkeit in Betracht, obwohl noch fast eine Stunde Fußmarsch in der brütenden Hitze vor mir lag. Carrión de los Condes war mein Ziel und daran gab es nichts zu rütteln. Ich musste es bis dorthin schaffen, sonst würde ich am nächsten Tag die Strecke, die mich dann erwartete, nicht bewältigen können. Von dort aus lagen nämlich 18 Kilometer vor mir, die schnurgerade, absolut schattenlos und auch noch ohne Einkehrmöglichkeit sein würden. Also Augen zu und durch. Diszipliniert, wie ich war, würde ich auf jeden Fall, koste es was es wolle, in Carrión de los Condes ankommen. In dieser Haltung erreichte ich dann auch die kleine Stadt, ich hatte dabei mindestens sechs Pilger überholt. Warum tat ich mir das an? Hatte ich mich eigentlich im Blick? War überhaupt eine Balance zwischen meinem Sein und meinem Wollen vorhanden? Wenn ich ehrlich bin, spielten diese Fragen zu dem Zeitpunkt keine Rolle. Ich machte, ich tat, ich wollte, ich funktionierte und genoss um mich herum alles und jedes. Auch zu Haus legte ich manchmal solche Verhaltensweisen an den Tag. Auf der einen Seite wusste ich instinktiv ganz genau, dass ich ab einem bestimmten Zeitpunkt alles, was danach kommen würde, bereuen oder büßen würde, auf der anderen Seite war es mir trotzdem völlig egal. Ich sah dann nur noch die positiven und wunderbaren Seiten und blendete alles andere aus. Da war ich plötzlich im Hier und Jetzt. Wie oft hatte ich mir beim Tanzen auf einer Party schon eine Blase getanzt und dennoch nicht aufgehört. Der Genuss, mich im Rhythmus der Musik zu bewegen und meinen Körper zu spüren, war in solchen Momenten größer. Ein Lied und noch ein Lied. Irgendwann wurde aus der kleinen, anfänglichen Blase dann eine große, blutige Blase, an der ich mehr als eine Woche herumlaborierte.

Die erste Herberge in Carrión war voll, die zweite fand ich nicht und so landete ich schließlich im Hostal Albe, eine kleine Pension direkt am Pilgerweg. Für 22 Euro bekam ich ein riesiges, helles Zimmer, ein sauberes Bad und hätte sogar kochen können, wenn ich es gewollt hätte. Ich duschte für unglaubliche fünfzehn Minuten und versuchte mit dem heißen Wasser meine Muskeln zu entspannen, in einem Refugio hätte ich mir schon längst den Unwillen meiner Mitpilger zugezogen. Jetzt prasselte das Wasser über meinen todmüden Körper und ich brauchte nicht eine Spur von schlechtem Gewissen empfinden. Danach verarztete ich meine Blase, sie musste dringend aufgestochen werden, wenn sie sich nicht entzünden sollte. Mit einer dicken Schicht Leukoplast deckte ich sie steril ab. Ich schwöre auf Leukoplast, ein Blasenpflaster aus der Apotheke hat nicht dieselbe schnelle Wirkung. Mein Bruder hat diesen Tipp von einem Bergsteiger bei einer Wanderung in den Dolomiten bekommen. Dadurch, dass die zwei bis drei Pflasterschichten direkt und geschlossen auf der Haut liegen, kann nichts reiben oder drücken, gleichzeitig ist das sehr feinporige Pflaster atmungsaktiv. Neue Haut kann sich so ganz einfach darunter entwickeln. Man sollte das Pflaster nur alle drei Tage wechseln. Es ist sensationell, es hilft tatsächlich. Den Rest des Tages schlich ich breitbeinig und fußlahm durch das Städtchen.

Das Refugio komplett besetzt in Carrión de los Condes – da bleibt nur noch ein Hostal

Aus Respekt vor den schattenlosen 18 Kilometern wanderte ich am nächsten Morgen im Stockdunkel aus der Stadt heraus. Es war noch keine halb sechs und nicht einmal die Vögel waren zu hören. Die Stadt lag noch im tiefen Schlaf, ein einziger roter Fiesta mit kaputtem Auspuff knatterte an mir vorbei. So ganz wohl war mir nicht. Wenn ich jetzt spurlos verschwinden würde, würde es jemand merken? War ich doch ein wenig zu leichtsinnig? Ich beruhigte mich, indem ich mir versicherte, dass ich nicht allein wanderte. Gott war bei mir. Durch die nächtliche Beleuchtung in Carrión hatte ich alle Pfeile gesehen, doch schließlich außerhalb der Stadt angelangt, richtete ich mit meiner Stirnlampe überhaupt nichts aus. Wo musste ich her? Verirren wollte ich mich nicht und dachte schon darüber nach, ob ich umkehren

Morgendämmerung – nur begleitet vom Konzert der erwachenden Vögel und Frösche

sollte, als ich in einiger Entfernung die Umrisse eines Menschen erkennen konnte. Ich beschleunigte meine Schritte. Es war Rudi, anscheinend war er für mich so etwas wie ein Helfer in schwierigen Situationen. Tatsächlich, er konnte mir den Weg weisen, da er ihn ja bereits gelaufen war. Ab jetzt konnte ich mich auch nicht mehr verlaufen, weil es nur noch schnurgeradeaus ging. Rudi ließ ich schnell hinter mir, er lief ein sehr gleichmäßiges und geruhsames Tempo. Hinterher ist man immer schlauer, ich hätte mir an ihm ein Beispiel nehmen sollen.

Der Morgen war fantastisch – Morgentau glitzerte über den Wiesen, das Licht veränderte sich langsam und der Himmel dämmerte mit leicht rotem Schimmer auf. Ein paar Schleierwolken durchbrachen das Farbenspiel von blassem Blau und zartem Rot. Je heller es wurde, desto lauter wurde es um mich herum. Das Staccato der Frösche war unüberhörbar. Die vielen unterschiedlichen Vögel zwitscherten wieder einmal um die Wette. Im Unterholz neben der Straße raschelte es immer wieder laut. In regelmäßigen Abständen zogen Störche, fast immer in Paarformation, keine zehn bis zwanzig Meter über mich hinweg. Auf den Wiesen waren anscheinend bereits andere ihrer Artgenossen auf Froschfang. In dieser Gegend mussten offensichtlich zahlreiche Störche nisten. Niemand war weit und breit zu sehen. Meine Empfindung war, dass die Natur nur für mich dieses Schauspiel des Erwachens und morgendlichen Aufbruchs bereithielt. Ich war so froh, dass ich meiner anfänglichen Furcht nicht nachgegeben hatte, und dankte für dieses Geschenk. Erst über zwei Stunden später, nach meiner ersten Frühstückspause auf einem abgeernteten Feld mit Blick über den endlosen Horizont, sah ich die ersten Pilger. Es waren Malin und Michael, meine schwedischen Wikingerfreunde, die so gar nicht skandinavisch aussahen. Mit ihnen wanderte ich schließlich bis Calzadilla de la Cueza, besser gesagt ich lief in einigem Abstand hinter ihnen her. Wenig später saßen wir mit ein paar weiteren Pilger wie an einer Perlenschnur aufgereiht in der einzig offenen Bar des Dorfes und lechzten nach der kilometerlangen Anstrengung nach einer Erfrischung. Fast jeder hatte Schuhe und Socken ausgezogen, um die Füße zu lüften.

Im Dorf gab es eine Herberge, sogar mit Pool, auch die Bar mit angrenzendem Hostal sah einladend aus, aber immer noch hatte ich den Drang trotz latent vorhandener Schwellung weiter- und weiterzulaufen. Am frühen Nachmittag erreichte ich mit schleppendem und müdem Gang Terradillos de los Templarios. Meine Hüfte tat höllisch weh, mein rechtes Bein spürte ich nur noch als harten und festen Klumpen. Im Refugio wurde ich dann für vieles entschädigt. Ich quartierte mich in einem Zimmer mit nur fünf Betten ein, von denen bis dahin nur eines besetzt war. Ich konnte also noch fast frei wählen. Während ich mich am Fenster »häuslich« niederließ, stand plötzlich Gabriella neben mir. Das andere Bett war ihres. Welche Freude, wieder ein bekanntes und liebes Gesicht! Ich mochte Gabriellas fürsorgliche und lebenserfahrene Art. Wir beide verbrachten den Tag mit Schlafen, Sonnen und vielen guten Gesprächen. Gabriella war sichtlich angeschlagen. Ihre Blasen am Fuß hatten sich entzündet. Als ich die offenen Stellen sah, war ich sehr erschrocken. Alle Hautschichten waren verletzt, man konnte das rohe Fleisch sehen, wie sie es bis dorthin geschafft hatte, war mir ein Rätsel. Sie schien auch ein wenig Fieber zu haben. Dennoch klagte sie

Die Strapazen sind schon wieder vergessen

nicht, sondern versuchte bewusst ihre Schmerzen nicht zum Thema zu machen. Sie hatte den Entschluss gefasst, am nächsten Tag mit dem Bus nach Sahagún zu fahren und dort erst einmal einen Arzt aufzusuchen. Ich fand das sehr vernünftig und bestärkte sie in ihrem Vorhaben. An diesem Nachmittag knüpften wir die ersten Bande für eine Freundschaft, die über den Jakobsweg hinausgehen sollte.

Elvira und Martin, ein Ehepaar um die fünfzig aus dem Aschaffenburger Raum, die ich schon mit Gu hin und wieder getroffen hatte, waren ebenfalls in der Herberge. Beide waren stets gut gelaunt, immer zu einem Plausch aufgelegt und Martin hatte oft einen kessen Spruch auf den Lippen. Beide wirkten sportlich, drahtig und wanderten, wie sich später herausstellte, auch zu Hause viel in ihrer Freizeit. Sie liehen mir eine Art Elektroschokker, der mit ganz niedrigen Frequenzen den Beinmuskel entspannen und lockern sollte. Leider stellte ich danach keinen großen Unterschied fest.

Die Albergue Jacques de Molay war ein echter Volltreffer. Sie war sauber und ordentlich, hatte einen tollen Garten, einen kleinen Lebensmittelladen und, wie sich am Abend herausstellte, auch noch eine fantastische Küche. Nirgendwo habe ich leckerer gegessen, weder vorher noch nachher. Es gab eine schmackhafte Bohnensuppe mit allerlei frischen Kräutern darin und zum Hauptgang wurde ein ganzer frisch gebratener Fisch mit Salat serviert. Es war köstlich!

18. Pilgertag, 9. Juni 2006
Terradillos de los Templarios – Sahagún – León

Der 18. Pilgertag sollte der Tag meiner vollständigen Kapitulation werden!

Entgegen meinen Gewohnheiten war ich erst gegen halb acht gestartet. Ich war müde und richtig kaputt, zudem war ich traurig nach der Verabschiedung von Gabriella. Die Luft an diesem Morgen war mild und klar, die Sonne warf erste Schattenmuster, eine leichte Brise strich gelegentlich über mich weg und ich konnte mich endlich wieder an einzelnen Baumgruppen erfreuen, die das Einerlei der Getreidefelder unterbrachen. Nur ich passte nicht zu diesen traumhaften Bedingungen. Ich schlich den Weg entlang, ständig wurde ich von anderen Pilgern überholt, mein ganzer Körper stand unter Anspannung. Körperlich wie mental befand ich mich im Ausnahmezustand. In meinem Kopf schwirrte ständig das Wort »aufgeben« herum und versetzte mich in Panik. Ich wollte nicht aufgeben! Nach über einer Stunde kam ich in San Nicolás del Real Camin an und machte meine obligatorische Frühstückspause, nur blieb ich diesmal nicht auf einen café con leche, sondern genehmigte mir gleich zwei. Bei mir hatten Bernhard und zwei weitere Pilger, die ich nicht kannte, Platz genommen. Anscheinend sah man mir meine Gemütsverfassung an, denn sie fragten, was denn mit mir los sei. Diese Frage öffnete alle Staudämme dieser Welt bei mir und ich konnte vor lauter Schluchzen keine Antwort geben. Je mehr ich mich bemühte, meinen Tränen Einhalt zu gebieten, desto weniger bekam ich sie in den Griff. Ganz langsam dämmerte es mir, dass ich an einem anderen Punkt der körperlichen Erschöpfung angelangt war als bisher. Bernhard und die beiden anderen versuchten, mich aufzumuntern und zu trösten. Klaus schenkte mir sogar seine entzündungshemmende Muskelsalbe, die ich sofort auftrug. Als die drei weg waren, saß ich in meinem Stuhl und dachte unentwegt: Aufgeben oder weiterlaufen, auf die Signale des Körpers hören oder wieder einmal gegen alle Vernunft meinen Willen durchsetzen, aufgeben oder weiterlaufen? Ich entschied mich für Letzteres und schulterte erneut meinen Rucksack. Meine Entscheidung rechtfertigte ich vor mir selbst damit, dass ich in San Nicolás auf keinen Fall bleiben könne, da es im Dorf bestimmt keinen Arzt geben würde. Den ich aber sicherlich im sieben Kilometer entfernten Sahagún mit seinen fast 3000 Einwohnern finden würde. Bis dahin würde ich es auf jeden Fall schaffen. Meine Eigenmotivation war unglaublich, nur leider völlig fehl am Platz. Es waren endlose sieben Kilometer, mittlerweile zog ich mein Bein schon hinter mir her. Jedes Mal, wenn ich andere Pilger hinter mir hörte, riss ich mich zusammen und versuchte normal zu laufen, um keine mitleidigen Blicke oder sogar Hilfsangebote zu ernten. Ich wollte nicht schon wieder vor anderen in Tränen ausbrechen. In den eineinhalb Stunden bis Sahagún waren in meinem Kopf entweder völlige Leere oder eine Gemengelage von Satzfetzen. »Ja, nein, was dann, was nur, ja, weitergehen, nein, nein, vernünftig sein, aufhören, auf keinen Fall, ich will nach Santiago, nach Hause fahren, bist du bescheuert, jetzt aufgeben, kommt nicht in Frage, aber mein Bein, Scheißbein, komm, geht noch, schaffst du, ich kann nicht mehr, ich will nicht mehr, doch, weiter, neeiiiin, jjjaaaa, neeiiiin, jjaaaaa.« Es war eine einzige Quälerei, nicht nur für meinen Körper, auch für meinen Geist.

Endlich dann die Stadt. Ich traute meinen Augen nicht, nach ungefähr 500 Metern sah ich auf einmal auf der linken Seite hinter einem Zaun und Gleisen gelegen den Bahnhof von Sahagún. In keiner der bisherigen Städte waren mir die Bahnhöfe aufgefallen, doch jetzt schien er mir zu sagen: »Komm, Sabine.« Auf einmal wusste ich, was für mich jetzt das einzig Richtige war. Mein Entschluss stand fest. Ich würde mit dem Zug nach León fahren, dort zum Arzt gehen und wenn ich pausieren müsste, würde ich in dieser schönen Stadt auf jeden Fall besser aufgehoben sein als in Sahagún. Der Bahnhof an dieser Stelle war eindeutig ein Zeichen für mich gewesen. Doch zunächst wanderte ich weiter in die Stadt, da war nämlich ein kleines Teufelchen in meinem Nacken, das flüsterte mir zu: »Du willst einfach 55 Kilometer mit dem Zug fahren? Ein richtiger Pilger macht das nicht. Du wolltest doch die ganze Strecke laufen und nicht den bequemen Weg gehen. Wenn du schon Pause machen willst, bleib wenigstens hier.« Die Herberge war in einer ehemaligen Kirche untergebracht und lag nicht weit vom Bahnhof entfernt, anschauen konnte ich sie mir ja mal. Sie war geschlossen und sollte erst wieder um zwölf Uhr öffnen. Aus einer Kirche nebenan hörte ich auf einmal Orgelmusik, die Tür dort stand offen. Dorthin lenkte ich nun meine Schritte und nahm einfach an der Messe, die bereits längst angefangen hatte, teil. Ich war noch rechtzeitig zur Kommunion gekommen. Ich kam durch die gewohnten Rituale endlich zur Ruhe, auch mein »Teufelchen« ließ mich nun in Frieden. Trotzdem machte ich mich auch nach dem Ende des Gottesdienstes nicht in Richtung Bahnhof auf, sondern kehrte erst einmal wieder in einer Bar ein. Ich saß ein wenig in der Sonne, zog meinen Schuh aus, legte mein Bein hoch und versuchte weiterhin eine gute Balance in meinem Inneren zu finden. Zwei Belgierinnen, die ebenfalls im vorherigen Refugio übernachtet hatten, waren auch eingekehrt und befanden sich schon wieder im Aufbruch. Sie erkundigten sich nach mir und wie in San Nicolás kullerten sofort die Tränen über mein Gesicht. Sobald ich Zuwendung erfuhr, war es um meine Beherrschung geschehen. Im gleichen Moment tauchte auch noch Rudi auf. Warum musste er immer aufkreuzen, wenn ich wie ein Häufchen Elend nicht mehr weiter konnte? Zu allem Überfluss meinte er: »Du musst langsamer gehen, du bist viel zu schnell unterwegs. Das musst du wohl noch lernen.« Ich hätte ihn erwürgen können. Die Belgierinnen redeten mir gut zu, ich solle auf jeden Fall das Bein schonen und eine Pause einlegen. Mit guten Wünschen verabschiedeten sie sich. Ich rang immer noch mit mir, so richtig entschlossen war ich nicht. Beim Bezahlen nur einige Minuten später fragte ich die Kellnerin, ob sie wüsste, wann und wie oft die Züge nach León fahren würden. Mein Unterbewusstsein hatte scheinbar die Führung übernommen. Sie antwortete: »Ich bin mir nicht sicher, wie oft die Züge fahren, aber in 20 Minuten fährt ganz sicher der nächste Zug. Wenn sie sich beeilen, schaffen sie ihn noch.« Ich überlegte gar nicht länger, auf einmal handelte ich nur noch. In Windeseile war mein Rucksack geschultert und ich trabte mit zusammengebissenen Zähnen Richtung Bahnhof. Als ich dort ankam, traute ich meinen Augen kaum. Gabriella stand auf dem Bahnsteig! Wir umarmten uns und freuten uns über unser schnelles Wiedersehen, auch wenn die Umstände nicht so angenehm waren. Gabriella erzählte mir mit traurigem Blick: »Heute Morgen habe ich versucht meine Schuhe anzuziehen, dabei habe ich mich so zusammennehmen müssen. Ich fahre jetzt besser nach Hause, nächstes Jahr werde ich dann zurückkehren, um den Weg fortzusetzen. Alles andere wäre unvernünftig.« Dann strahlte sie mich an und meinte: »Ich habe mir aber vorhin auf dem Weg hierher im Taxi gewünscht, dass du mit mir nach León fährst und jetzt bist du da!« Ich entgegnete ihr, dass ich mir am Morgen gewünscht hatte, sie wiederzusehen, dass es so schnell in Erfüllung gehen würde, hätte ich nie im Leben gedacht. Wir beide waren uns darüber einig, dass jemand seine Finger im Spiel gehabt haben musste. Es war Gottes Wille und wieder einmal bekam ich den Beweis, dass ich durch das Loslassen des einen etwas anderes geschenkt bekam. Gabriella und ich waren nicht die Einzigen, die am Bahnhof auf den Zug nach León warteten. Ein älterer Herr, den ich schon oft gesehen hatte, weil er zu den Franzosen gehörte und häufig mit Jacques, dem Unglücksraben vom ersten Tag, zusammen war. Auch sie waren gestern wieder in der Herberge. Zu meinem Erstaunen konnte er Deutsch, da er aus dem Elsass stammte. Er hatte schon seit Tagen Probleme mit seiner Wade und wollte genau wie wir in León zum Arzt. Er schloss sich unserem »Versehrten-Express« an. Im Zug saßen wir allerdings getrennt, er war brechend voll. Die Dreiviertelstunde, die der Zug benötigte, verging auf der einen Seite schnell, auf der anderen Seite war genug Zeit, um mich wieder mit Gedanken zu quälen. Ich haderte immer noch ein wenig mit meinem Entschluss, wobei es ja eigentlich gar keine freie Entscheidung mehr für mich gewesen war. Mein Körper hatte gestreikt und auf ganzer Linie gesiegt, mein Instinkt hatte dabei über meinen Willen triumphiert.

Wir fuhren durch sehr karge Landschaften und von Zeit zu Zeit konnte ich in der Ferne Pilger wahrnehmen. Ich schaute und schaute. Zwei Tage Wandern, die ich nun verpassen sollte, versuchte ich in diese schnell dahingehenden Minuten zu erfassen. Was hätte ich erlebt in diesen Tagen? Was hätte ich gesehen? Wem wäre ich begegnet? Diese Fragen machten mir bewusst, dass ich hier unter diesen Umständen Gabriella und Henri begegnet war und ich diese Zugreise als Geschenk annehmen sollte. Je näher wir unserem Ziel kamen und die Kilometer nur so dahinschwanden, desto klarer wurde mir, welche Leistung wir Pilger jeden Tag erbrachten, wie viel Zeit wir uns schenkten, was wir alles sehen und erleben durften in unserer Langsamkeit. Hier im Zug ging es darum, schnell von A nach B zu kommen, auf dem Pilgerweg hingegen darum, das Leben zu entschleunigen. Langsam zu sein, dann und wann innezuhalten, sich Schritt für Schritt mehr Gelassenheit und Ruhe zu erobern. Hatte ich das bereits erreicht? Nein. Immer mal wieder, aber nicht oft genug und schon gar nicht kontinuierlich. Ich war immer noch im Aufbruch, nach wie vor schleppte ich alte Gewohnheiten und Verhaltensweisen mit mir herum. Wann würde ich den Weg finden, der mich zur Ruhe kommen lassen sollte? Wann würde ich meinen ganz eigenen Weg finden?

Der Bahnhof in León war ziemlich weit weg von der Herberge, die mitten im Zentrum lag. Wäre ich alleine gewesen, hätte ich mir ein Taxi genommen, doch in Gegenwart von Gabriella und Henri traute ich mich nicht. Ich vermutete zwar, dass es ihnen umgekehrt genauso ging, aber als Jüngste wollte ich mir keine Blöße geben. Also schleppten wir uns dahin, dazu kam, dass wir am Anfang weder einen gelben Pfeil, noch ein Muschelzeichen fanden. Wir fragten uns durch, aber unsere Spanischkenntnisse bescherten uns den einen oder anderen Umweg. Irgendwann nach über einer halben Stunde standen wir vor der Herberge Albuerge de las Carbajalas, die von Benediktinerinnen geführt wird

In Léon: Eine goldene Muschel im Asphalt als Wegzeichen

und an das Kloster angrenzt. Durch ein großes, altes Holztor kommt man in einen schattigen, überdachten Innenhof, am anderen Ende steht einladend ein großer Tisch. Dort hatten schon zahlreiche Pilger Platz genommen oder standen in kleinen Gruppen herum. Es waren so viele darunter, die ich lange nicht gesehen hatte und unter normalen Umständen nicht wiedergetroffen hätte. Welch eine Freude, auch für Gabriella, denn die netten Italiener waren ebenfalls dabei: Walter und Mirella, die wir zu Anfang für ein Ehepaar gehalten hatten, die drei feschen Polizisten und Loredana mit der tiefen Stimme. Steffi, die kleine Schweizerin, Michaela aus Rumänien und viele bekannte Spanier hießen uns willkommen. Nachdem sie von unseren Blessuren erfahren hatten, wurden wir mit guten Ratschlägen überhäuft und natürlich auch kräftig bemitleidet. Es war Balsam für unsere Seelen, gleichzeitig meldete sich aber die alte Pilgerscham wieder. Immer diese widerstreitenden Gefühlswelten!

Die Unterkunft war strikt nach Geschlechtern getrennt, einzig Ehepaare durften in einem Raum zusammenschlafen. Ansonsten schliefen die Frauen im Untergeschoss, die Männer im ersten Stock. Alles war einfach und sehr sauber. Der Schlafsaal war sehr voll und nur noch wenige Betten waren frei.

Nach einem schnellen Mittagessen im Schatten der Kathedrale gingen Gabriella und ich zu einem Krankenhaus, dessen Adresse wir von den Schwestern bekommen hatten. Es war wesentlich näher als die Alternative, von der es hieß, dort würden Pilger kostenlos behandelt werden. Dort angekommen eröffnete mir Gabriella, dass sie sich nicht untersuchen lassen würde: »Ich fahre nach Hause, daran besteht für mich kein Zweifel mehr. Es reicht, wenn die Ärzte dort an meinen Wunden herumdoktern.« »Warum bist du mitgekommen?«, fragte ich sie. »Ich wollte sichergehen, dass du dich untersuchen lässt und du vernünftig bist«, war ihre schlichte Antwort. Ihre Fürsorge rührte mich, ich drückte fest ihre Hand. Wenig später verließen wir das Krankenhaus, ich war vom rechten Knie an abwärts in strahlendem Weiß bandagiert, nur meine Zehen schauten munter heraus. Die Ärztin hatte mir in einem leidlichen Englisch erklärt, dass meine Fibrillen innerhalb des Muskels durchtrennt seien und so der Muskel nicht mehr ausreichend versorgt wäre. Nur Ruhe und Schonung würden Abhilfe leisten. Auf meine Frage, wann ich wieder on Tour gehen könne, hatte sie erwidert, dass es nur von meiner Disziplin hinsichtlich der Schonung abhängen würde. Nach drei Tagen dürfe ich zur Kontrolle wiederkommen und dann würde man weitersehen. Ich erhielt einen neuen Termin am Montag, dem 12. Juni, um 9 Uhr.

Ich traf die Entscheidung, diese Situation von ganzem Herzen anzunehmen und die positiven Seiten daran zu sehen. Ich war mir sicher, viele Pilger wiederzusehen, alleine das war es schon wert! Außerdem war ich in Léon! Laut Reiseführer einer der einladendsten Orte am Camino francés und letzter kultureller Höhepunkt vor Santiago. Trotz meines Handicaps würde ich sicherlich einen Eindruck von der Stadt gewinnen können.

**19. und 20. Pilgertag, Samstag und Sonntag, 10. – 11. Juni 2006
Léon**

Die Spanier feiern einfach gern, machen dabei die Nacht zum Tag und halten sich aufgrund des schönen Wetters am liebsten draußen auf den Plätzen ihrer Stadt auf. Vor dem Fenster des Schlafsaals hatte die ganze Nacht das pralle Leben getobt: Vespas fuhren über das Kopfsteinpflaster, Musik ertönte quer über den Platz bis zu unserem Fenster, Gläser klirrten und gingen zu Bruch sowie lautes Lachen und angeregte Gespräche klangen zu uns herüber. Nach der Pilgermesse im Konvent des Klosters, die leider wenig emotional und sehr sachlich ablief, war pünktlich um 22.30 Uhr das Tor zur Herberge abgeschlossen worden. Die müden Pilger sollen schließlich ihr Haupt zur Ruhe betten. Gebettet haben wir unsere Häupter, ruhen war allerdings nur bedingt möglich. Die folgende Nacht sollte genauso wie die vorherige werden, es war Wochenende!

Der Damenschlafsaal im Keller der Klosterherberge in Léon

Gabriella und ich waren schon am Abend der Ankunft in einen anderen Schlafsaal gezogen, anscheinend wurden dort die Pilgerinnen, die aufgrund ihrer Blessuren zu einem längeren Aufenthalt gezwungen waren, untergebracht. Er war genauso groß wie der andere und von den 15 bis 20 Stockbetten waren vielleicht sechs besetzt. Am nächsten Morgen bekamen wir deshalb von der Hektik des morgendlichen Aufbruchs nichts mit.

Ein erstes Geschenk in meiner unglücklichen Situation hatte ich bereits am Tag vorher erhalten: Steffi hatte den Entschluss gefasst, einen Tag wanderfrei zu machen. Sie war seit Genf ohne Unterbrechung gelaufen. Sie wollte sich Ruhe gönnen, Léon näher kennen lernen und mir Gesellschaft leisten. Ich fand das wunderbar, weil Gabriella mit der Organisation ihrer Rückreise beschäftigt sein würde und ich so in meinem »Elend« jemand anderen an meiner Seite hatte.

Auf dem Weg zum Stadtkern an diesem frühen Morgen wurden wir – Gabriella, Steffi und ich sowie Karin aus München, die sich uns angeschlossen hatte – noch einmal mit den Folgen der Nacht konfrontiert. Überall lagen Zigarettenkippen, Papierservietten, Pappteller und -becher, zerbrochenes Glas und weiterer Unrat. Müllmänner waren damit beschäftigt, den ganzen Dreck mit Wasser wegzuspritzen und zusammenzubringen, um dann einen großen Haufen zu beseitigen. Die kleineren Müllmengen verschwanden in der Kanalisation. Unmengen von Wasser wurden dabei verwendet. Die Straßen waren danach blitzsauber, aber in mir regte sich Unmut. Hier wurde Wasser sinnlos verschwendet, nur um die Bequemlichkeit und Gedankenlosigkeit von Menschen zu unterstützen. Warum können Spanier nicht wie andere auch ihren Abfall in Mülltonnen entsorgen? Man muss den Müll doch nicht stumpf fallen lassen. Wo bleibt die Verantwortung für unsere Erde? Wenn jeder einfach alles so an Ort und Stelle liegen lassen kann, wird nicht gerade das Gefühl dafür gefördert, wie Müll vermieden werden kann. Ich war entsetzt. Dieses Phänomen wiederholte sich am Wochenende in jeder größeren Stadt, in den Tapas-Bars war dies ebenfalls an der Tagesordnung.

Wir und die Müllmänner schienen die einzigen wachen Menschen in der Stadt zu sein. Die Suche nach einer geöffneten Bar, um zu frühstücken, gestaltete sich schwierig. Erst am Plaza Santo Domingo wurden wir fündig. Diese Bar sollte am nächsten Morgen noch etwas Besonderes für mich bereithalten.

Der restliche Tag war gespickt mit vielen wundervollen Erlebnissen. Ich war wirklich brav: Gemäß der ärztlichen Verordnung versuchte ich wenig zu laufen und zu stehen, legte bei jeder Gelegenheit das Bein hoch und verzichtete auf Sightseeingtouren. Es war trotzdem nicht langweilig, im Gegenteil, ich hatte den ganzen Tag sehr viel Spaß. Auf der Plaza Mayor, die durch die barocke Fassade des alten Rathauses und den anderen Altbauten ringsherum einen morbid-schönen Charme ausstrahlte, fand ein Wochenmarkt statt. Hier machte ich eine Ausnahme: Steffi und ich – Gabriella und Karin hatten andere Pläne – schlenderten von Stand zu Stand, wobei ich mehr humpelte als schlenderte. Wir konnten uns an den vielen Farben der unterschiedlichen Lebensmittel nicht sattsehen. Ebenso überwältigte uns der Duft des Gemüses und der Obstsorten. Waren wir für diese Düfte und Farben deshalb so sensibel und wahrnehmungsbereit, weil das Wandern unsere Sinne geschärft hatte? Zu Hause in Münster gibt es meiner Meinung nach einen der schönsten Märkte Deutschlands, aber so intensiv hatte ich das Drumherum noch nie erlebt. Eine Marktfrau begeisterte uns am meisten. Sie hatte einen Stand mit

Der Wochenmarkt auf der Plaza Mayor in Léon

Kirschen und Kartoffeln, ihre Haare hatten das gleiche Rot wie die Kirschen. Zufall oder bewusste Verkaufsstrategie? Egal, es war faszinierend und sprach uns so an, dass wir ein Pfund dieser köstlichen Kirschen kaufen mussten. Daneben versorgten wir uns mit Salat, Tomaten, Zwiebeln, Möhren, Gurken sowie Öl und Essig, um uns am Mittag mit einem schmackhaften Essen zu beschenken. Würziger Käse, Serranoschinken und frisch gebackenes Brot rundeten unsere spätere Mahlzeit ab. Sechs Euro hatten mich die Einkäufe nur gekostet. Grundnahrungsmittel sind in Spanien anscheinend wesentlich preiswerter als bei uns.

Am Kirschstand – rote Kirschen, rote Haare

Vor der Herberge hatte sich bereits wieder eine kleine Schlange von neu angekommenen Pilgern gebildet, die nach und nach immer länger wurde. Die Nonnen und die Hospitaleras halten das mächtige Tor bis elf Uhr verschlossen, um die Herberge zu reinigen und ein wenig Ruhe zu haben. Ich hatte mich schon vorher gefragt, welche vertrauten Gesichter ich wiedersehen würde und nun standen so viele Bekannte in Reih und Glied hintereinander: Erni und Toni, das Salzburger Ehepaar; Fernando und Antonia, die mit Gu die Sardinen gegrillt hatten; Bernhard mit der Pfeife, Paul aus Holland, mit dem ich seit Hontanas immer wieder ein paar Worte gewechselt hatte und meine Schweden Malin und Michael. Sie blieben nicht in der Herberge, sondern bevorzugten für diese Nacht ein Hostal. Daher verabredeten wir uns für den frühen Abend. Es war ein großes Hallo, wie freute ich mich! Wieder einmal erkannte ich, wie wichtig mir die Begegnungen mit den Menschen auf dem Weg waren. Sich mit ihnen zu beschäftigen, an ihren Geschichten teilzuhaben, ihre Unterschiedlichkeiten wahrzunehmen, die vielen verschiedenen Lebenserfahrungen auf sich wirken zu lassen und mit ihnen anregende Gespräche und Diskussionen zu führen, das alles war zusätzliches Salz in der Suppe, die Camino hieß. Im Innenhof in der Sonne sitzend, gemeinsam mit Gabriella und Steffi, verlief der Nachmittag kurzweilig und erlebnisreich. Steffi konnte ich mit einer ausgiebigen Kopfmassage überdies noch glücklich machen. Sie genoss es sichtlich. »Wenn man so lange allein unterwegs ist, vermisst man die Streicheleinheiten, den

Trotz lädiertem Bein kann ich noch lachen ...

Steffi macht einen Tag Pause und vertreibt sich mit mir die Zeit

körperlichen Kontakt mit anderen Menschen doch sehr«, war ihr Kommentar.

Einer fehlte mir, Hans-Jakob. Ich war davon ausgegangen, dass er an diesem Tag in León ankommen und als katholischer Theologe sicherlich in unserer Herberge übernachten würde. Irgendwann spazierte er tatsächlich durch das riesige Tor und wir freuten uns beide sehr über das Wiedersehen. Ich sagte ihm, dass ich es mir gewünscht hätte, dass er kommt und er entgegnete: »Wenn ich ehrlich bin, ich auch.« Wie allen anderen musste ich ihm über mein Bein Auskunft geben, es war ja durch die Bandage auch zu offensichtlich. Hatte ich bisher schon wenige Probleme gehabt, mit meinen Mitpilgern in Kontakt zu gelangen, so schien der Verband nun die reinste Einladung zu sein, um mit mir ins Gespräch zu kommen. Offen gestanden dienen solche Blessuren und sonstige Verletzungen den Pilgern nicht selten dazu, sich zu beweisen, wie hart und entbehrungsreich doch der Pilgeralltag ist. Diese Geschichten unterwegs wie auch später zu Hause zu erzählen, unterstreicht, dass es nicht selbstverständlich ist, so viele Kilometer zu bewältigen.

Der Abend mit Malin und Michael war kurzweilig wie immer, aber auch wehmütig. Wir beobachteten das Treiben in der Altstadt, in der es wieder laut und bunt zuging. Viele festlich gekleidete Menschen flanierten vor der Catedral de Santa María de la Regla, darunter Familien, die gerade vom gemeinsamen Gottesdienstbesuch kamen, sowie zwei Hochzeitsgesellschaften, die sich für ein Erinnerungsfoto vor der beeindruckenden Fassade der Kathedrale versammelten. Daneben unterhielten wir uns lebhaft, mal lachten wir ausgelassen, mal sprachen wir ernst über das, was uns im Alltag wieder erwarten würde, was wir vielleicht oder ganz sicher ändern wollten, welche Hoffnungen wir hatten. Sie wussten vom Wunsch, meinem uralten Kindheitstraum, ein Buch zu schreiben. Ihnen hatte ich von meiner Leidenschaft, Worte in Sätze zu verwandeln, Sätze mit Sinn und Schönheit zu formulieren, erzählt. Ihnen hatte ich auch anvertraut, dass ich vielleicht zukünftig Menschen und ihre inneren Bedürfnisse in den Vordergrund meiner Arbeit stellen wollte. Es war klar, dass ich mich nicht länger wirtschaftlichen Sachzwängen und Vernunftgründen unterwerfen wollte, auch wenn mir klar war, dass ein Wirtschaftsunternehmen diesen unterliegt. Es war zwar noch nicht deutlich, wie ich das erreichen würde, aber die Idee, mich um die »weichen« Themen, den sogenannten Non-Profit-Themen, in einem Unternehmen zu kümmern, ließ mich schon die ganze Zeit während des Wanderns nicht los. Wir tauschten uns über die Höhen und Tiefen unseres Privatlebens aus. Ihnen hatte ich sehr freimütig von meinen gescheiterten Beziehungen, auch von meiner Ehe, berichtet. Durch die Beschreibungen der Männer in meinem bisherigen Leben und des Zusammenlebens mit ihnen, der wunderbaren wie auch weniger schönen Erlebnissen und der darauf folgenden Frage von Malin und Michael, ob ich irgendwen oder irgendetwas bereuen würde, wurde mir bewusst, wie gut ich meine Vergangenheit annehmen konnte. Natürlich spürte ich an manchen Stellen meiner Erzählungen noch Traurigkeit oder Verletzung, aber da war immer auch ganz viel Dankbarkeit. Denn durch diese Erfahrungen hatte ich mich weiterentwickelt. An diesen Herausforderungen war ich gewachsen. Nein, den Wunsch »wäre mein Leben doch anders verlaufen«, den hatte ich nicht. Es war vertraut zwischen uns, unsere gemeinsame Zeit auf dem Camino neigte sich dem Ende zu. Wir drei wussten, dass dies unwiderruflich der letzte gemeinsame Abend sein sollte. Malin musste spätestens am 21. Juni in Santiago ankommen, da sie rechtzeitig in Stockholm sein musste, sie hatte tatsächlich die Stelle fest in Aussicht. Ich war mindestens noch einen weiteren Tag in León und die beiden hatten ihr Tagespensum mittlerweile auf durchschnittlich 35 Kilometer hochgeschraubt, da wollte und konnte ich definitiv nicht mithalten. Wenn ich meine liebsten und wichtigsten Gefährten des Jakobsweges aufzählen sollte, gehören meine »Wikingerfreunde« ganz sicherlich dazu. Ich schätzte sie, weil sie einen unvergleichlichen Humor hatten, mir gegenüber offen und ehrlich waren und ich mich in ihrer Gegenwart sehr jung und sehr frei gefühlt habe. Sie strahlten einen gewissen Freiheits- und Unabhängigkeitsdrang aus, der auf gewisse Weise auch in mir ist, und beide umgab ein Hauch von

Rock'n'Roll. Auch sie fühlten sich offensichtlich wohl mit mir, denn Malin schrieb mir später »You made my pilgrimage much better.« Wir verabschiedeten uns, nicht ohne das gegenseitige Versprechen, uns irgendwann einmal wiederzusehen. Mit ihnen habe ich heute keinen Mailkontakt, aber ich bin mir sicher, irgendwo, irgendwann werden wir uns erneut begegnen.

Traurig ging ich zur Herberge zurück. Prompt wurde ich aber wieder aufgemuntert, denn Paul, der mit Bernhard im Innenhof saß, verschaffte mir meine erste Begegnung mit Reiki. Er behandelte mein Bein mit dieser Heilmethode und tatsächlich hatte ich den Eindruck, dass es unterstützend wirkte. Kurze Zeit darauf plauschten Steffi und ich noch ein wenig im Bett und teilten uns dabei ein Gutenachtbier. Zähneputzen sparten wir uns.

Am anderen Morgen hieß es aufs Neue Abschied nehmen. Steffi wanderte weiter und Gabriella fuhr an diesem Tag nach Hause. Steffi und ich umarmten uns lange und innig. Diese junge, fröhliche, mutige Frau war mir wie eine kleine Schwester an mein Herz gewachsen. Wir versprachen uns in Verbindung zu bleiben, vielleicht klappte es über den uralten Nachrichtenweg, den es auf dem Camino gab. Man hinterließ einfach einen handgeschriebenen Zettel mit der entsprechenden Botschaft auf einem Pilgergrenzstein oder an einem anderen Pilgerhinweisschild und beschwerte das Ganze mit einem Stein. Dadurch, dass jeder diese Zettel lesen konnte, erhöhte sich die Wahrscheinlichkeit, dass die Nachricht den Empfänger erreichen konnte. Es war ein Tabu eine Info mitzunehmen, aber sie mündlich weiterzutragen war absolut in Ordnung. Ich habe eigentlich nur die Camino-Nachrichten gelesen, deren Inhalt offenkundig zu sehen war, bei denen der Adressat und die Nachricht auf einem Blatt standen, manche enthielten Zeichnungen oder waren sogar Liebeserklärungen. Die Nachrichten, die wie Briefe verpackt waren, habe ich nie gelesen, sie waren für mich tabu. Es erinnerte mich zu sehr an das zu wahrende Briefgeheimnis. Niemand anderes als der Adressat hatte sie zu lesen, signalisierten diese Botschaften und daran hielt ich mich.

Sehen würde ich Steffi sicher nicht mehr, denn sie gehörte zu den Pilgern, die jeden Tag mühelos zwischen 30 und 40 Kilometern schaffen konnten. Es sollte aber ganz anders kommen, Steffi sorgte später für eine meiner größten Überraschungen auf dem Weg.

Gabriella und ich konnten noch zusammen frühstücken, bevor sie ihren Zug nehmen musste. Wieder fanden wir uns in der kleinen Bar vom vorherigen Tag ein. Gabriella war zu einer lieben Freundin geworden. Ihre Fürsorge und Mütterlichkeit auf der einen Seite und ihre Unabhängigkeit, Neugier und Jugendlichkeit auf der anderen Seite sind eine tolle Mischung.

Abschiednehmen von Gabriella – wir sehen uns wieder, ganz sicher

Solche Menschen in ihrem Alter sind für mich Vorbild, wie ich mit dem Älterwerden umgehen möchte. Offen zu bleiben, zu schätzen, was lieb geworden ist, ohne eingefahren zu sein. Bereit zu sein, jederzeit noch etwas Neues dazuzulernen, aber auch andere von den eigenen Erfahrungen profitieren lassen zu wollen. Gabriella respektiert jüngere Menschen, das macht sie zusätzlich so liebenswert. Wir wollten auch nach unserer Rückkehr über E-Mail in Kontakt bleiben, was wir bis heute auch tun. Gabriella ist tatsächlich ein Jahr später von Neuem auf dem Camino unterwegs gewesen, von León bis nach Finisterre!

Ich ging nicht mit hinaus, als Gabriella gehen musste, sondern blieb sitzen, um in meinem Tagebuch die letzten Ereignisse niederzuschreiben. Eine Frau, die vielleicht fünf Jahre älter als ich war, kam zur Tür herein und musterte mich intensiv, als ich aufschaute. Sie passierte mich, kehrte wieder zurück und obwohl noch sehr viele Tische frei waren, fragte sie mich auf Englisch, ob der kleine Tisch neben mir frei wäre, was er ganz offensichtlich war. Sie saß kaum, da sprach sie mich auch schon an: »Bist du Pilgerin? Was ist dir passiert?« Sie machte einen freundlichen Eindruck und eigentlich war ich froh, abgelenkt zu werden, denn der Abschied von Gabriella ging mir doch sehr nah, deshalb antwortete ich ihr wahrheitsgemäß. Myrna, so ihr Name, bohrte weiter nach: »Warum hast du nicht früher pausiert oder bist weniger gelaufen, du hast doch sicher schon vorher Schmerzen gehabt?« Ehe ich mich versah, war ich mitten in einem Gespräch über meine Verhaltensweisen, die innere Motivation, das, was mich antrieb, warum ich auf dem Jakobsweg war und was ich mir von meinem Pilgerdasein erhoffte. Ich war völlig erstaunt. Wie hatte diese Frau, die ich vor weniger als einer halben Stunde noch nie in meinem Leben gesehen hatte, es geschafft, mich so zum Reden zu bringen? Gut, ich war noch nie besonders verschlossen gewesen, aber das war auch für mich neu. Ihre Fragen waren wie Schleusentore, die geöffnet wurden. Sie brachten mich zum Nachdenken und in meinen Antworten reflektierte ich die vergangene Zeit. Myrna war aus Kanada und arbeitete dort als selbstständige Gesprächstherapeutin. Sie war ebenfalls als Pilgerin gekommen und nicht als normale Touristin. Sie wollte eine Antwort finden, warum die Einsamkeit in ihrem Leben eine so große Rolle spielte. Bei ihrer Arbeit war sie in Kontakt mit anderen Menschen, aber in ihrem privaten Umfeld war sie weitgehend kontaktlos. Ihre Antwort hatte sie bereits gefunden und sie begann, mir von ihrer bemerkenswerten Geschichte zu erzählen. Sie war in Burgos gestartet und hatte sehr schnell ein amerikanisches Paar kennen gelernt, mit dem sie sich gut verstand. Während der ersten Tage ließ sie ständig irgendetwas liegen, mal den Wanderstock, mal ihren Hut und jedes Mal sorgte das Paar dafür, dass sie es wiederbekam. Myrna war es zunehmend unangenehm, doch die Amerikaner fanden es selbstverständlich, sie im Blick zu haben und sich, um sie zu kümmern. Irgendwann meinten die beiden sogar zu ihr: »Myrna, wann lernst du endlich, Hilfe anzunehmen und dich darüber zu freuen, wenn andere dich im Blick haben?« Zu diesem Zeitpunkt habe sie noch nicht begriffen, welchen tieferen Sinn diese Frage für sie bereithielt. Bei Beginn ihrer Reise hatte sie bereits leichte Bauchschmerzen verspürt, die mit jedem Tag schlimmer geworden waren. In Sahagún wurden sie unerträglich und wieder waren die amerikanischen Freunde zur Stelle, die sie zum Arzt begleiteten. Mit einer akuten Blinddarmentzündung wurde sie dann auf schnellstem Weg nach León transportiert und sofort operiert. Myrna schilderte, wie mutterseelenallein sie sich gefühlt hatte. Weder in Sahagún noch in León sprachen die Ärzte so Englisch, dass sie überhaupt verstand, was mit ihr geschah. Sie konnte außer dem obligatorischen Pilgerspanisch kein weiteres Wort Spanisch, also musste sie allen blind vertrauen. Erst in León gab es eine junge Krankenschwester, die übersetzen konnte. Diese junge Frau kam nun täglich an ihr Bett, um sie aufzumuntern und ihr Mut zu zusprechen. Die Familienmitglieder der im Nachbarbett liegenden Frau bezogen Myrna bei all ihren Besuchen mit ein, ganz egal, ob sie wollte oder nicht. Mit Händen und Füßen redeten sie auf sie ein, brachten ihr auch kleine Geschenke mit und versuchten sie zum Lachen zu bringen. Nach einigen Tagen sollte Myrna entlassen werden, durfte aber nur auf eigenes Risiko sofort nach Hause fliegen, denn mit frisch operierter Narbe schien ein Überseeflug kritisch. Statt in ein Hotel gehen zu müssen, bot die Krankenschwester ihr an, bis zu ihrem Rückflug bei ihr und ihrer Familie zu wohnen. Myrna sagte, dass sie zunächst den Impuls gehabt habe, abzulehnen, doch im Krankenhaus und auch auf dem Weg zuvor habe sie etwas Wichtiges für sich realisiert. Ihr sei klar geworden, dass sie auch deshalb einsam gewesen sei, weil sie anderen Menschen gar keine Chance gelassen habe, Teil ihres Lebens zu werden oder zu sein. Hilfe oder Zuwendung anzunehmen, ohne dafür direkt eine Gegenleistung zu erbringen, sei bis dahin etwas vollkommen Fremdes für sie gewesen. Hier in Spanien konnte sie in ihrer Hilflosigkeit erleben, wie wunderbar es war, Hilfe, Zuwendung und letztendlich auch Zuneigung annehmen zu können. Myrna schloss ihre Erzählung mit einem Lächeln auf ihrem Gesicht und den Worten: »Ich wollte wissen, warum die Einsamkeit in meinem Leben war, jetzt weiß ich die Antwort und bin mir sicher, in Zukunft nie wieder einsam zu sein. Morgen fliege ich nach Hause, ich brauche nicht mehr an das Grab des heiligen Jakobus zu pilgern, Gott hat mir schon vorher das gegeben, was ich mir erhofft habe.« Ich hatte schon vorher wie gebannt zugehört, nun zog sich eine Gänsehaut über meinen Rükken. Auf meine Frage, warum sie mir ihre ganze Geschichte erzählt hatte, antwortete sie: »Du sahst so verletzlich aus, als ich hier hereinkam. Nicht wegen deinem Bein, sondern auf deinem Gesicht spiegelte sich etwas, was mich neugierig machte. Auch warst du auf meine Fragen hin offen und hattest keine Scheu etwas von dir preiszugeben.« Wir saßen noch eine Weile zusammen und redeten über meine privaten und noch wenig konkreten beruflichen Lebensziele. Myrna war eine interessante und interessierte Gesprächspartnerin, die Zeit verging wie im Flug. Als wir uns am Ende gegenseitig das Beste für unser Leben wünschten, meinte sie zu mir: »Finde heraus, wer du wirklich bist, Sabine. Denn nur wenn du weißt, wer du bist und dich auch mit allen deinen Facetten selbst lieben kannst, nur dann kannst du auch von anderen geliebt werden. Es ist ebenso eine Voraussetzung, wenn du andere Menschen begleiten willst.«

Sehr nachdenklich lief ich in Richtung Kathedrale. Mich beschäftigte die Frage, wieso ich mit Myrna zusammengetroffen war. Reiner Zufall oder Schicksalsfügung? War der Morgen mit ihr ein weiterer Mosaikstein im bunten Bild meines Lebens? Ich brauchte nun eine Atempause und hoffte in der Kirche Ruhe zu finden. Davor traf ich Elvira und Martin, das Paar aus dem Aschaffenburger Raum, wieder. Wir begrüßten uns herzlich und mit Blick auf mein bandagiertes Bein meinte Martin: »Wir haben uns schon gefragt, wo du abgeblieben bist.« Sie wollten ebenfalls in der Herberge der Benediktinerinnen nächtigen. Schön, dass ich den beiden abermals begegnete.

Als ich die Kathedrale betrat, verschlug es mir den Atem. Dieser prachtvolle, weitestgehend stilreine gotische Bau mit dem imposanten Turm-Doppel und den kunstvollen schmiedeeisernen

Die Kathedrale von Léon – beeindruckend schön

Gittern ringsherum gefiel mir schon von außen in besonderer Weise, jetzt war ich einfach nur überwältigt! Mehr als 1800 Quadratmeter Glasfensterpracht schimmerte im Inneren in vielerlei Farbtönen. Gerade brach sich die Morgensonne durch einige Fenster ihren Weg und tauchte den Innenraum der Kathedrale in überwiegend blaues Licht. Die beiden Rosettenfenster, die sich im Mittelportikus gegenüberlagen, waren besonders beeindruckend und schön. Dazu kamen die vielen Bildhauerarbeiten, innen wie außen, die durch liebevolle Details überzeugten. In einer Seitenkapelle begann gerade ein Sonntagsgottesdienst, der zu dieser relativ frühen Stunde nur wenig besucht war. Wie immer verstand ich fast nichts, aber der mir wohlvertraute Ritus band mich selbstverständlich ein. Es war sehr feierlich, ein einzelner Tenor begleitete die Messe. Sein Gesang hatte etwas Sphärisches und Tröstendes. Ich empfand ein Gefühl des Heimkehrens und des Willkommens. Meine Gedanken schweiften zwischendurch ab. Nochmals befasste ich mich mit den morgendlichen Begegnungen. Gerade hatte ich eine wunderbare Frau verabschiedet und schon traf ich eine andere Persönlichkeit. Woran lag es, dass ich so leicht mit Menschen in Kontakt kam? Waren die anderen neugierig auf mich oder nahmen sie mein Interesse an ihnen wahr? Oder war es im Fall von Myrna nur das gemeinsame verbindende Element der Krankheit gewesen, dass sie sich zu mir gesetzt hatte? Vielleicht war es auch die Summe aller Möglichkeiten. Meiner Meinung nach gibt es nicht nur die eine Wahrheit, die genau zutrifft. In meinem Kopf spukte außerdem noch die Frage: Was ist, wenn ich morgen nicht weiterlaufen darf? Die Situation so anzunehmen, wie sie kommt, fiel mir nach wie vor schwer. Ich schob den Gedanken daran ganz weit weg.

Den restlichen Tag wollte ich wie den vorherigen im Innenhof verbringen, mein Bein hochlegen, die Neuankömmlinge beobachten und viele gute Gespräche führen. Ich war gespannt, wer an diesem Tag eintreffen würde. Wie viele würde ich diesmal unter ihnen kennen? Es waren tatsächlich so viele, dass mir die Erklärungen zu meinem Verband irgendwann zum Hals heraushingen. Ich hatte schon Fusseln am Mund, obwohl es alle gut mit mir meinten. Sie waren besorgt und fürsorglich zu mir. Es war mir aber eben auch ein wenig peinlich, so im Mittelpunkt der Aufmerksamkeit zu stehen. Wie bereits erwähnt waren Martin und Elvira da, Elisabeth, die ältere Dame aus München, wie auch die zwei netten Belgierinnen. Die Franzosenclique von Henri, der mich im Zug hierher begleitet hatte und dem es schon viel besser ging, war ebenfalls eingetroffen. Die kleine, drahtige Patricia und ihr schnauzbärtiger Mann Michél waren auch darunter. Patricia humpelte stark, ihre beiden Füße waren blasenübersät und schienen entzündet. Sie lachte aber nur, wiegelte ab und meinte lapidar: »C' est la vie!« Michél schüttelte nur den Kopf. Zwischen den beiden schien die Harmonie offensichtlich immer mehr flöten zu gehen, je länger der Weg andauerte. Ein Schweizer Ehepaar, das mir schon oft aufgefallen war, lernte ich durch Martin im Innenhof etwas näher kennen. Sylvia und Peter sahen mindestens fünf Jahre jünger aus als sie waren. Es muss einfach an der guten Milch der Schweizer Kühe liegen. Ich hatte sie bisher immer ein wenig abweisend gefunden, aber mein erster Eindruck war eindeutig falsch. Sie waren nur ein wenig zurückhaltend mit Kontakten und genügten sich einfach selbst.

Nach 16 Uhr kam dann auch noch die kleine Ute in Begleitung von Norbert, einem Belgier, der bestimmt schon über 65 Jahre alt war, in den Innenhof spaziert. Wo war die große Ute abgeblieben? Sie waren doch sonst immer im Doppelpack. Wie ich erfuhr, hatten sie sich bereits vor anderthalb Tagen getrennt, weil die große Ute immer mehr wegen ihrer Blasen gehadert hatte und die kleine sich dadurch beeinträchtigt gefühlt hatte. Sie waren aber noch in SMS-Kontakt, deshalb wusste die Kleine zu berichten, dass die Große mittlerweile León per Zug ebenfalls erreicht hatte. Ich empfand diese Weggemeinschaft als genauso erstaunlich wie ungewöhnlich. Zwei sich vorher gänzlich unbekannte Menschen waren plötzlich wie ein eingeschworenes Team unterwegs. So viel Nähe, die auch sehr viel Rücksichtnahme verlangt, wäre ich nur bereit zuzulassen bei Personen, die mich auch in meinem alltäglichen Leben begleiten.

Ute und ich blieben den Rest des Tages zusammen. Ich begleitete sie in die Kathedrale, da ich unbedingt nochmals die grandiosen Fenster in ihrer Wirkung durch die Abendsonne sehen wollte. Dieses Mal waren sie ebenfalls eindrucksvoll, wenn auch ganz anders als am Morgen. Jetzt hatte ich den Eindruck, dass die roten Glaselemente stärker dominierten und die Kirche eher in ein mystischeres Licht tauchte. Bei meinem ersten Besuch hatte ich noch nicht registriert, dass die Kathedrale eine zusätzliche Besonderheit barg. In einer der vielen Seitenkapelle stand die Statue einer schwangeren Muttergottes, der Virgen de la Esperanza, der Jungfrau der Hoffnung. Worauf sich die Hoffnung bezieht, weiß ich allerdings nicht. Auf die »gute Hoffnung«, in der Maria ist, oder die Hoffnung, die man seit Jahrhunderten an sie heranträgt? Jedenfalls entschied ich mich dafür, meine größte Hoffnung als Gebet vor die Muttergottes zu bringen, vielleicht war es ein gutes Omen für mich. Mit meinen 41 Jahren hegte ich immer noch den Wunsch Mutter zu werden, irgendwann wie meine Schwestern und Freundinnen auch so ein kleines Bündel Mensch in den Armen zu halten. Wenn ich ehrlich zu mir selbst bin, war dies ein weiterer, wenn nicht einer der wichtigsten Gründe gewesen, mich auf den Pilgerweg zu begeben.

Am Abend hatten sich die beiden Ute mit drei Herren, die sie in Sahagún kennen gelernt hatten, verabredet. Norbert und ich begleiteten Ute zu dem Hostal, in dem die große Ute wie auch die Männer abgestiegen waren. Ich war neugierig, denn die drei sollten aus dem Münsterland kommen. Tatsächlich stammten Alfons, Rainer und Reiner, wieder ein Paar mit Namensgleichheit, aus dem idyllischen Billerbeck. Obwohl wir in einem grottenschlechten Restaurant landeten, hatten wir an diesem Abend sehr viel Spaß. Der trockene münsterländische Humor sowie das rollende »r« erinnerten mich an Zuhause.

Knapp drei Tage hatte ich nun in León verbracht. Wie ein vollgepackter Koffer waren sie angefüllt mit wunderbaren Erlebnissen, schönen und berührenden Begegnungen, vielen guten Unterredungen und entspannenden Plaudereien. Wir hatten viel gelacht und untereinander gefrotzelt. Daneben hatte ich auch Ruhe für meinen Körper und Muße für meinen Geist gefunden, ebenso hatte ich Zwiesprache mit mir selbst halten können. Die Tage waren leicht und unbeschwert. Gerne wollte ich am nächsten Morgen wieder losgehen, doch die anfängliche Unruhe darüber, ob dies möglich sei, hatte sich bei mir mehr und mehr gelegt. Der Camino besteht nicht nur aus Wandern und Laufen. Unterwegs sein, das ist man auf sehr verschiedene Weise. Die Suche nach dem eigenen Ich, ein Finden zu sich selbst, ein Sich-Öffnen, um auch die Fähigkeit zur Hingabe an die Mitmenschen zu entdecken, das hatte ich in den letzten Tagen sehr deutlich erfahren dürfen – nicht nur im Gehen, sondern auch im Bleiben und Ruhen.

21. und 22. Pilgertag, 12.–13. Juni 2006
León – Hospital de Órbigo – Astorga

Der Verband war ab! Mein Bein war komplett abgeschwollen, nur die Muskulatur war noch etwas hart. Ich musste dem Arzt zwar versprechen, mich keinem Gewaltmarsch auszusetzen, aber ich hatte die Erlaubnis weiterzupilgern. Bereits am Tag zuvor hatte ich den Entschluss gefasst, zunächst den Bus zu nehmen. Ich war sicher, nicht vor elf Uhr León verlassen zu können, so dass ich in der Mittagshitze hätte laufen müssen. Bei den Nonnen konnte ich auch nicht länger bleiben, denn nur wenn man krank war, durfte man länger als einen Tag bleiben. Nach Hospital de Órbigo waren es fast 37 Kilometer mit dem Bus, sodass ich am folgenden Tag nur bequeme 20 Kilometer nach Astorga hatte. Dieser Plan würde meinem Bein bestimmt guttun, ein Tag mehr der Schonung. Ich hatte Hospital de Órbigo und nicht einen der Orte davor ausgewählt, weil ich mir ausgerechnet hatte, dass ich so immer noch genügend Zeit haben würde, nach meiner Ankunft weiter nach Finisterre zu wandern. Von Anfang an wollte ich bis an den Atlantik laufen.

Die große Ute, die immer noch sehr angeschlagen war, schloss sich meinem Plan an. Ich hatte den Eindruck, dass sie nicht gern allein in León bleiben wollte. Einen Arzt hatte sie nicht aufgesucht, sondern verarztete sich lieber selbst. Die drei Münsterländer reisten ab in Richtung Heimat und mussten ebenfalls zum Busbahnhof. Ausnahmsweise leisteten wir uns ein Taxi, da die Station ein wenig außerhalb der Innenstadt lag. Dort angekommen war ich maßlos erstaunt, wie wenig wir für unser Busticket zahlten, ganze zwei Euro und fünf Cent! Während der Busfahrt erging es mir ähnlich wie auf der Zugfahrt, wieder fuhren wir eine Strecke in sehr, sehr kurzer Zeit, für die wir als Pilger zwei Tage benötigt hätten. Anders als im Zug fuhren wir diesmal zum Teil sehr nah an den Wanderern vorbei. Jedes Mal verspürte ich einen widersprüchlichen Impuls. Am liebsten hätte ich den Fahrer angehalten, um auszusteigen und mich anzuschließen, insbesondere wenn wir mir wohlvertraute Gesichter passierten. Andererseits hoffte ich, dass mich keiner hinter der vorbeiziehenden Glasscheibe erkannte; da war wieder das alte schlechte Gewissen.

In Hospital de Órbigo angekommen, quartierten wir uns in die erste von insgesamt drei Herbergen ein, die es dort gab. Ich schrieb in mein Tagebuch: »Die Herberge ist bisher die Schönste«; sie blieb es auch. Witzigerweise fand ich später auf einem Wegweiser zu den Herbergen auf dem Pilgerweg in der Stadt eine Visitenkarte der Albergue San Miguel, auf deren Rückseite mir Steffi eine Nachricht mit Grüßen und einer Empfehlung für San

Drei Herbergen zur Auswahl in Hospital de Órbigo

Miguel hinterlassen hatte. Zum ersten Mal hatte ich Camino-Post erhalten. Unsere Unterkunft war von privater Hand geführt, alles war sehr sauber. Im ganzen Haus waren Bilder verteilt, viele davon in Öl. Wie sich herausstellte, nutzten die Pilger zum Teil die Gelegenheit, am Nachmittag zu malen. Es gab eine Gemeinschaftsküche, die wie eine gemütliche Bauernküche gestaltet war. Im Innenhof war unter einem überdachten Patio ein riesiger Glastisch aufgebaut, davor war ein kleiner Rasen angelegt, bepflanzt mit einigen Blumen und einem Baum. Die Zimmer waren geräumig mit großen Betten, die auch den

Die für mich schönste Herberge auf dem Camino: Die Albergue San Miguel

unten Schlafenden Platz und Luft ließen. Die lustig rot karierten Matratzenbezüge, die quietschblauen Fenster und Türen sowie das freundlich-helle Holz der Betten heimelten an. Eine Jesusstatue in leuchtenden Farben, hoch oben in einer Ecke des Zimmers angebracht, wachte über unser Zimmer. Der Sanitärbereich war wie so oft nachträglich in Form von Kabinen installiert worden, eigentlich eine saubere und hygienische Regelung. Das ganze Haus zeigte viel natürliches Material, die Ziegelsteinwände waren nicht verputzt und bildeten einen schönen Kontrast zu dem vielen Holz der Decken und der übrigen Einrichtung. Darüber hinaus waren die Hospitaleras sehr zuvorkommend.

Den Tag verbrachten wir mit Faulenzen, einer mittäglichen Siesta, Erkundung der Stadt und Einkäufen. Wir nahmen eine

Der Schlafraum: Ein Pilgerparadies

leckere Brotzeit am Mittag zu uns und fassten den Entschluss, am Abend gemeinsam mit Gisela, die wir hier beide zum ersten Mal sahen, zu kochen. Gisela ist Ärztin irgendwo im Bayerischen, die sich auf Homöopathie und Traumpsychologie spezialisiert hat. Am Nachmittag musste sie natürlich unsere Träume deuten und analysieren. Ich wollte wissen, warum ich immer wieder davon träume, dass ich fliegen kann, indem ich mich mit Luft aufpumpe, so über allem schweben und jeden und jedes genauestens beobachten kann. Gisela meinte, dass Träume vom Fliegen die Motive der Freiheit oder des Abstands, aus der Ferne betrachten zu wollen, beinhalten können. Diese Kurzdiagnose fand ich spannend, beides sprach mich an.

...und hoch über uns wachte Jesus

Vor dem Kochen nutzte ich die Gelegenheit und ließ mich massieren. Ein mobiler Massageservice war in die Herberge gekommen und ein Termin war noch frei. Ich wurde mit einer herrlichen Rückenmassage verwöhnt. So daliegend gingen mir abermals die Pilger der früheren Jahrhunderte durch den Kopf. Sie hatten keinen Bus, der sie weitertransportierte, wenn sie Blessuren hatten, von einem mobilen Massageservice ganz zu schweigen. In den historischen Pilgerspitälern, den hospitales de peregrinos, wurden die Pilger der vergangenen Zeiten gepflegt und wieder aufgepäppelt. Das Wegenetz war um ein Vielfaches beschwerlicher als heute, in ihrer damaligen Kleidung waren sie der Witterung deutlich schutzloser ausgesetzt als wir und ich glaube nicht, dass sie in ihren dreckigen und zerlumpten Sachen je eine Mitfahrgelegenheit in einer Kutsche bekommen haben. Gab es zu der Zeit überhaupt schon Kutschen oder Ähnliches? Ihre Wunden und Schmerzen, verursacht durch das Pilgern, waren nicht mit einer Wohlfühlmassage zu beseitigen. Ihre Wunden wurden gesäubert und mit alten Hausmitteln desinfiziert. Würden wir Menschen von heute überhaupt noch die Fähigkeit besitzen, solche Strapazen zu meistern?

Die Küche war rappelvoll, als wir das Abendessen zubereiteten. Viele hatte ich auf dem Weg noch nie gesehen. Es ging laut und lustig zu. Die unterschiedlichsten Gerüche waberten durch den Raum. Jede Menge Knoblauch war zu identifizieren. Unser Essen war fürstlich, sehr vitaminreich und fleischlos, Gisela war Vegetarierin. Als Vorspeise gab es Salat, dann Gemüseratatouille und als Nachtisch Obstsalat und Schokolade. Ein Vino tinto rundete alles ab. Daniel, ein Schweizer mit brasilianischen Wurzeln, den Ute und ich das eine oder andere Mal bereits gesehen hatten, aß ebenfalls mit uns. Wir hatten eine lockere, ungezwungene und zufriedene Tischrunde. Von Daniel erfuhren wir, dass er schon in Rente war und bereits von der Schweiz aus unterwegs war. Gisela und er gehörten zu den schnellen Pilgern, Strecken von 30 bis 40 Kilometern am Tag waren für beide keine Seltenheit. Gisela war auch schon nachts gelaufen. Sie machte auf mich einen sehr naturverbundenen und unerschrockenen Eindruck. Zu Hause wartete eine große Familie auf sie. Eine Powerfrau!

Nach dem Essen musste ich noch einmal an die frische Luft. Mein Körper sehnte sich nach Bewegung. Die letzten Tage ohne die Anstrengung des Wanderns und das Draußen-Sein fehlten mir. Mit Gisela und Daniel machte ich noch einen ausgiebigen Spaziergang. Am Nachmittag hatte es kräftig gewittert, jetzt war die Luft frisch und klar. Wir liefen durch die kleine Stadt in Richtung der imposanten Brücke, die sich über den Río Órbigo spannte. Sie hat zwanzig Bögen und ist damit die längste Brücke am gesamten Jakobsweg. Der Fluss ist natürlich nicht so breit wie die gesamte Brücke, ein weitläufiges Feld wird ebenso überspannt. Dort waren vom letzten Wochenende noch die Zelte und Banner der alljährlich stattfindenden Mittelalterspiele aufgebaut. Sie werden veranstaltet in Erinnerung an den Paso honroso mit Ritterturnieren und Mittelaltermarkt. Der Paso honroso erinnert an den tapferen, wenn auch schon damals etwas unzeitgemäßen Lanzenkampf des Ritters Suero de Quiñones. Im Heiligen Jahr 1434 gelobte der Edelmann, 15 Tage vor und nach dem 25. Juli, dem Tag Santiagos, mit neun Gefährten gegen jeden über die Brücke kommenden Ritter zu kämpfen. Durch die edle Tat wollte er sich von der Halsfessel befreien, die er jeden Donnerstag als Zeichen seiner unglücklichen Liebe für eine Edeldame anlegte. Zahllose Ritter eilten in den Ort. Im damals überwiegend befriedeten Spanien waren die Gelegenheiten, sich im Kampf zu erproben, rar geworden. Don Suero und seine Freunde besiegten 166 Ritter, der junge Mann war damit von seiner Liebesfessel befreit. Es war seltsam sich vorzustellen, dass man an der gleichen Stelle stand wie einst diese Ritter. Ob zu der Zeit auch schon so viele Störche hier am Fluss nisteten und auf Froschfang gingen? Ob damals schon dieses Wäldchen stand, in dem die Bäume in Reih und Glied schnurgerade gepflanzt waren? Bestimmt nicht, sie sahen jünger aus als über 500 Jahre alte Bäume. Der von Menschenhand gepflanzten Ordnung hatten sie jedenfalls durch Einfluss von Wind und Wetter getrotzt. Sie standen völlig windschief in dieser Ebene und boten einen bizarren Anblick.

Vor dem Schlafgehen setzte ich mich nochmals zu Ute, die emotional sichtlich angeschlagen war. Sie musste wohl einen weiteren Tag pausieren. Es tat mir leid, obwohl mich ihr Hadern mit der Situation, ohne dass sie bereit war, für eine Verbesserung etwas zu tun, irgendwie nervte. Ich wünschte ihr sehr, dass sie ihren Traum verwirklichen und Santiago erreichen würde. Wenn nicht in diesem Jahr, vielleicht in einem anderen. Ute war umgeben von den drei netten Sachsen, ein Ehepaar und deren Freund, ein kleiner, etwas rundlicher, schon älterer Mann mit Namen

Gerd. Er hatte sich irgendwann auf dem Weg ein Fahrrad gekauft, weil er mit dem Laufen Probleme hatte und mit den beiden anderen – wesentlich jünger als er – nicht mithalten konnte, sie aber auch nicht ziehen lassen wollte. Nun fuhr er mit dem Fahrrad, eine Art Hollandrad, vor und war nicht länger müde und kaputt, sondern fröhlich und vergnügt. Er hatte seinem Fahrrad sogar einen Namen gegeben: Hulda! Die drei sächselten wie im Bilderbuch, es machte Spaß ihnen zuzuhören. Mein Freund Rudi war auch mal wieder zugegen, ebenso Klaus, der mir in San Nicolas die Salbe geschenkt hatte. Rudi hatte wieder zu allem und jedem etwas zu erzählen. Ich konnte ihn nur schwer ertragen, auch wenn ich mich ermahnte, da ich von ihm schon die eine oder andere Hilfe bekommen hatte. Woran lag es nur, an seiner Selbstgefälligkeit als erfahrener Pilger? An seinen nächtlichen Schnarchkonzerten? An seiner Schneidezahnlücke? An seinem Verhalten heute im Schlafraum? Er hatte einfach das Bett über ihm mit seinem Rucksack blockiert. Oder eventuell reserviert? Es blieb aber leer. War das Pilgersolidarität?

Der nächste Tag brachte mir eine neue Erfahrung. Bisher war ich nur mit Gu den Tag über unterwegs gewesen, nur ab und zu hatte mich jemand für eine kurze Wegstrecke begleitet, sonst war ich immer allein gewandert. Ich wollte es so. Doch jetzt war alles anders, Daniel begleitete mich und wie es schien, hatte er an diesem Morgen den Zeitpunkt genau abgepasst, an dem ich loslief. Obwohl ich ihm sehr deutlich und direkt auf seine Frage, ob er mich begleiten dürfe, geantwortet hatte, dass ich lieber alleine wandern wollte, blieb er hartnäckig an meiner Seite. Er störte mich, weil er zwischendurch immer wieder zu sprechen anfing und ich so gar keine Lust auf Unterhaltung hatte. Auch war er aufgrund seines schwyzerdeutschen Dialekts sehr schlecht zu verstehen, zudem war sein Deutsch durch einen portugiesischen Akzent gefärbt. Es war anstrengend ihm zuzuhören. Meine Versuche ihn durch schnelleres oder langsameres Gehen abzuschütteln, schlugen komplett fehl. Ich hatte mich so auf meinen ersten Tag nach der Zwangspause gefreut und nun das. Irgendwann gab ich entnervt auf, versuchte mich in die Situation einzufühlen, und eine positive Seite daran zu finden. Vielleicht fühlte Daniel sich einsam und wollte einfach nur in der Nähe eines Menschen sein. Wer weiß, vielleicht war es gut, dass heute jemand bei mir war. Der Weg war sehr einsam, nur ganz selten waren Pilger zu sehen. Ob die meisten Pilger die Strecke an der Nationalstrecke genommen und nicht wie wir die schönere Route gewählt hatten? Alles war sehr grün, viele Wildblumen rechts und links des Weges waren zu sehen, sodass die Farben wieder in einem wunderbaren Kontrast zueinander standen. Rot, gelb, grün und darüber das satte Blau des Himmels, nur unterbrochen von einigen weißen Schleierwolken. Kurz hinter Sanitibánez de Valdeiglesias passierten wir einen Bauernhof, vor dem eine ganze Meute Hunde frei umherlief. Sollte ich zum ersten Mal mit wilden, kläffenden Hunden Bekanntschaft machen? Viele Pilger berichteten von solchen Erlebnissen. Es ging aber keine Spur von Aggressivität von ihnen aus, im Gegenteil sie waren gänzlich uninteressiert an uns. Einige Schritte weiter war ein wenige Tage altes Kälbchen in einem separaten Käfig untergebracht. Es ließ sich streicheln und leckte mit seiner kleinen, rauen Zunge meine Hand ab. Es war entzückend! Allerdings fragte ich mich, was dieser Verhau eigentlich sollte? Warum war das Kälbchen von seiner Mutter getrennt? Niemand war in unserer Nähe, sodass wir keine Antworten erwarten konnten. Wir setzten unsere Wanderung fort. Kurz darauf steuerten wir auf eine Art Pilgergedenkstätte zu. Sie entpuppte sich als ein sehr kurioser Schauplatz. Neben zwei normalen Holzbänken waren Gedenktafeln, ein Kreuz sowie ein lebensgroßer Metallpilger, der echte Kleidung trug, aufgestellt. Zum Teil lagen leere Flaschen und auch Müll herum. Daniel und ich posierten jeweils neben dem metallenen Pilger für ein Erinnerungsfoto. Ohne Daniel hätte ich heute kein Foto von mir mit dem unbekannten Metallmenschen. War dies die Erklärung dafür, warum er heute bei mir sein sollte, eine so banale Tatsache?

Nach ungefähr einhalb Stunden bot sich uns beim steinernen Wegkreuz Santo Toribio der Blick auf Astorga, ein ehemaliger römischer Militärstützpunkt, Bischofssitz sowie ein wichtiger Knotenpunkt der Pilgerbewegung in Spanien. In Astorga treffen der Camino francés und die von Sevilla kommende Vía de la Plata zusammen. In mittelalterlichen Zeiten fanden Pilger in über 20 Spitälern Aufnahme, heute gibt es noch vier Herbergen zur Auswahl.

Gegen Mittag waren wir in Astorga. Ich blieb in der Albergue San Javier, Daniel reichte das Tagespensum noch nicht und lief weiter. Ich war froh wieder allein zu sein. Mit dem Bein durfte ich auch nicht länger laufen. Das Wandern war zwar im Großen und Ganzen mühelos gegangen, aber eine leichte Schwellung war dennoch zu bemerken. Ich nahm mir fest vor, mich

Meine Luxus-Schlafstatt in Astorga

am Nachmittag gut zu schonen und eine ausgiebige Siesta zu halten. Die Herberge war ein riesiger renovierter Altbau mit 110 Betten. Zunächst hatte ich mir ein Bett in einem der kleineren Schlafräume ausgesucht, doch später zog ich in den großen, oberen Schlafsaal um. Im Gegensatz zu den unteren Räumen war es dort oben sehr hell und luftig. Außerdem ergatterte ich ein Einzelbett, das direkt unter dem Fenster lag und die Aussicht auf den Himmel ließ. Vor mir auf einem Fensterbrett breitete ich meine Sachen aus, über dem Bettlaken lag ausgebreitet eine Art Zierdecke, die scheinbar gerade frisch gewaschen worden war. Dieser Schlafplatz war der reinste Luxus: Soviel Platz um mich herum und die frische Luft strömte zum Fenster hinein. Ich war Elvira und Martin sehr dankbar. Sie lagen in Einzelbetten neben mir, und hatten mir einige Minuten vorher auf dem Flur den Tipp gegeben. Ich mochte die beiden sehr. Sie waren hilfsbereit, liebenswert und sehr kommunikativ. Menschen mit dem Herzen auf dem rechten Fleck, wie man so schön sagt.

Es ging sehr lebhaft in unserer Unterkunft zu. Durch die Größe und den offenen Charakter des Hauses mit Patio, innenliegenden Balkonbalustraden und einer mehr als geräumigen Wohnküche wirbelten die Pilger im ganzen Haus herum. Natürlich war wieder ein Kern meiner Pilgerschwestern und -brüder anwesend: Die drei Sachsen, das Schweizer Ehepaar, Klaus mit der Salbe und Elisabeth aus München. Die Franzosen, darunter Jacques, Patricia, Michél, Léon, ein Frankokanadier mit sehr lauter, durchdringender Stimme sowie Henri, der sich sichtlich freute, mich wieder auf Tour zu sehen. Auch in der Stadt traf ich später noch den einen oder anderen. Am meisten freute ich mich, dass ich Katrin mit dem roten Turban wieder traf, seit Hontanas hatte ich sie nicht mehr gesehen. Wir beschlossen, am Abend gemeinsam zu kochen, und machten uns auf, entsprechend einzukaufen. Danach ließen wir uns ein kühles Cerveza im Schatten der beiden großen Bauwerke der Stadt, der Catedral de Santa María und dem Palacio Episcopal, schmecken. Diese nachmittäglichen Stunden genoss ich besonders. Sich einfach treiben zu lassen, aber schon zu wissen, was der Abend für Aussichten bot, die neuesten Nachrichten auszutauschen, draußen zu sein, den Tag langsam an sich vorbeiziehen zu lassen, die Stunden und Minuten auszukosten, dies alles waren ungewohnte und schöne Bestandteile grenzenloser Freiheit. In einem Gedicht von Richard Erlewein stehen unter anderem die Zeilen: »Zeit zu haben, die Zeit vergessen zu können. Zeit zu haben, zu sehen und zu erkennen ...« Wann nimmt man sich im Alltag Zeit, um die Zeit vergessen zu können? Wann hat man Zeit, andere zu sehen und anderes zu erkennen, aber auch sich selbst zu sehen und sich selbst zu erkennen? Hier auf dem Weg hatte ich diese Zeit, vorher war wenig oder gar keine Zeit dafür gewesen. Ich stellte fest, dass mit jedem Tag der Abstand von dem, was vorher war, größer wurde. Hatte ich anfangs noch darüber nachgedacht, inwieweit die neue Kollektion bereits fertiggestellt war, wie die Kollektionsübergabe laufen würde, oder ob Maike, meine Nachfolgerin, gerade mit der Kalkulation beschäftigt war, rückte das alles mehr und mehr in den Hintergrund. Ich dachte kaum noch an den alten Job. Ich beschäftigte mich mit dem was vor mir lag, jetzt ganz unmittelbar hier auf dem Weg und mit dem, was in nächster Zukunft auf mich zukam.

Katrin war so lieb und brachte die Einkäufe in die Herberge zurück, damit ich Zeit hatte, die Kathedrale und den Palast zu besichtigen. Für diese Stadt mit ihren knapp 13.000 Einwohnern war die Kathedrale von imposanter Größe, vielleicht lag es an der historischen Bedeutung von Astorga. Anders als in León und in Burgos war dieses Kirchengebäude in keinem besonders guten Zustand, es sah sehr renovierungsbedürftig aus. Hier standen wahrscheinlich nicht im gleichen Umfang Gelder für Restaurierungszwecke zur Verfügung. Viele der ehemals bunten Glasfenster waren durch einfaches Glas ersetzt worden. Auch die Steinarbeiten hatten augenfällig gelitten, das Gotteshaus bestach dennoch durch drei platereske Portale, einen wunderschönen Hauptaltar und ein wieder von Juan de Colonia geschnitztes Chorgestühl. Es herrschte eine wohltuende Stille, nur wenige Touristen waren im Gebäude. Wie so oft nutzte ich die Zeit, um mich für ein paar Minuten zu besinnen und für mich Andacht zu halten. Ich dankte Gott, dass mein erster Tag

Eines der kunstvollen Portale der Kathedrale in Astorga

nach der Pause problemlos abgelaufen war. Ich betete für mein sicheres und gesundes Weiterkommen und auch für die, die mir in den Sinn kamen oder mir ein Anliegen mit auf den Weg gegeben hatten. In diesen Momenten dachte ich viel an Gu, meine Eltern und meine Geschwister, an meine Freunde, insbesondere an meine Freundin Petra. Sie war an Leukämie erkrankt und hatte diese überstanden, aber an den schweren Nebenerscheinungen leidet sie noch immer und diese beeinträchtigen ihr Leben sehr. Wie sehr wünschte ich mir ihre Genesung oder eine deutliche Verbesserung ihrer Lebenssituation.

Am Morgen war ich schon mit Daniel, dem Schweizer, in einer kleinen Kirche am Rande der Altstadt eingekehrt, um für eine kurze Zeit innezuhalten. Ich war froh, dass wir jetzt wieder Ortschaften durchliefen, deren Kirchen geöffnet waren. Was ist ein Pilgerweg, ohne die Möglichkeit zwischendurch ein Gotteshaus aufzusuchen?

Der Palacio Episcopal war bemerkenswert. Als Bischofssitz geplant entstand er nach den Entwürfen von Antonio Gaudi, einem der berühmtesten Architekten Spaniens. Sein moderner Stil und die Verwendung von Glaskeramiken machten ihn bereits zu seiner Zeit, Ende des 19. Jahrhunderts, berühmt. Die Glaskeramiken im Inneren des Palastes, der heute Museum ist und nicht mehr Bischofssitz wurde, waren wirklich überwältigend. Ich fühlte mich durch die Keramikfliesen an den maurischen Stil der Alhambra in Granada erinnert. Von außen hatte das Gebäude etwas Unwirkliches, Märchenhaftes. Es sah aus wie eine Burg aus Disneyland.

Der Abend war bunt, gemütlich, gesellig und lustig. In der Wohnküche herrschte ein wuseliges Durcheinander. In der einen Ecke kochte ein Pärchen, das sich hier auf dem camino kennen gelernt hatte. Er war Italiener und wollte ihr, der Ungarin, zeigen, wie man frische Gnocchi zubereitet. Logisch schauten wir ihm dabei alle zu, später durften wir auch probieren. Sie waren köstlich. Katrin und ich hatten Ute zum Essen eingeladen. Die kleine Ute war wie immer als eine der Letzten eingetrudelt. Ute hatte immer alle Zeit der Welt, was auch stimmte. Gemeinsam schnitten wir Paprika, Tomaten, Zwiebeln sowie Schinken in feine Streifen beziehungsweise Würfel für unsere scharfe Tomatensoße. Wenig später sprudelten die Spaghetti im kochenden Wasser. Am Tisch saßen bereits einige und aßen. Lisa, eine junge Frau aus München, die in den nächsten Tagen in Sandalen laufen wollte, weil ihre Füße so wehtaten; Maciej, ein junger Pole, der in Berlin lebte; Gert, der sächsische Fahrradfahrer und André, ein Berliner Weltenbummler. Er war nur zufällig auf seinen Reisen quer durch Europa auf den Jakobsweg gestoßen und wollte sich nun das Ganze einmal anschauen. Vor allem durch ihn hatte unsere Tischrunde eine Menge Spaß. Er nahm nichts ernst, sondern alles auf die Schippe. Zu dem hockte er mit weißem Hemd, Krawatte und einer Melone auf dem Kopf bei uns in der Küche. Er gestand sogar, dass er einen Anzug im Gepäck habe: »Man müsse ja schließlich auf der Reise für alle Eventualitäten gerüstet sein.« Einige Tage war er immer wieder im Schlepptau von anderen jungen Pilgern zu sehen, doch dann verschwand er spurlos, weil er auf den ganzen Pilgerkram, so wie er sich ausdrückte, keine Lust mehr hatte. An diesem Abend sollten wir ihm alle unsere Adressen geben oder zumindest die Mailadressen. Ungefähr drei Monate nach meiner Rückkehr schrieb er mir aus Griechenland mit der Bitte, ihm doch Geld zu schicken und ihm unter die Arme zu greifen, da er momentan einen kleinen Engpass habe. Ein Lebenskünstler, wie er im Buch steht. An diesem Abend knüpfte ich neue, aber auch intensivere Bande zu einigen anderen.

Mit Martin und Elvira lauschte ich später noch ein wenig dem Regen, der vor unserem Fenster heruntersprasselte. Bisher hatten wir alle sehr viel Glück mit dem Wetter gehabt. Die Sonne war zwar ab und zu hinter Wolken versteckt, aber es war überwiegend trocken geblieben. Würde sich das Wetter in den restlichen 14 Tagen verändern? Ich weiß nicht, warum, aber ich war mir sicher, dass am nächsten Morgen die Sonne wieder scheinen würde. Auf meinem Luxusschlafplatz schlief ich beseelt dem Morgen entgegen.

23. Pilgertag, 14. Juni 2006
Astorga – Rabanal del Camino

Mein Tagesziel war Rabanal del Camino. In früheren Jahrhunderten war dieser kleine Ort die letzte Station vor der Überquerung der Montes de León. Hier ruhten sich die Pilger in den zahlreichen Kirchen und Herbergen aus, bevor sie die Berge, gefürchtet wegen der Banditen und Wölfe, zu passieren versuchten. Ausruhen wollte ich mich dort auch, aber Furcht vor Banditen oder Wölfen musste ich sicherlich nicht haben. Ich wollte einfach nicht mehr als die 21 Kilometer gehen, die es bis Rabanal waren; zudem reichte mir der Aufstieg auf die 1162 Höhenmeter am Ende dieser Strecke. Rabanal reizte mich als historischer Platz, an dem bis in das 13. Jahrhundert sogar die Tempelritter vertreten waren. Ein weiterer wichtiger Grund für mein Tagesziel war eine der drei Herbergen, die in meinem Reiseführer beschrieben waren. Die Albergue Gaucelmo gehört zum Bistum Astorga und die englische Saint-James-Bruderschaft verwaltet sie. Der christliche Zusammenhang dabei zog mich an.

Typisches, kleines malerisches Dorf in der Region Maragatería

Um sieben Uhr war ich in Astorga nach einem ausführlichen Frühstück gestartet, ungewohnt spät. Tatsächlich schien die Sonne an diesem Morgen, auch wenn einige bedrohlich aussehende

Regenwolken immer wieder die Kraft der Sonnenstrahlen unterbrachen. Ich durchlief die Region Maragatería, ein Landstrich mit rund 50 Dörfern und nur 5000 Einwohnern. Mangels wirtschaftlicher Grundlagen waren viele Bewohner in der Vergangenheit ausgewandert. Die Dörfer, die ich sah, gefielen mir sehr. Der in diesem Landstrich typische, historisch begründete Baustil der massiven, rötlichen Steinhäuser mit den großen Durchgangstoren für Vieh und Gespann hatte etwas Anheimelndes. Alles wirkte sehr naturverbunden.

Eines der vielen Wegekreuze auf dem Camino

Rote Erde, gelbe steppenartige Felder und kleine Eichenwälder im satten Grün hoben sich farblich voneinander ab. Die Wanderung war abwechslungsreich und der Regen, der dann doch noch für eine halbe Stunde auf mich einprasselte, tat meiner guten Laune keinen Abbruch. Meine Kleidung erwies sich als guter Schutz und der Regen hatte etwas Beruhigendes, wie er so auf mich niederging. Mein rechtes Bein beeinträchtigte mich auch nicht. Bei meiner Ankunft in Rabanal war es nur minimal angeschwollen. Allerdings verspürte ich jetzt ein Ziehen im linken Bein. Was war nun wieder los? Oder war ich mittlerweile auf meinen Körper und seine Wehwehchen so fixiert, dass ich Flöhe husten hörte?

Pilgerromantik pur

Es war zwölf und ich saß bereits bei einem cerveza con lemón, unserem Radler ähnlich, in der ersten Bar am Ortseingang von Rabanal. Katrin und Maciej hatten mich dort festgehalten. In mir war eine wohlige Zufriedenheit. Wenig später gingen wir gemeinsam den Pilgerweg hoch, der kontinuierlich aufwärts durch den lang gestreckten Ort verlief. Ich suchte die Herberge und die beiden wollten weiter bis Foncebadón, der letzten Übernachtungsmöglichkeit vor dem Cruz de Ferro.

Das Cruz de Ferro markiert den höchsten Punkt zwischen den Pyrenäen und Santiago de Compostela, es steht auf einer Hochebene des Monte Irago. In meinem Wanderführer las ich, dass dieses Eisenkreuz, dessen Original sich im Palacio Episcopal im Museo de los Caminos in Astorga befindet, einer der eindringlichsten Stellen des Jakobsweges sei. Aus einem großen Steinhaufen ragt ein langer, schlanker Eichenpfahl, auf dem das kleine Eisenkreuz befestigt ist. Der Ursprung des Kreuzes liegt im Dunkeln, doch seit Jahrhunderten legen die Pilger einen Stein dort nieder. Das Gebet des Cruz de Ferro lautet: »Herr, möge dieser Stein, Symbol für mein Bemühen auf meiner Pilgerschaft, den ich zu Füßen des Kreuzes des Erlösers niederlege, dereinst, wenn über die Taten meines Lebens gerichtet wird, die Waagschale zugunsten meiner guten Taten senken. Möge es so sein.« Für viele Pilger bedeutet es auch, sich von Lasten und Sorgen zu befreien. Der Stein sollte von zu Hause mitgebracht und nicht auf dem Weg gesammelt werden. Ich wollte am nächsten Morgen zwei Steine ablegen, sie waren mit Herzenswünschen und nicht mit Seelenlasten verbunden. Meine Pilgerschaft hatte ich nicht aus dem Motiv dieses Gebetes angetreten. Natürlich hoffe ich, dass ich nach dem Tod das Paradies schauen kann und mich ein Leben nach dem Tod erwartet; aber was sollen denn die Menschen machen, die nie die Gelegenheit bekommen oder die Fähigkeit besitzen, eine Pilgerschaft anzutreten? Wird sich ihre Schale dann auch zugunsten ihrer guten Taten senken oder vielleicht weniger schnell? Ich glaube nicht an derartige Fürsprachen oder besser gesagt an Gebete, die an bestimmte Bedingungen gebunden sind. Vielmehr glaube ich daran, dass alles, was man tut, wofür man steht, aus Überzeugung, aus Liebe, aus Enthusiasmus stattfinden sollte. Dabei mit sich und den Menschen um sich herum friedvoll und achtungsvoll umzugehen, das ist die richtige Grundlage, um ein gutes Leben zu führen.

Ich war auf den Weg gegangen, um näher bei mir zu sein. Herauszufinden, was ich wirklich vom Leben wollte. Er sollte eine Unterbrechung darstellen, eine Zäsur zwischen vorher und nachher sein. Ich hatte den Jakobsweg ausgewählt, weil er ein sehr alter Pilgerweg war, christlich geprägt. Ich wollte Gott nahe sein. Ich erhoffte mir dadurch Stärke, Kraft, Schutz und Klarheit. Wenn ich ehrlich bin, spielte Jakobus dabei für mich keine Rolle, außer der historischen. Er gab den Rahmen, er war das Ziel in Santiago, aber ich war nicht seinetwegen unterwegs. Einiges über seine Person oder die Geschichte des Weges erfuhr ich erst während des Pilgerns. Der heilige Jakobus wurde in den Gesprächen der Pilger untereinander selten thematisiert. Es schien, als ob Jakobus als Pilgermotiv keine große Bedeutung zukam. Es war wohl eher die Mystik des Weges, die die meisten Pilger faszinierte.

Die Albergue Gaucelmo war noch geschlossen, wie mir Elvira und Martin, die auf einem Mäuerchen am Weg saßen, mitteilten.

Ankunft an der Albergue Gaucelmo in Rabanal

Ich stellte meinen Rucksack zu den anderen, die bereits in einer Reihe davor standen. Nun hieß es warten. Die zwei weiteren Herbergen hatten schon geöffnet und immer wieder kamen Pilger ohne Gepäck und frisch geduscht an uns vorbei. Dennoch warteten wir geduldig. Seltsamerweise habe ich weder Elvira noch Martin gefragt, warum sie diese Herberge ausgewählt hatten und keine von den anderen, die bereits geöffnet hatten. Vielleicht ging es ihnen wie mir? Die Herberge lag direkt an der Iglesia de la Asunción und dem Kloster San Salvador. Die Gebäude standen irgendwie alle miteinander in Beziehung. Vor dem Eingang der Kirche warf ein großer Kastanienbaum seinen Schatten. Schräg gegenüber dem Eingang des Refugio war ein Schutzpatron als Statue in die Hauswand eingelassen. Für mich war vorher klar gewesen, dass ich hier übernachten wollte und jetzt stellte ich es noch weniger in Frage. Mittlerweile kamen mehr und mehr Pilger auf dem kleinen Vorplatz zusammen. Peter aus Maastricht, mit dem ich unterwegs ein paar Worte gewechselt hatte, sowie ein Pilger, den ich in der Herberge von Hospital de Órbigo bereits gesehen hatte, tauchten hier wieder auf. Letzteren hielt ich für einen Holländer, aber Rien, so sein Name, war Belgier. Sein schlohweißes Haar über einem tiefbraunen Gesicht machte ihn unverwechselbar. Wie immer tummelten sich unter den Pilgern bekannte und unbekannte Menschen. Die Zeit des Wartens verging wie im Flug. Die Gespräche waren kurzweilig und die Straße, gleichzeitig Pilgerweg, bot uns allen genügend Abwechslung. Irgendwann lief ein älteres Ehepaar an uns vorbei, das offensichtlich Rabanal nur durchquerte. Sie hatte an ihrem Rucksack Unterwäsche zum Trocknen befestigt. Diese Trocknungsvariante ist keine unübliche auf dem Camino, aber bei ihr sah es einfach zu komisch aus, denn an einer Leine hingen riesige, blütenweiße Baumwollschlüpfer.

Als wir endlich eingelassen wurden, bekamen wir die Betten zugewiesen. Niemand durfte sich eines aussuchen, sondern nach strengem Lageplan wurden wir den Betten zugeteilt. Ich hatte großes Glück und bekam das obere Bett direkt an einem Fenster mit Blick auf den alten Kastanienbaum. Es waren bestimmt 30

Schlafplätze in dem Raum, die dicht nebeneinander standen und wenig Privatsphäre zuließen. Überwiegend Männer hatten hier Quartier bezogen, das sollte sich in der Nacht deutlich bemerkbar machen. Neben durchdringendem Schnarchen waren im Schlaf Stöhnen und auch »Ablasswinde« zu vernehmen.

Die Herberge war trotz des alten Gemäuers in einem tollen Zustand, alles war sehr sauber und gepflegt. Die englischen Hospitaleros waren überaus freundlich und höflich. Mit ihrem distinguierten Englisch und Auftreten hätte es mich nicht gewundert, wenn sie uns zum Vieruhrtee gebeten hätten. Hinter dem Gebäude lag ein weitläufiger Garten, der natürlich sofort von uns erobert wurde. Peter, Elvira, Martin und ich gaben uns der nachmittäglichen Ruhe hin. Leider setzte irgendwann wieder der Regen ein und ich beschloss, eine Siesta zu halten. Meinem Kopf würde das sicher auch guttun, denn im Garten hatte ich ihn mir an einer alten Türbohle empfindlich gestoßen. Die Beule war dank der schnellen Hilfe von Peter, der mir sofort etwas zum Kühlen besorgt hatte, nicht weiter angeschwollen, aber das Bier mitten am Tag getrunken, tat sein Übriges. Selig schlief ich zwei Stunden tief und fest.

Der Abend hielt eine Überraschung für mich bereit. Nach einem Spaziergang durch das Dörfchen wurde ich von einigen Mitpilgern zu den Hospitaleros geschickt, die mir mitteilten, dass ich in der Messe um 19 Uhr die deutsche Version der Lesung vortragen sollte. In diesem Gottesdienst wird das Abendgebet von den Mönchen des Klosters nach gregorianischer Tradition in Latein gesungen. Die Lesung hingegen halten vier Pilger, die jeweils in ihren Landessprachen Englisch, Spanisch, Französisch und Deutsch die Lesung vortragen. Warum ausgerechnet ich von den deutschen Pilgern ausgewählt worden war, weiß ich nicht, aber ich freute mich sehr, ein Teil des Gottesdienstes zu sein. Wir vier durften dann auch noch vorne im Altarraum bei den Mönchen sitzen. Es war erhebend, in unmittelbarer Nähe den wunderbaren Gesängen der beiden Geistlichen zu lauschen. Als ich an der Reihe war zu lesen, schaute ich in die Gesichter der Pilger und versuchte den Text so zu lesen, dass er in ihnen auf Resonanz stieß. Ich wollte sie berühren, genau, wie ich berührt war. In dieser kleinen Kirche fühlte ich es wieder ganz deutlich. Den Camino zu gehen, bedeutete auf dem Weg zu sich selbst zu sein, und dabei auch Gott ganz nah zu sein. Goethe hat einmal geschrieben, dass »er glaube, dass wir einen Funken jenes ewigen Lichts in uns tragen, das im Grunde des Seins leuchten muss und welches unsere schwachen Sinne nur von Ferne ahnen können. Diese Funken in uns zur Flamme werden zu lassen und das Göttliche in uns zu verwirklichen, ist unsere höchste Pflicht.« Nun wusste ich, warum ich unbedingt in dieses Refugio gewollt hatte. Wäre ich in einer der anderen Herbergen gegangen, hätte ich dieses schöne Erlebnis nicht gehabt.

In der Taverne, in der wir an diesem Abend das Pilgermenue zu uns nahmen, das trotz der wie immer überproportional großen Fleischmenge sehr schmackhaft war, herrschte Fußballfieber. Die Fußballweltmeisterschaft in Deutschland hatte begonnen und lief schon einige Tage. Ich hatte bisher nichts mitbekommen, doch nun wurde ich mittels der Bilder, die ein riesiger Fernseher über der Bar lieferte, daran erinnert. In der Taverne herrschte Ausnahmezustand. Spanien spielte gegen die Ukraine und führte zur Halbzeit bereits 2:0, entsprechend ausgelassen war die Stimmung. Ukrainer oder Russen waren augenscheinlich nicht in der Kneipe, denn alle, nicht nur die Spanier, waren im Freudentaumel. Die Spanier gewannen schließlich mit 4:0, leider gab es deshalb aber keine Lokalrunde. Wie ich dann erfuhr, wurde im Anschluss das Spiel zwischen Deutschland und Polen übertragen. Es war schon komisch, zu Hause hätte ich kein einziges Spiel verpasst und mitgefiebert, entsprechend gelitten oder gejubelt. Es interessierte mich hier auf meiner Reise einfach nicht, auch an diesem Abend fand ich es spannender, mich mit meinen Tischgefährten zu unterhalten. Eleonore, einer Frau, die ich mittags in der Warteschlange kennen gelernt hatte, der kleinen Ute und Bernhard ging es genauso wie mir. Außerdem bekamen wir sowieso automatisch alles mit, das Stöhnen, Murren, Jubeln, Seufzen, auf die Schulter klopfen, das Kommentieren der überwiegend männlichen Fans war nicht zu übersehen und zu überhören. Die Atmosphäre in der Taverne war dicht und emotionsgeladen. Währenddessen tauschten wir uns über die Motive aus, die uns auf den Pilgerweg hatten gehen lassen. Erfahrungsgemäß gingen manche damit offener und freier um, andere erzählten eher verhaltener, zögerlicher. Uns alle einte aber, dass jeder von uns einmal die Erfahrung hatte machen wollen, wie es ist, wochenlang mit den wenigen Habseligkeiten auf dem Rücken von Herberge zu Herberge zu ziehen und somit einen komplett anderen Alltag zu leben als daheim.

Wir hoben unsere Tafel kurz vor halb zehn auf, weil wir noch in die Pilgermesse wollten, in der auch ein Pilgersegen angekündigt war. Weder Deutschland noch Polen hatten bis dahin ein Tor geschossen. Wieder sangen die Mönche die gregorianischen Gebete, auch der Segen wurde sehr feierlich erteilt, dennoch war ich ein wenig enttäuscht. Ich hatte eine Eucharistiefeier erwartet, doch die Kommunion wurde nicht ausgeteilt. Sie an diesem Tag zu empfangen, wäre wohltuend gewesen. Ich fühlte mich Gott bereits sehr nahe, doch durch die Eucharistie hätte ich das Gefühl gehabt, ihn noch näher bei mir zu haben, ihn zu verinnerlichen. Seit dem Jakobsweg gehe ich bedeutend aufmerksamer und mit Hingabe zur Kommunion. Sie hat wieder eine sehr große Besonderheit für mich. Nicht, dass ich vorher achtlos war, aber wie bei vielen Ritualen verliert man irgendwann Aufmerksamkeit. Bei manchen geht es sogar in eine Art Routine über und das ist sehr schade. Ich hatte im Laufe der Jahre zwar immer wieder das Gebet gesucht, oft in der Kirche auch einen Raum der Stille gefunden, aber die heilige Messe und damit die Eucharistie hatte ich vernachlässigt. Wenn ich ehrlich bin, hatte das sehr viel mit der eigenen Bequemlichkeit zu tun. Sonntagmorgens in den Gottesdienst zu gehen war eben nicht so gemütlich wie im Schlafanzug am Frühstückstisch bei Kaffee, Brötchen und Zeitung den Tag einzuläuten. Heute ist es mir eine große Freude sehr häufig in der kleinen Kapuzinerkirche bei mir ganz in der Nähe die Sonntagsmesse zu besuchen, denn für mich ist die Kommunion wieder das, was sie von Anfang an war, mein tiefstes und innigstes Zwiegespräch mit Gott. Auch findet in der sehr gut frequentierten Gemeinde der Kapuziner ein intensiver, offener, liebevoller und toleranter Dialog mit allen Gläubigen statt. Hier wird christliche Nächstenliebe ohne Bedingungen geschenkt. »Wenn es dir guttut, dann komm«, einer von vielen Aussprüchen des Franz von Assisi, der die Kapuziner leitet.

Ute wollte unbedingt wieder zurück, um die letzten Minuten des Spiels zu sehen. Ich war müde und hatte außerdem geplant, am anderen Morgen sehr früh aufzustehen. Martin, Elvira und ich wollten bereits um fünf die Herberge verlassen, um in der Einsamkeit den Aufstieg zu machen und ohne den Pilgerpulk das Cruz de Ferro zu erreichen.

In der Herberge hatte ich dann leider noch eine Auseinandersetzung mit Rien. Ich hatte das Fenster geöffnet, um die stickige und miefige Luft des Raumes mit Sauerstoff anzureichern. Doch er schloss sofort wieder das Fenster mit der Begründung, es würde ziehen und das würde seinem Nacken nicht guttun. Ich hätte ihn würgen können. Das Fenster war zu mir und meiner Bettnachbarin hin geöffnet und nicht zu ihm. Sie hatte ich um Erlaubnis gebeten, ihn deshalb nicht. Ich blieb diesmal hartnäckig, da eine weitere Nacht in einem durch Menschen aufgeheizten Raum für mich nicht in Frage kam. Wir konnten uns auf einen Kompromiss einigen, vor allem weil die anderen Pilger durch beifällige Bemerkungen auf meiner Seite waren. Selbst als in der Nacht ein sehr heftiges Gewitter mit Blitz und Donner niederging, machte Rien das Fenster nicht zu. Meine Bettnachbarin und ich genossen die frische Brise, die immer wieder mal leicht durch das Fenster hineinwehte.

Kurz bevor ich in ein fernes Traumland entschwebte, flüsterte mir Peter, der mit Ute noch das Deutschlandspiel zu Ende geschaut hatte, zu: »1:0 für Deutschland durch Oliver Neuville.«

In den frühen Morgenstunden in Foncebadón

24. Pilgertag, 15. Juni 2006
Rabanal del Camino – Molinaseca

Draußen war es noch stockfinster. Wir hatten aus Rücksicht auf unsere Mitpilger die Rucksäcke bereits am Abend in die Bibliothek gestellt, um niemanden so früh aufzuwecken. Ich benutzte zum ersten Mal meine Stirnlampe und war sehr froh, sie zu haben. Elvira und Martin waren ein ganzes Stück hinter mir, da ich früher losgelaufen war. Wir hatten uns zwar verabredet einander zu wecken, aber das schloss nicht das gemeinsame Wandern ein. Vor mir in einiger Entfernung waren die Schemen von zwei anderen Menschen zu erkennen. Ich fühlte mich zusätzlich erleichtert, denn es war nicht so einfach sich zu orientieren. Auch war ich über mich selbst erstaunt, dass ich mich im Dunklen allein auf den Weg gemacht hatte. Zu Hause kostet es mich schon Überwindung, bei Nacht in den Keller hinunterzugehen. Durch das nächtliche Gewitter war die Luft sehr klar, einige Pfützen hörte ich unter meinen Füßen aufspritzen, die Sträucher rechts und links des Weges waren noch voller Regentropfen. Zusehends gewöhnte ich mich an die Dunkelheit und konnte immer mehr erkennen. Irgendwann knipste ich sogar die Stirnlampe aus, um den anbrechenden Morgen intensiver zu erleben. Die Geräusche und Düfte um mich herum waren so viel deutlicher wahrzunehmen. Auch die Gewissheit, Menschen vor mir sowie Elvira und Martin in meinem Rücken zu haben, entspannte mich mehr und mehr. Kurz vor Foncebadón, einem kleinen Weiler, überholten mich die beiden, sie waren schnell unterwegs. Es war jetzt hell, die ersten Sonnenstrahlen bahnten sich bereits ihren Weg über den Hügelkamm. Es waren zwar immer noch zahlreiche Wolken am Himmel, aber die Sonne zerriss sie immer mehr. Das Wechselspiel von Wolken und aufsteigender Sonne warf unglaubliche Muster an den Himmel. Es dauerte nicht lange und das Cruz de Ferro kam in mein Blickfeld. Über den Baumwipfeln war ein Stück davon zu sehen, ähnlich einer Kirchturmspitze ragte es über die Bäume hinweg. Es spornte mich an, es war wie eine Verheißung. Ich wollte dort hinkommen und lief schneller. Der Abstand zu Elvira und Martin verkürzte sich wieder. Als ich dort ankam, legten sie gerade ihre Steine ab und die Pilger, die ich schemenhaft vor mir gesehen hatte, saßen unter einem Vordach der kleinen Kapelle, die in der Nähe erbaut worden war. Das Kreuz thronte auf einem abgerindeten Baumstamm, der wiederum aus einem Fundament von aufgeschütteten Steinen ragte. Mitten in der Landschaft türmte sich etwas auf,

Das Cruz de Ferro

das in seinen Materialien natürlich und dennoch von Menschenhand platziert worden war. Es wirkte aus einiger Entfernung wie eine archaische Kultstätte. Als ich näher kam und schließlich direkt davor stand, war mein erster Gedanke: »Hier sieht es aus wie auf einer Müllkippe.« Der Stamm war im unteren Drittel mit Zetteln vollgepflastert, überall lagen kaputte Schuhe verteilt, sogar durchlöcherte Shirts waren zu sehen. Halstücher flatterten im Wind, Erinnerungsschleifen waren um Steine gewickelt. Unzählige Nachrichten mit Wünschen und Grußworten steckten zwischen den Steinen in kleinen Sichthüllen oder waren auf die Steine geschrieben worden. Dicht neben dem Stamm steckte eine brasilianische Fahne. Ich hatte den Eindruck, dass es vielen Pilgern nicht reichte, die Steine verbunden mit entsprechenden Gedanken abzulegen, sondern dass regelrecht »Duftmarken« von ihnen gesetzt worden waren. Ich war enttäuscht, der Platz war irgendwie entzaubert. Warum genügte es manchen Menschen nicht, nur die schlichten, einfachen Steine zu platzieren? Denken sie, dass, je mehr sie von sich an dieser Stelle hinterlassen, ihren Wünschen dadurch stärker Nachdruck verliehen ist? Aus meiner Sicht eine irrige Annahme, die Gedanken und Gebete sind doch hier ausschlaggebend! Trotz allem holte ich aus meinem Rucksack meine Steine. Ich wollte sie hierlassen und meine damit verbundenen Wünsche anbringen. Außerdem wäre mein damals siebenjähriger Neffe Justus tief enttäuscht gewesen, wenn ich sie wieder mit nach Hause gebracht hätte. Er hatte mir spontan zwei seiner schönsten Exemplare geschenkt, nachdem ich seine Steinsammlung bewundert und ihm vom Cruz de Ferro erzählt hatte. Ich durfte sie auch dann noch behalten, als er kurz darauf seine großzügige Geste erst richtig realisierte und ich ihm ansehen konnte, wie gerne er augenblicklich die Steine zurückhaben wollte. Ich musste ihm versprechen, ganz fest an ihn zu denken, wenn ich die Steine ablegen würde. Das tat ich nun.

Der erste Stein war mit einem ganz persönlichen Wunsch verbunden: »Ich möchte mein Leben leben, keine anderen Erwartungen erfüllen als meine eigenen, ohne andere zu verletzen oder zu vernachlässigen.« Ich wusste noch nicht, was die Zukunft bringen würde, aber ich wollte meine eigenen Wünsche, Ziele und Bedürfnisse nicht irgendwelchen Erwartungen von außen unterordnen noch dem Erwartungsdruck, dem ich mich selbst aussetzen könnte, erliegen. Es war schon eine klare Aufforderung an mich selbst, nicht wieder irgendwann in vorhandene Denkmuster zurückzufallen. Ich wusste beispielsweise nur zu gut, dass ich sehr schnell mit meiner Ungeduld konfrontiert werden würde, wenn ich für die Entscheidung, welchen konkreten Weg ich beruflich einschlagen sollte, sehr lange brauchen würde. Dann wäre im Handumdrehen der Punkt erreicht, an dem ich in hektische Aktivitäten verfallen und mich dabei aus dem Blick verlieren könnte. Ich wollte mir die Zeit gönnen, genau zu erspüren, was ich mir aus ganzem Herzen für mein Leben wünschte. Zu finden, was mir Zufriedenheit im Inneren schenken würde. Natürlich wusste ich schon einiges, war mir vieles bereits klar geworden. Ich wünschte mir eine Beziehung, bei der sich nicht wieder irgendwann plötzlich ein Ende auftat. Ich träumte von einer langfristigen Partnerschaft, wollte so gern auch wieder heiraten! Mit Gu, genau mit diesem Mann, wünschte ich mir ein Kind! Ich hoffte eine Arbeit zu finden, mit der ich Familie und Kind vereinbaren konnte. Ich hatte die tiefe Sehnsucht, bei all dem so sein zu dürfen, wie ich bin. Stark, aber auch weich; fordernd, aber auch unterstützend; belastbar, aber auch verletzlich. Der oben genannte Zusatz »ohne andere« erschien mir deshalb wichtig, schließlich wollte ich kein Egoist sein. Selbstverwirklichung auf Kosten anderer war und ist nicht meine Sache.

Den zweiten Wunsch hatte ich mit meinem Neffen Justus formuliert: »Frieden für alle Menschen.« Für mich bedeutete dies keinen Krieg, nirgendwo auf der Welt. Kein sinnloses Gemetzel aus religiösen oder ethnischen Gründen. Nicht länger Krieg aus wirtschaftlichen oder machtpolitischen Antrieben. Liebe statt Hass, Aufeinanderzugehen statt Konfrontation. Frieden im Äußeren zu haben, aber auch im Inneren. Mit sich selbst im Frieden zu sein, auch das steckt in diesem Wunsch. Kann jemand noch Zwietracht säen, wenn er mit sich selbst in Einklang und Harmonie ist? Ich weiß, das ist ein großer Wunsch für zwei kleine Menschen wie Justus und mich. Aber hegen nicht die meisten von uns diesen Traum von einer friedfertigen Welt, auch wenn uns bewusst ist, dass es diese noch nie gab?

Mitten in meine Überlegungen platzten zwei weitere Pilger. Es war unüberhörbar, dass sie jetzt hier oben angekommen waren. Obwohl ich den Platz teils als Müllkippe empfand, hatte ich meine Steine mit Andacht und Feierlichkeit abgelegt, nun fühlte ich mich gestört. Jetzt war ich extra früh aufgestanden, um eine gewisse Intimität zu haben, nichts hatte es genutzt. Alles wurde von den Herren lautstark kommentiert. Es waren Klaus und Rudi. Zu Rudi passte dieses Verhalten, er gab immer zu allem und jedem Bemerkungen ab, von Klaus hätte ich das nicht erwartet. In Molinaseca, meinem Tagesziel, sollte ich später die beiden wiedertreffen. Mit Klaus verbrachte ich sogar einige Stunden des Nachmittages und er entschuldigte sich dabei für sein Verhalten am Morgen. Daraus entspann sich eine wunderbare Unterhaltung, die auf beiden Seiten von großer Offenheit und gegenseitigem Vertrauen getragen war. Klaus hat ein hartes Leben hinter sich, trotzdem hat ihn sein Lebensmut nie verlassen. Viele Schicksalsschläge haben ihn gebeutelt, aber nicht aus der Bahn gebracht. Ich habe großen Respekt vor ihm.

Nach dem Cruz de Ferro blieben Elvira, Martin und ich noch eine ganze Weile zusammen. Wir unterhielten uns angeregt und erfreuten uns der atemberaubenden Aussicht. Die Berge beeindruckten durch die sanft gerundeten und dicht bewachsenen Kuppen. Die Bienen und Hummeln summten und tummelten sich geschäftig in den verschwenderisch blühenden Pflanzen um uns herum. Gelber Ginster, blaulilafarbener Fingerhut sowie rosafarbene Erikabüsche und Zistrosen wechselten sich ab. Die Sonne schien vom fast wolkenlosen blauen Himmel herunter. Ein perfekter Wandertag. Nach einiger Zeit, Elvira und Martin wollten rasten, lief ich allein weiter. Ich war froh, denn so gern ich die beiden mochte, so gern mochte ich auch die Stille und die Einsamkeit, um meinen Gedanken nachzuhängen und mich ganz dem Moment des Wanderns hinzugeben.

In El Acebo, einem kleinen, schönen Ort mit schiefergedeckten Steinhäusern und blumengeschmückten Balkonen und Fenstern, machte ich ausgiebig Rast. Abgesehen von der Pause am Cruz de Ferro war ich fast 18 Kilometer ohne Unterbrechung gelaufen. Mein Bein machte sich zwar noch nicht bemerkbar, aber ich wusste ja aus Erfahrung, dass ich es nicht übertreiben durfte. Außerdem war es die letzten Kilometer nur noch bergab gegangen und das war für die Muskulatur und vor allem für die Gelenke wesentlich anstrengender, als bergauf zu wandern. Nach einer Weile setzte sich ein älteres niederländisches Ehepaar zu mir, mit dem ich ins Gespräch kam. Beide pilgerten mit dem Fahrrad und der Mann erklärte mir, dass er diese Fahrt aus Dankbarkeit machen würde: »Im letzten Jahr war ich mit einer Gruppe von Freunden auf diesem Weg unterwegs und dabei hatte ich einen schweren Unfall. Ich lag sehr lange im Koma und hatte schwerste Verletzungen, auch am Kopf. Es war nicht sicher, ob ich überleben würde und es hätte sein können, dass ich danach mit schweren Hirnschädigungen aufgewacht wäre. Aber sie sehen ja selbst, ich bin wieder ganz gesund und ich bin überzeugt, dass mein Glaube an Gott dabei eine wichtige Rolle gespielt hat. Ich mache nun den Rest der Strecke vom Unfallort bis nach Santiago, um für meine Genesung zu danken, und bin froh, dass meine Frau mich dabei begleitet.« Man sah ihm wirklich nichts an, im Gegenteil, die beiden wirkten mit ihren sicherlich über 60 Jahren fit und sehr gesund, auch stand ihnen die pure Lebensfreude ins Gesicht geschrieben. Als ich El Acebo verließ, wurde mir wenig später klar, wie viel Glück dieser Mann gehabt hatte, denn ich kam an einem Denkmal vorbei, das an einen deutschen Pilger erinnert, der hier 1987 mit dem Rad tödlich verunglückt war. Dies war nun schon die dritte Erinnerungsstätte und wie bei den beiden anderen Stätten musste ich schlucken. Ich dachte daran, dass diese Pilger nicht mehr lebend nach Hause zurückgekehrt waren. Eine schreckliche Vorstellung. Wie viele Pilger waren wohl in früheren Jahrhunderten während der Wanderschaft gestorben? Sie waren sicherlich an Ort und Stelle begraben worden. Vielleicht waren sie aber auch so einsam gestorben, dass niemand ein Grab für sie hatte errichten können. Bestimmt ist keiner von ihnen in die eigene Heimat überführt und für die wenigsten ein Denkmal errichtet worden. Ihre Angehörigen erfuhren mit Sicherheit erst viel später vom Tod des Verwandten, wenn sie überhaupt Nachricht erhielten. Traurige Mutmaßungen, die von fröhlichem Geplauder und energischen Schritten unterbrochen wurden. Hinter mir tauchten wieder einige der Franzosen auf. Sie schienen wie immer bestens gelaunt und riefen mir beim Vorbeigehen nette Komplimente zu. Ihre Bewunderung für meine blauen Augen war charmant und in keiner Weise anzüglich, ihre gute Laune wischte meine elegischen Gedanken im Nu beiseite.

Vorbei an teils sehr alten Kastanien-, Walnuss- und vielen Obstbäumen sowie Weingärten wurde ich, nachdem ich das nächste Dorf Riego de Ambrós durchquert hatte, mit den Folgen eines Waldbrandes konfrontiert. Teile des Unterholzes waren verkokelt, das Schwarz war unübersehbar. Der Brand war laut meines Führers bereits über zwei Jahre her und die Natur hatte sich immer noch nicht erholt. War es Brandstiftung gewesen? Waren Menschen zu Schaden gekommen? Wie viele Tiere waren wohl gestorben? Wie lange hatte das Feuer gewütet, bevor es gelöscht worden war? Doch niemand beantwortete mir die Fragen. Das war etwas, an das ich mich gewöhnen musste. Beim Wandern von Ort zu Ort werden viele Fragen, die entstehen, einfach nicht beantwortet. Entweder, weil man allein ist, weil man sie später, nachdem man angekommen ist, zu stellen vergisst oder weil sie dann schlicht keine Relevanz mehr haben. Manche müssen auch nicht beantwortet werden. War es wirklich wichtig zu wissen, was bei dem Brand alles passiert war? Es reichte doch die Konsequenzen daraus zu sehen, Bilder dazu im Kopf zu entwickeln, damit ich wie auch andere gemahnt waren, niemals achtlos mit Feuer umzugehen.

Die letzten Kilometer vor Molinaseca waren sehr anstrengend. Die Sonne schien erbarmungslos, es war schwül-warm und es sah nach Gewitter aus. Der Weg war steinig, voller Geröll und führte zum Teil steil abwärts. Mein Bein schmerzte sehr, als ich endlich die Stadt erreichte. Ein sehr schönes, kleines Städtchen mit vielen alten Bauwerken romanischen Ursprungs und einer sehr romantisch wirkenden Brücke, die über den Río Meruelo führte. Einige Badende erfrischten sich in dem sehr klaren Wasser: Ich bedauerte keinen Badeanzug mitgenommen zu haben. Aber wer denkt beim Pilgern auch an Schwimmen? Die Herberge war sehr ungewöhnlich. Im Inneren gab es unter dem Dach Betten, unten waren die Sanitäranlagen und eine Art Patio. Rund um das Haus war ein breites Vordach, unter dem ein Stockbett neben dem anderen stand. Der Wind zog um die Ecken, dass ich jetzt schon fröstelte. Wie war es wohl in der Nacht? Im Garten waren zusätzlich Zweimannzelte aufgebaut, alles in allem konnten hier 80 Pilger übernachten. Ich hatte großes Glück und bekam noch ein Bett im Inneren des Hauses.

Wieder traf ich viele, die mittlerweile zu meinem lieb gewonnenen Pilgeralltag gehörten: Elvira, Martin, Henri, mein Leidensgenosse im Zug, Jacques, León, Katrin, Maciej, Elisabeth aus München, das Schweizer Ehepaar Sylvia und Peter, die netten Belgierinnen und natürlich die kleine Ute.

Das Abendessen nahm ich in einer typisch spanischen Taverne gemeinsam mit Ute, Katrin, Maciej sowie zwei für mich neuen Gesichtern unter den Pilgern ein: Peter, einem jungen Dänen, der in seiner Heimat zum Offizier ausgebildet wurde, und Graham, einem englischen Mittdreißiger, der als Banker arbeitete. Der Abend schloss sich nahtlos an einen geselligen Nachmittag an. Solche Stunden wie auch dieser Abend waren ein großer Reiz des Pilgerns. Man lernt so viele verschiedene Menschen kennen, die durch ihre Kultur, ihre Herkunft, ihre Berufe und Ausbildungen, ihr Alter und damit unterschiedlichsten Lebenserfahrungen einen reichen Schatz an Geschichten bieten. Es war so spannend, den vielfältigen Erlebnissen der Einzelnen zuzuhören. Wie hat Paul Tournier es so schön ausgedrückt: »Jedes Leben ist ein Abenteuer.«

25. und 26. Pilgertag, 16.–17. Juni 2006
Molinaseca – Cacabelos – La Faba

Die beiden nächsten Tage war ich im Laufen sehr unvernünftig. Obwohl ich mir vorgenommen hatte, nicht mehr so lange Strecken zu gehen, legte ich am ersten Tag 25 Kilometer zurück, am zweiten Tag sogar fast 32 Kilometer. Es hatte sich aus vielerlei Gründen so ergeben. Im Ort vor Cacabelos gab es nur eine Art Notunterkunft und nach Cacabelos waren es noch weitere sieben Kilometer bis Villafranca del Bierzo. Am zweiten Tag wollte ich zunächst in Vega de Valcarce übernachten, aber irgendwie gefiel es mir dort nicht und ich beschloss, bis nach La Faba weiterzuwandern. Seltsamerweise hatte ich nach den zwei Tagen so gut wie keine Schmerzen, ich spürte keine Überanstrengung. Leider führte das zu einer Art Übermut in den nächsten Tagen, was ich sehr viel später bereuen sollte.

Auf meinem Weg nach Cacabelos passierte ich Ponferrada, mit über 60.000 Einwohnern die letzte größere Stadt vor Santiago und der Verwaltungssitz des Landkreises El Bierzo, der in El Acebo beginnt. El Bierzo gehört zur Provinz León und ist vor allem wegen seiner kulinarischen Genüsse und der fruchtig-aromatischen Weine bekannt. Ponferradas unverwechselbares Wahrzeichen ist eine mächtige Templerburg, deren Areal rund 8000 Quadratmeter umfasst. Auch die innerhalb der Befestigungsmauern gelegenen alten Gebäude, allen voran die Basilica de la Encina, sind wunderschön anzusehen. Beschwingt war ich in diese Stadt hineingelaufen. Kurz vor Campo war ich Albert begegnet, der mich bis hierher begleitet hatte und mit seiner netten, ruhigen Art ein angenehmer Gesprächspartner war. Gemeinsam tranken wir noch einen café in dieser langsam erwachenden Stadt. Ich wollte unbedingt noch die Basilica besichtigen, die um neun Uhr öffnen sollte, deshalb verabschiedeten wir uns voneinander. Ich vertrieb mir die Zeit des Wartens mit Tagebuch schreiben, Frühstücken und Umherschlendern in der Altstadt. Pünktlich um neun stand ich vor der Kirche, die aber auch nach einer weiteren Viertelstunde noch verschlossen war. Da mir weder Passanten noch die Kellner in den umliegenden Bars diesbezüglich Auskunft geben konnten und die Templerburg erst um zehn Uhr ihre Pforten öffnete, verließ ich Ponferrada ein wenig enttäuscht. Es sollte noch schlimmer kommen.

Ponferrada zog sich unendlich lang, man musste durch geschäftige Neubauviertel, die irgendwann in kleinere Vororte mündeten. Ich lief die ganze Zeit auf Asphaltwegen und permanent rauschten Autos an mir vorbei. Kurz hinter Columbrianos, es war etwas ruhiger geworden, überholte mich ein junger, vielleicht um die 25 Jahre alter Mann, der eine Rose in der Hand hielt. Es war ein schönes Bild, dieser Pilger mit der blutroten Rose. Es hatte etwas Romantisches. Wenig später überholte ich ihn wieder. Er war gerade damit beschäftigt, eine Camino-Nachricht zu deponieren. Das war ganz offensichtlich. An einer Wegmarkierung legte er die Rose sowie einen mit einer Plastikfolie geschützten Brief unübersehbar auf den Stein mit der gelben Muschel. Die Rose leuchtete schon von Weitem. Ich lächelte ihn an und sagte: »Sie wird sich bestimmt sehr freuen über diese wunderschöne Überraschung!« Er wurde etwas rot und antwortete: »Ich hoffe, sie findet die Nachricht, sie hat heute Geburtstag!« Beschwingt lief ich weiter und ließ den Pilger mit der Rose räumlich, aber nicht gedanklich hinter mir. Es war ein heiterer Moment gewesen.

Ich lief auf der linken Seite der Straße, als mir entgegenkommend eine Art Range Rover mit einem freundlich lächelnden Mann am Steuer neben mir zum Halten kam. Ich blieb auch stehen, da er mich offensichtlich etwas fragen wollte. Durch das auf der Beifahrerseite geöffnete Fenster schaute ich den vielleicht dreißigjährigen Mann an und versuchte mit meinen geringen Spanischkenntnissen seine Frage zu verstehen, was aber nicht klappte. Ich wollte ihn gerade bitten, seine Frage zu wiederholen, als ich durch die hektischen Bewegungen seines rechten Armes und das plötzliche Grinsen in seinem Gesicht bemerkte, dass seine Hose weit geöffnet war und sein erigierter Penis von ihm heftig bearbeitet wurde. Ich schrie, trat schnell zurück und machte, dass ich wegkam. Er fuhr mit quietschenden Reifen davon. Ich war sehr erleichtert und blieb voll Entsetzen über das gerade Geschehene stehen. Von Weitem sah ich einen Pilger im roten Shirt kommen. War der Mann deswegen weggefahren oder hatte er sich tatsächlich nur an meinem Entsetzen weiden wollen? Ich war total schockiert. In mir waren die widersprüchlichsten Gefühle. Zum einen war ich stocksauer auf diesen Mann, der auf diese Weise Frauen demütigte. Ich empfand dieses Verhalten als zutiefst erniedrigend und respektlos, denn es werden Grenzen überschritten, die im ureigensten persönlichen Bereich eines anderen Menschen liegen. Abscheu und Ekel kamen noch hinzu. Und ich fühlte Scham, viel mehr mein Schamgefühl war tief verletzt. Nacktheit gehört für mich mit wenigen Ausnahmen in die Privatsphäre. Zum anderen ärgerte ich mich über meine Gutgläubigkeit. Warum hatte ich etwas getan, was wir Kindern schon von klein auf beibringen, es nicht zu tun? Ich fing deshalb an, mir selbst die Schuld an dieser Situation zu geben. Ich konnte mich gerade noch darauf besinnen, dass dieser furchtbare Typ die Grenzen übertreten hatte und nicht ich. Diese widerstreitenden Gefühle waren anscheinend auf meinem Gesicht abzulesen. Ich stand immer noch wie paralysiert an der gleichen Stelle, als Rien vorbeikam und mich fragte, was denn los sei. Er war der Pilger mit dem roten Shirt. Es sprudelte nur so aus mir heraus, ich erzählte ihm, was gerade passiert war, und er reagierte großartig. Er ließ mich reden, war bei mir, ohne mir körperlich nahe zu kommen, war verständnisvoll und tat nichts beschönigend ab. Ich war ihm sehr dankbar. Bis Fuentes Nuevas blieb er an meiner Seite, dort machten wir gemeinsam Rast und, erst nach dem ich ihm versichert hatte, dass alles wieder in Ordnung war, ließ er mich allein. Als er weg war, fragte ich mich, warum das passiert war. Natürlich konnte ich weiter bei meinem Vorwurf an mich selbst bleiben, aber ich beschloss, diesen Vorfall als Anlass zu nehmen, Rien auf eine neue und angenehme Art kennen gelernt zu haben. Bisher waren wir uns nicht sonderlich sympathisch gewesen und hatten auch die Auseinandersetzung wegen der Fenster in Rabanal gehabt. Nun hatten wir beide die Zeit genutzt, um einander besser zu verstehen und aufeinander zuzugehen. In dieser Stunde lernte ich Rien von einer anderen Seite kennen, die ich noch nicht gesehen hatte. Ihm erging es genauso, wie er mir sagte. Ich erfuhr sehr viel von ihm und er von mir. Rien hatte mit seinen knapp 60 Jahren viel Lebensweisheit zu bieten und ich hörte ihm gern zu. Dieser unschöne Vorfall hatte unsere Herzen füreinander geöffnet, auf meinem weiteren Weg nach Santiago freute ich mich immer, wenn ich ihn wiedersah. Meister Eckhart hat einmal gesagt: »Immer ist der wichtigste Mensch der, der dir gerade gegenübersteht.« Genau dieses Gefühl hatte er mir gegeben und deshalb konnte ich den vorangegangenen Schock da lassen, wo er hingehörte - in den Abfalleimer meiner Erinnerungen.

Zehn Kilometer waren es noch bis Cacabelos, meinem Tagesziel. Bis Camponaraya, der Stadt vor Cacabelos, war es ähnlich urban wie zuvor. Lang gestreckte kleine Orte, die von Wiesen und Baumgruppen gesäumt waren. Störche, Rien und ich hatten vorher schon zahlreiche von ihnen in den Wiesen stehen sehen, boten einen friedlichen Anblick. Ich lief nach wie vor auf asphaltierten Straßen und Wegen. Auto- und Radfahrer passierten permanent meinen Weg, Fußgänger kamen mir ebenfalls entgegen. Erst nach Camponaraya wurde der Camino wieder ländlicher und

Es liegen mehr Kilometer hinter mir als noch vor mir ...

damit auch einsamer. Es ging auf und ab durch Weinberge und kleine Wäldchen. Weit und breit war niemand zu sehen, einzig ein Weinbauer auf seinem Traktor kreuzte meinen Weg. Jetzt spürte ich, dass meine bisherige Leichtigkeit und Unverfangenheit, allein unterwegs zu sein, durch das morgendliche Erlebnis doch getrübt waren. Ich schaute mich häufiger um, war deutlich nervöser, und als mir der Weinbauer entgegenkam, reagierte ich leicht panisch und beschleunigte sofort meinen Schritt. Wie sollte das nur in den nächsten Tagen werden? Ich wollte mich nicht davon beeinflussen lassen, auf keinen Fall! Bisher hatte ich mich immer sicher gefühlt, auch als Frau ohne Reisebegleitung. Ich hatte es genossen, mich nach niemandem richten zu müssen und meinen Gedanken sowie Tagträumen ungestört nachhängen zu können. So sollte es auch bleiben!

Cacabelos mit seinen knapp 5000 Einwohnern gefiel mir, der Weg führte entlang einer Altstadtgasse, rechts und links zweigten immer wieder weitere, zum Teil kleinere Gassen ab. Restaurants, Bodegas, Geschäfte und Wohnhäuser reihten sich aneinander. Trotz Siesta-Zeit machte die Stadt keinen ausgestorbenen Eindruck, im Gegenteil, es war noch reichlich Leben auf den Straßen. Mitten in der Stadt, die Herberge sollte ganz am Ende liegen, lag eine wunderschöne kleine Kirche, die mit weit offenen Portalen geradezu einladend auf mich wirkte. Innen bestanden die Mauern zum Teil aus groben, naturbelassenen Steinen, die zu den übrigen weiß verputzten Wänden einen reizvollen Kontrast boten. Das Gotteshaus war liebevoll mit Blumen dekoriert, überhaupt sah es so aus, als ob es viel und gern genutzt wurde. Das Schönste an ihm waren aber die Schwalben, die oben im Gebälk ihre Nester gebaut hatten und immer wieder in halsbrecherischem Flug quer durch die Kirche flogen und entweder zum Portal oder aus einem geöffneten Fenster hinaus- und hineinflogen. Wie schön, dass die Kirchengemeinde dies zuließ und die Nester nicht hatte entfernen lassen. Als ich nach einiger Zeit die Kirche wieder verließ, wurde sie hinter mir verschlossen. Ich hatte Glück gehabt, erst am Abend wurden ihre Pforten wieder geöffnet.

Die Herberge erstaunte mich sehr. Rund um eine sehr alte Kirche, die gerade renoviert wurde und daher nicht zugänglich war, waren quietsch-orangenfarbene Container-Parzellen nebeneinander aufgereiht. Es gab insgesamt 35 Zweier-Abteile, die Betten in diesen Abteilen standen nicht übereinander, sondern nebeneinander. Ungewohnter, aber bequemer Komfort. Nach oben hin gab es eine offene Holzdachkonstruktion, sodass man die Pilger der unmittelbaren Nachbarschaft mit ihren Aktivitäten durchaus hören konnte. Frauen und Männer waren nach Geschlechtern getrennt, nur als Paar durfte man sich ein Abteil teilen. Ich hatte das Vergnügen mit Karin, einer älteren, sehr netten Dänin, mit der ich mich sogar auf Deutsch unterhalten konnte. Viele meiner lieb gewonnenen Weggefährten waren ebenfalls hier und so konnte ich die Geschichte vom Vormittag das eine oder andere Mal noch loswerden, mit jedem Mal verlor sie dadurch mehr und mehr ihren Schrecken. Erzählen erleichtert die Seele und wird so nicht zum Ballast, das durfte ich nun erfahren. Ich war den anderen, Elvira und Martin sowie Sylvia und Peter wie auch Ute, dafür zutiefst dankbar.

Irgendwann im Laufe des Nachmittages fing es zu regnen an, alle »Gemeinschaftsräume« der Herberge befanden sich unter freiem Himmel, sodass uns allen nichts anderes übrig blieb, als uns in unsere Parzellen zurückzuziehen oder irgendwo in der Stadt ein geöffnetes Lokal aufzusuchen. Mir war es zum ersten Mal etwas langweilig, der Regen brachte alles durcheinander. Vieles gestaltete sich schwieriger als sonst, selbst das Wäschewaschen und vor allem -trocknen waren komplizierter. Kein Aufhängen in der Sonne und ruck-zuck war alles trocken. Mir wurde einmal mehr deutlich, wie viel Glück ich bisher mit dem Wetter gehabt hatte.

Mit Ute verbrachte ich den Abend. Zunächst stimmten wir uns in einer Bar mit Vino tinto und einigen Tapas auf die abendlichen Stunden ein, später aßen wir im gegenüberliegenden Restaurant. Es sah von außen sehr gepflegt aus. Ute und ich bekamen ein Pilgermenue serviert, das in seiner Vielfalt und Schmackhaftigkeit sensationell war. Für nur neun Euro tischte uns der Kellner sechs Gänge, eine Flasche Vino tinto sowie Was-

Satt und zufrieden nach einem köstlichen Abendessen mit Ute in Cacabelos

ser auf. Es gab eine köstliche Fischsuppe, dann einen knackig frischen Salat, des Weiteren einen frisch zubereiteten Fisch mit Kartoffeln und Erbsen, danach eine Art Eintopf mit Kohl und gekochter Chorizo-Wurst. Zum Abschluss ein süßes Dessert und Obst zum Mitnehmen. Wir beide konnten uns nicht erinnern, wann wir das letzte Mal auf dem Weg so satt geworden waren, eigentlich war es sogar viel zu viel gewesen. Deshalb bekämpften wir unser Völlegefühl mit einem selbst gebrannten Schnaps des Hauses. Ute und ich hatten uns den ganzen Abend hervorragend unterhalten. Wir sprachen darüber, wie oft man immer und immer wieder dieselben Situationen durchlebte, sich urplötzlich von Neuem darin fand, obwohl man sich beim letzten Mal geschworen hatte, dass man nun endgültig daraus gelernt hatte. Wir kamen zu dem Schluss, dass man das Verhaltensmuster wahrscheinlich so lange wiederholt, bis man sich endgültig darüber im Klaren ist, welche Gründe dazu führen. Diese Selbstreflexion bietet die Chance, die wiederkehrenden Muster zu unterbrechen oder sie vielleicht besser anzunehmen, sie zu akzeptieren. Möchte man sie auflösen oder abstellen, muss man das auch wirklich wollen, sonst ist es von vornherein zwecklos.

In dem Zusammenhang diskutierten wir auch über Grenzen. Wo sind die eigenen Grenzen? Wie setzt man Grenzen gegenüber anderen zum eigenen Schutz? Was macht man, wenn diese ständig überschritten werden? Wie verhält man sich dann? Wir tauschten uns über unsere eigenen Erfahrungen diesbezüglich aus. Es war ein sehr freimütiger Dialog, der von großem gegenseitigen Vertrauen getragen war. Es wurde für mich an diesem Abend erkennbar, wie hilfreich meine persönlichen Stärken in solchen Gesprächen waren: Zuhören können, klare Wahrnehmung, Intuition, Einfühlungsvermögen, Ehrlichkeit und unvoreingenommene Wertschätzung. Sie machen es leichter, eine offene, ehrliche und vertrauensvolle Gesprächsbasis zu entwickeln, bei der Impulse ausgetauscht oder gesetzt werden können, die beim anderen neue Denkanstöße freisetzen. In Ute hatte ich ein entsprechendes Pendant gefunden. In mein Reisetagebuch schrieb ich am nächsten Tag, angeregt durch den wunderbaren Abend mit Ute: »Ich kann mir immer mehr vorstellen, dass Beratung, Seelsorge oder Pädagogik auch mögliche Felder neuer beruflicher Orientierung für mich sein können.«

Zum ersten Mal musste ich meine Regenkleidung von Kopf bis Fuß anziehen, es goss am nächsten Morgen in Strömen. Ich war wie immer früh losgegangen, der Regen hatte mich nicht abhalten können. Zu hoffen, dass er nach einiger Zeit aufhören würde, dafür gab es sowieso keine Garantie. Für den Fall hatte ich schließlich die Regenausrüstung mitgenommen und sie über Hunderte von Kilometern mitgeschleppt. Der Regen fiel in dichten Schnüren wie ein Vorhang aus Perlenketten. Die Felder und Wiesen, die in den Tagen zuvor viel Sonne gesehen hatten, lagen nun unter einer dichten Dampfglocke. Wie Nebel stieg dieser Dampf langsam empor. Die Dämmerung hatte schon längst begonnen, aber die Sonne versteckte sich hinter einer dichten Wolkendecke, es wurde nur langsam hell. Villafranca del Bierzo, das ich gemeinsam mit Sylvia, Peter, Elvira und Martin nach gut einer Stunde erreichte, lag wie ausgestorben vor uns. So gut wie niemand war zu sehen, die Fensterläden waren bei vielen Häusern noch geschlossen, kaum ein Laut drang nach außen. Eine

Nach strömendem Regen noch in voller Regenkleidung

einzige Bar im Ortszentrum hatte geöffnet, ihr heller Lichtschein fiel uns schon von Weitem ins Auge. Der frische Kaffeeduft tat sein Übriges und lockte uns endgültig in das warme Innere der kleinen Bar. Doch wenig später lief ich wieder allein durch den Regen. Ich hatte die anderen ziehen lassen. Sie hatten mich vor Villafranca bereits eingeholt und überholt, sie waren einfach schneller unterwegs, außerdem wollte ich alleine laufen. Nach wie vor gefiel es mir am besten, wenn ich ungestört meinen Gedanken nachhängen konnte, ohne den Druck zu haben, Konversation machen zu müssen.

Das trübe Wetter passte zu der Wegstrecke dieses Tages. Der überwiegende Teil des Weges verlief parallel entlang der Nationalstraße, Autos und Lkws fuhren mit beträchtlicher Lautstärke an mir vorbei. Der Gehweg war asphaltiert und durch Betonmarkierungen von der Fahrbahn abgetrennt, alles war ein einziges Grau in Grau. Daneben durchzogen die Viadukte der neu gebauten Autobahn das Tal. Hier hatte der Fortschritt unserer modernen Zivilisation einen deutlichen Einschnitt in die Natur vorgenommen und bot einen zum Teil hässlichen Anblick. Einzig der Río Valcarce war ein Lichtblick. Er schlängelte sich gut sichtbar durch den Laubwald neben der Straße. Ich wünschte mir dort unten einen Pfad, mitten durch das dichte Grün, das Gluckern und

Glucksen des Flusses in meinen Ohren; stattdessen atmete ich Abgase ein und Motorengeräusche pfiffen mir um die Ohren. Deswegen bedauerte ich zwischendurch immer wieder, dass ich nicht die Alternativroute, den sogenannten »camino duro« (wörtlich übersetzt: harter Weg) gegangen war. Ich hatte darauf verzichtet, obwohl er landschaftlich wunderschön sein soll, weil ich mir mit meinem Bein diese durch die großen Höhenunterschiede anspruchsvolle Etappe nicht zutraute. Wahrscheinlich war es wirklich besser so, auch wenn ich jetzt genervt war.

Gegen Mittag klarte es auf und die Sonne kam sogar heraus, meine schnell getrocknete Regenkleidung wanderte in den Rucksack. Zudem führte der Weg endlich weg von der Nationalstraße, nach Portela de Valcarce machte es wieder Spaß zu wandern. Jetzt wanderte ich erneut von einem Örtchen zum anderen, mitten durch das grüne Tal des Río Valcarce. Ursprünglich hatte ich vor, in Vega de Valcarce zu übernachten, 22 Kilometer wäre ich dann gelaufen. Eine vernünftige Distanz, doch dort angekommen, zog es mich weiter. Ich fühlte mich dort nicht wohl. Vielleicht lag es auch an der großen Reisegruppe, die dort gerade Station machte und das Zentrum des kleinen Dorfes bevölkerte. Es waren Deutsche. Auf einen großen Pulk hatte ich keine Lust, vor allem, wenn ich jedes Wort verstehen konnte. Mir war nicht nach Kollektiv zumute, sondern nach ruhiger Individualität. Also beschloss ich weiterzugehen. Außerdem kreisten mir schon den ganzen Tag zwei Wörter durch den Kopf: »La Faba«. Bis zu diesem kleinen Weiler waren es noch weitere zehn Kilometer, eine Tatsache, die ich eigentlich nicht ignorieren durfte. Es gelang mir nicht, vernünftig zu sein. La Faba, letzte Station vor dem O Cebreiro, hatte eine Herberge, die von einer deutschen Pilgergesellschaft geführt wurde und als ehemaliges Pfarrhaus direkt neben einer Kirche lag. Das reizte mich. Ich redete mir zwar ein, nur so weit zu gehen, wie ich es verantworten konnte. Schmerzen aufgrund von Überanstrengung kamen natürlich auf keinen Fall in Frage, deswegen machte ich immer wieder ausgiebig Rast. Ich kehrte sogar in einem netten Landhotel ein, das einsam am Weg gelegen einen herrlichen Blick über eine Talsenke bot. Hier kam ich mir zum ersten Mal mit meinem Rucksack etwas deplatziert vor, dennoch konnte ich die elegant-gemütliche Atmosphäre genießen. Ich beobachtete die anderen Gäste, die sich von Pilgerreisenden sehr unterschieden. Einige Herren trugen trotz ländlicher Umgebung Anzug und manche Damen stöckelten auf hohen Absätzen herein. Sie nippten an Sherry oder sonstigen Aperitiven, vor mir stand dagegen ein großes Cerveza con lemón.

Am späten Nachmittag erreichte ich La Faba. Bis dorthin war es auf den letzten Kilometern sehr anstrengend gewesen, aber das hatte mich doch nicht abhalten können. Dichte Laubwälder und saftige Wiesen wechselten sich ab, ausgetrampelte Pfade und zum Schluss ein gerölliger, steiniger und sehr steiler Aufstieg auf über 900 Höhenmeter lagen bei meiner Ankunft in der Herberge hinter mir. Ich war zwar verschwitzt und müde, aber Schmerzen verspürte ich nicht. Die Herberge war toll, sehr sauber, mit einem geräumigen Schlafsaal und guter sanitärer Einrichtung. Der große Gemeinschaftsraum war mit einer komfortablen Küchenzeile ausgestattet, man konnte selbst kochen. Ich sah viele mir unbekannte Pilger, kein einziges wohlvertrautes Gesicht. Es machte

Die Herberge in La Faba – ein Kleinod

mir nichts aus, im Gegenteil, neue Leute, neue Eindrücke. Der Schlafsaal war ein einziger sehr großer Raum, der aber durch nach oben offene Wände in kleinere Nischen aufgeteilt war. Ich packte meinen Rucksack in einer aus, in der ein unteres Bett bereits belegt war. Der Pilger – nach der Kleidung zu urteilen, handelte es sich um einen Mann – war nicht zu sehen. Als ich einige Zeit später vom Duschen kam, stand plötzlich Hans-Jakob vor mir! Ich hatte mir ausgerechnet die Nische ausgesucht, in der er sich schon eingerichtet hatte. Welcher Zufall! Oder vielleicht doch keiner? Wieso hatte ich seine Sachen nicht erkannt? Seine sehr prägnant aussehende Isomatte fehlte. Er hatte sie in einer der letzten Herbergen liegen gelassen, da er sie nicht einmal benötigt hatte und Gewicht sparen wollte. Wie immer freuten wir uns beide sehr über das Wiedersehen. Bei einem Bier auf der Veranda des Refugio tauschten wir uns über die Tage aus, in denen wir uns nicht gesehen hatten. León war eine Woche zuvor unsere letzte gemeinsame Station gewesen. Wir sprachen über die Wege und Herbergen, die hinter uns lagen, und verglichen unsere Eindrücke. Fragten uns gegenseitig über die anderen Pilger aus: »Wie geht es der kleinen Elisabeth, hast du sie gesehen? Ich schon lange nicht mehr!« Oder: »Bist du Malin und Michael begegnet, hast du mit ihnen gesprochen?« Ich erzählte Hans-Jakob von meinen Selbstreflexionen, welche Veränderungen sich in mir abspielten. Er hörte mir aufmerksam zu und stellte Fragen, die mich nochmals zum Nachdenken brachten. Er hatte so viel Lebenserfahrung. Nach jeder Begegnung mit ihm hatte ich den Eindruck noch klarer zu sehen.

Eine Trauung sollte an diesem Nachmittag in der kleinen Kirche direkt neben der Herberge stattfinden. Hans-Jakob und ich saßen auf der Veranda wie in der ersten Reihe bei einem Theaterstück, wir konnten die Ankunft der Hochzeitsgesellschaft aus nächster Nähe betrachten. Dies war schon die zweite Hochzeit, die ich auf dem Weg mit erlebte. Wie immer musste ich in solchen Momenten an meine eigene Hochzeit denken. Sie war damals wunderschön und ich war überglücklich gewesen, fest davon überzeugt mit dem Mann an meiner Seite alt zu werden. Leider war es anders gekommen. Wir beide hatten lernen müssen, dass grenzenlose Liebe nicht ausreicht, wenn die ständige Reibung aufgrund von sehr unterschiedlichen Sichtweisen und Lebenseinstellungen die Liebe und Zuneigung aufzehrt. Angesichts der wiederkehrenden Bilder wurde ich traurig und wehmütig. Gu war auch in meinen Gedanken. Würden wir irgendwann heiraten? Gab es ein zweites Mal für mich? Diesmal wirklich »bis dass der Tod euch scheidet«? Meine Sehnsucht nach Partnerschaft und Familie war da und ließ sich nicht beiseiteschieben. Mit Hans-Jakob entspann sich darüber eine eingehende Unterhaltung. Er ließ mich an den Erfahrungen mit seiner Familie teilhaben.

Wir beschlossen später, gemeinsam in der Dorfkneipe zu Abend zu essen, und den Tag bei einem guten Essen und einem leckeren Glas Rotwein ausklingen zu lassen. Vorher besichtigten wir die Kirche, die Hochzeitsgesellschaft war schon lange wieder ausgeflogen. Die deutsche Pilgergesellschaft Ultreya hatte 2004 neben dem zur Herberge umfunktionierten Pfarrhaus auch die Iglesia de San Andrés renoviert. Sie stand der Gemeinde nach wie vor zur Verfügung. Im 18. Jahrhundert war sie erbaut worden, sie war schlicht gehalten und wirkte auf mich freundlich und hell. Echte Kerzen am Opferstock, keine elektrischen kleinen Lichter standen hier zur Verfügung. Ich fühlte mich auf Anhieb wohl und schlüpfte in eine der Bänke, um zu beten und meinen Gedanken nachzugehen. Nach La Faba zu kommen, war eine gute Entscheidung gewesen. Es war keine klare, überzeugte Entscheidung meinerseits gewesen. Zum Teil – so mein Eindruck – war ich hierher gelenkt worden.

27. und 28. Pilgertag, 18.–19. Juni 2006
La Faba – Triacastela – Barbadelo/O Mosteiro

Der Cebreiro-Pass lag an diesem Tag auf meinem Weg nach Triacastela. Von La Faba aus hatte ich einen steilen Aufstieg zu bewältigen. Es galt, über 400 Höhenmeter zu überwinden. Die Grenzmarkierung zwischen den Provinzen Castilla y León und

Galicien war ebenfalls auf meinem Weg. Von dort aus waren es dann nur noch knapp 150 Kilometer bis nach Santiago de Compostela, der Hauptstadt von Galicien, die letzte Provinz, die ich zu durchqueren hatte. Man bezeichnet Galicien als eine wenig typische spanische Region. Von vielen wird sie als geheimnisvoll empfunden, denn uralte Kulturen haben viele sichtbare Zeichen hinterlassen, vor allem die Kelten waren prägend. So ist die Sprache der Einheimischen, das Galego, in Wort und Schrift noch weit verbreitet. Aus dieser romanischen Sprache hat sich das Portugiesische entwickelt. Die Musik erinnert stark an die irischen Volksweisen, es gibt auch einen galicischen Dudelsack. Für mich war das ganz befremdlich, Dudelsäcke gehörten für mich bisher immer zu Schottland und bei Spanien dachte ich bis dahin an heiße Gitarrenrhythmen und Flamencoklänge. Die Menschen leben neben dem Wallfahrtstourismus von der Land- und Viehwirtschaft, an der Küste von der Fischerei. Industrielandschaften habe ich nicht gesehen. Dies und das regenreiche, wenn auch milde Klima tragen dazu bei, dass Galicien zu den ärmsten Gegenden von Spanien zählt. Für mich trotzdem unverständlich, denn landschaftlich ist Galicien wunderschön und hinterlässt tiefe Eindrücke. An meinen Aufstieg zum O Cebreiro kann ich mich jedenfalls noch sehr gut erinnern: Nach La Faba ging es zunächst noch durch bewaldete Gebiete, doch dann boten sich mir atemberaubende Fernblicke. Dicht begrünte Hügelketten lagen mit ihren Spitzen im gleißenden Morgenlicht, immer wieder durchzogen von dunkelrot leuchtenden Erikafeldern. Schmale Bergstraßen schlängelten sich in Kurven hinauf. Ich sah kaum Häuser, geschweige denn Dörfer. Die Natur nahm mich gefangen. Noch heute beim Schreiben dieser Zeilen fühle ich meine damalige Stimmung. Ich hatte das Gefühl ganz allein zu sein, aber es war in keiner Weise unangenehm, denn ich empfand mich als selbstverständlichen Teil der Natur. Ich spürte an diesem Morgen meinen Körper sehr intensiv. Mein Herz klopfte stark und kräftig, meinen Puls nahm ich deutlich wahr und der Schweiß rann mir in kleinen Rinnsalen den Körper hinunter. Selten zuvor habe ich mich so lebendig empfunden. Der Impuls mich dem Fluss des Le-

Blick vom O Cebreiro – morgens um acht noch mystisch und still

bens zu überlassen, einfach zu sein, so wie alles um mich herum, war ganz stark. In dieser gelösten, heiteren und schönen Stimmung erreichte ich das Dorf O Cebreiro, das zu Recht als eines der schönsten Dörfer auf dem Camino gilt. Es ist denkmalgeschützt, da man hier noch die für die Region typischen Pallozas, strohgedeckte Steinrundhütten keltischen Ursprungs, besichtigen kann. Auch steht hier die älteste erhaltene Kirche am Camino, die im 9. Jahrhundert erbaute Kirche Santa María la Real. Damals gehörte sie zu einem Benediktinerkloster. Sie ist auch ein Ort, an dem um 1300 ein heiliges Wunder geschehen sein soll. Die Legende besagt, dass sich ein frommer Bauer in einer stürmischen Winternacht den O Cebreiro hinaufgekämpft haben soll und der mit der Liturgie beauftragte Mönch deshalb geringschätzig gedacht haben soll: »Was für ein Dummkopf, erträgt so ein Unwetter, nur um ein Stück Brot und ein bisschen Wein zu sehen.« Im gleichen Moment sollen sich die Hostie und der Messwein in echtes Fleisch und Blut verwandelt haben. Beides ist noch heute in zwei Phiolen in der Capilla Santo Milagro zu besichtigen. Der Kelch und die Hostie sind auch Teil des galicischen Wappens geworden.

Die Kirche konnte ich nicht besichtigen. Ich war wieder einmal viel zu früh, sie öffnete ihre Pforten erst um zehn Uhr. Trotzdem ärgerte ich mich nicht, denn zwei Stunden zu warten war nicht meine Sache und den morgendlichen Aufstieg mit meinen sehr persönlichen Eindrücken hätte ich dafür einfach nicht eintauschen wollen. Gott kann man eben auch außerhalb von Kirchenmauern begegnen. Ich ließ mich treiben, als ich durch das kleine Dorf ging und genoss die Aussicht von hier oben auf die andere Talseite. Dort lagen noch dichte Nebelschwaden zwischen den einzelnen Bergen, vielleicht waren es aber auch tief liegende Wolken, der Himmel darüber war klar und leuchtend blau. Auf dieser Seite konnte ich wesentlich mehr Dörfer ausmachen, es schien weniger einsam zu sein.

Ich frühstückte in einer wirklich hübschen, kleinen Bodega im Dorf, die an diesem frühen Morgen bereits geöffnet hatte. Zunächst war ich allein, doch dann kam eine Frau mittleren Alters mit drei Teenagern im Schlepptau herein. Sie waren mir am Tag vorher in der Herberge schon aufgefallen. Diesmal kam ich mit ihnen ins Gespräch. Es handelte sich um eine Mutter mit ihren drei Töchtern. Die älteste Tochter fehlte sogar noch, sie war mit ihrem Freund erst später aufgebrochen. Sie kamen aus den USA.

Drohende Gewitterwolken tauchen die Berge ins Dunkel

Wo der dazugehörige Vater abgeblieben war, interessierte mich zwar brennend, aber ich konnte die Frage nach ihm doch zurückhalten; wobei ich zugeben muss, dass es mir ein wenig schwerfiel.

Als ich nach gut einer Stunde weiterwanderte, traf ich Elvira und Martin wieder. Sie zu sehen, freute mich jedes Mal. Bei den beiden hatte ich den Eindruck, dass sie mich im Blick hatten. Sie hatten echtes Interesse an mir, solange sie in meiner Nähe waren, konnte ich nicht verloren gehen, dessen war ich mir sicher und das tat mir einfach gut.

An diesem Tag passierte noch so viel. Es war einer der Tage, die randvoll waren mit Ereignissen, Begegnungen und Eindrücken. Die Natur zog mich immer wieder neu in ihren Bann. Alles zu beschreiben, so wie es in meinen Erinnerungen ist, ist nicht möglich, denn das Zusammenspiel der Elemente Sonne, Wind und Erde bot viele einzigartige Bilder. So schlängelte sich der Weg bei meinem Abstieg nach Triacastela malerisch vor mir her, gegenüber lagen die Kuppen der Berge. Sie waren nicht mehr grün, sondern in ein drohendes schwarzes Licht getaucht, da sich am Himmel Wolken auftürmten. Am Ende des Weges lag eine breite und hohe Ginsterhecke, die sich in ihrem satten Gelb wirkungsvoll gegen das Schwarz abhob. Ein anderes Mal leuchtete eine Wiese in tiefem Violett in der Nachmittagssonne, Disteln in voller Blüte hatten sich über das Gras ausgebreitet. Dann beeindruckte mich eine über hundertjährige Kastanie mit ineinander verschlungenen Ästen, die am Wegrand stand.

Im Weiler Hospital da Condesa wurde ich durch das helle Glockengeläut der kleinen Kirche angelockt. Im Inneren waren zwei Frauen damit beschäftigt, die Kirche für eine Messe vorzubereiten. Sie stellten Blumen auf und richteten den Altar her. Ich setzte mich, sah ihnen zu und hing dabei meinen Gedanken nach. Kurze Zeit später sprach mich eine der Frauen an, zunächst versuchte sie es auf Spanisch, dann wechselte sie ins Englische. Sie fragte mich regelrecht aus, trotzdem fand ich es nicht unangenehm, da sie wirklich interessiert schien. »Woher kommst du? Wie lange bist du schon unterwegs? Wo bist du gestartet? Warum bist du allein unterwegs? Warum bist du auf dem Camino?«, wollte sie wissen. Ich gab auf alle Fragen geduldig Auskunft. Zum Teil mit Hilfe von Dagmar, die ganz gut spanisch sprechen konnte. Sie war durch die weit geöffneten Pforten neugierig geworden und ebenfalls eingetreten. Dagmar und ich waren uns schon einige Male über den Weg gelaufen. Sie stammt aus Münster, lebt aber schon seit mehr als 25 Jahren in Kanada. Die spanische Frau, Marla war ihr Name, war herzlich und sehr gastfreundlich. Sie schenkte mir (Dagmar war inzwischen wieder gegangen) ein Textblatt mit einer kleinen Geschichte über eine Frau auf dem Camino mit den Worten: »Dem Geist dieser Frau folgst du auch.« Sie wollte unbedingt noch ein Foto mit mir vor dem Altar. Ich musste das Versprechen abgeben, es ihr später zu schicken. Als der Priester eintraf, stellte sie mich vor, daraufhin wurde ich von ihm mit zwei Wangenküssen begrüßt und mit einem Kreuzzeichen gesegnet. Ich verabschiedete mich, denn die Messe war eine Totenfeier und da wollte ich nicht stören.

Erst hinter der nächsten Wegbiegung las ich deshalb den Text in aller Ruhe. Er war sehr berührend.

»A woman on the camino«
Mary, with the happy news of the life of God in her heart, while she is walking, searches for the future that God offers her.

In a time shaken by great changes, she let herself guided by the spirit. She has a faith that moves mountains and that faith is expressed in simple service.

Her path is missionary. She shortens the distance in order to serve others. She walks with contemplative rhythm allowing her rumination and contemplations to soak in her heart, in the same way as abundant water that falls from the clouds soak into the earth.

For her to walk is to enter the time and the rhythm of God.

She crosses villages, hamlets... The road offers her new opportunities to live her universal vocation. The road is a journey towards her own.

She risks being her intuitive core.

Stage after stage she goes gathering the new gifts from God.

She walks vitality, with agility, open, flexible ...

Immer wieder die Muschel – zuverlässiger Hinweis am Wegesrand

Ich verstand auf Anhieb nicht alles, aber das, was ich verstand, sprach mich an. Passagen wie »sie hat ein Vertrauen, das Berge versetzt«, »sie wanderte in einem besinnlichen Rhythmus, der es erlaubte, dass sie nachsinnen konnte und ihre Betrachtungen in ihr Herz einziehen konnten«, oder »die Straße öffnete ihr neue Möglichkeiten ihre Berufung zu leben«, sprachen das aus, was mich in den letzten Monaten geleitet hatte oder ich mir auch wünschte. Ich hatte Vertrauen, aber es war oftmals nicht so groß, dass ich damit Berge versetzen konnte. Zwischendurch verlor ich immer wieder den besinnlichen Rhythmus, der

Blick auf Triacastela

es erlaubte, ganz bei mir zu sein. Möglichkeiten hatten sich schon einige gezeigt. Würden sie mir es auch ermöglichen, meine Berufung zu leben? Sie musste ich doch erst einmal finden. Der Text war gut, er machte Mut.

In Triacastela angekommen, hatte ich den Eindruck in einer Pilgerhochburg zu sein. Es gab vier Herbergen, die über 180 Pilgern Platz boten. Entsprechend prägten sie auch das Stadtbild. Es war ein einziges Hallo. Ich traf alle wieder, na ja, fast alle. Doch das interessierte mich zunächst nur am Rande. Ich war froh, endlich den Rucksack loszuwerden und meine Beine hochlegen zu können. Der letzte Abschnitt von O Biduedo nach Triacastela war ein Abstieg über mehr als 500 Meter. Es ging kontinuierlich abwärts, das bekam meinem Bein gar nicht. Es fing wieder an zu schmerzen und war auch mehr als üblich angeschwollen. Den Rest des Tages hieß es deshalb ausruhen in geselliger Runde. Mit Hans-Jakob und Dagmar saß ich zunächst entspannt bei einem nachmittäglichen Cerveza und wir philosophierten über alles Mögliche. Später lud mich Katrin ein, gemeinsam mit ihr, Maciej, Graham, Peter und Marcello, dem Zweimetermann aus Brasilien, das Länderspiel Brasilien gegen Australien anzuschauen. Zwei Irinnen und Hans-Jakob gesellten sich ebenfalls dazu. Vom Spiel habe ich nicht viel gesehen, denn es war wesentlich interessanter, mit Katrin die neuesten Informationen auszutauschen. Zwischen ihr und Marcello schien sich eine Romanze anzubahnen. Sie erzählte mir, wie sich die beiden in den letzten Tagen immer nähergekommen waren. Es war offensichtlich, sie waren schwer ineinander verliebt. Ich war gespannt, wie es weitergehen würde. Den Tag beschlossen Hans-Jakob und ich wieder mit einem gemeinsamen Abendessen, das ausgesprochen schmackhaft war. Es gab eine typisch galicische Gemüsesuppe, danach leckere Lammkoteletts. Wir versprachen uns, uns auf jeden Fall in Santiago zu treffen, egal ob wir uns zwischendurch aus den Augen verlieren sollten. Wir tauschten deshalb unsere Handynummern aus. Das Gefühl in Santiago, nicht allein sein zu müssen, sogar erwartet zu werden, war schön.

Von Triacastela aus führen zwei Routen nach Sarria. Die erste,

Galicien – sagenumwobenes Land

etwas längere führt über Samos, dessen Kloster zu einem der schönsten und ältesten Klöster Europas zählt, die andere, kürzere Variante über San Xil ist weniger frequentiert und naturbetonter. Ich hatte mich für die zweite Route entschieden, mir war nach weniger Trubel zumute und meinem Bein würden die drei Kilometer weniger auch guttun. Der Morgen wirkte sehr mystisch. Dichter Nebel hing über den Wiesen und zwischen den Bäumen. Es knisterte und raschelte wie in der Nacht, obwohl es schon hell war. Die Laubwälder rechts und links waren immer wieder mit kleinen Pfaden durchzogen. Wenn ich ein Haus passierte, war niemand zu sehen, ab und zu bellte ein Hund. Die Sonne versuchte immer wieder den Nebel zu durchbrechen, sodass man in der Ferne Schemen wahrnehmen konnte. Von Zeit zu Zeit hörte man das Geläut von Kuh- oder Ziegenglocken aus der Ferne her-

Bald bin ich da...

überwehen. Irgendwie hätte es dazu gepasst, wenn Elfen, kleine Kobolde oder Wichte erschienen wären. Doch den Einzigen, den ich zu Gesicht bekam, war Maciej, der von hinten auf mich zugewandert kam. Bis Sarria blieben wir zusammen, entgegen meiner sonstigen Gewohnheit. Vielleicht, weil Maciej mich an meinen Bruder Thomas erinnerte. Seine Augen waren ebenfalls sehr groß und von einem dichten Wimpernkranz umgeben, auch sprach er nur ab und zu und redete nicht unablässig auf mich ein. Er wirkte dadurch irgendwie vertraut. Unser gemeinsames Frühstückspicknick auf einer alten Mauer war trotz des Nebels eine angenehme Rast. Wir teilten unseren Proviant geschwisterlich. Unser Picknickplatz lag direkt am Weg, sodass wir hin und wieder Gesellschaft bekamen. Auch Hans-Jakob und später Katrin hielten sich für einen kurzen Plausch bei uns auf. Die beiden sahen wir den ganzen Tag erneut bei der einen oder anderen Rast.

In Barbadelo kamen wir am frühen Nachmittag an und hatten großes Glück. Wir bekamen gerade noch die letzten beiden freien Betten in einer privaten Herberge. Die städtische war schon komplett ausgebucht. Sollte sich das bewahrheiten, was ich in meinem Führer gelesen hatte? Ab Sarria waren es nur noch hundert Kilometer bis Santiago. Um die Compostela, die Pilgerurkunde, zu bekommen, musste man nur diese letzten Kilometer zu Fuß gelaufen sein. Deshalb sollte es auf dieser Strecke sehr voll werden. Zum ersten Mal erlebte ich in der Casa de Carmen, unserer

Herberge, mit, wie eine Pilgerin weggeschickt werden musste, weil kein Platz mehr frei war. Sie war völlig entkräftet und die nächste Übernachtungsmöglichkeit war erst nach weiteren sechs Kilometern gegeben. Doch unser Herbergsvater hatte ein Herz, er organisierte ein Bett in der Nachbarschaft.

In dem Zimmer, in dem Maciej und ich untergebracht waren, lagen noch vier weitere Pilger, es herrschte drangvolle Enge. Zudem herrschte eine Bruthitze darin, denn eigentlich war es kein Zimmer, sondern ein Wintergarten, der zu einem Schlafraum umfunktioniert war. Die vier anderen Pilger waren Franzosen und so wie sie sich verhielten, schienen sie dem mir auf dem Pilgerweg oft begegneten Vorurteil, dass Franzosen grundsätzlich rücksichtsloser als andere seien, alle Ehre zu machen. Sie hatten sich ziemlich breitgemacht, überall war ihre Wäsche verteilt. Einer von ihnen schien ein starker Raucher zu sein, der ganze Raum roch penetrant nach Tabak. Ich mochte gar nicht an die Nacht denken. Maciej und ich flüchteten ins Freie. Die Herberge hatte einen wunderbaren Garten, besser gesagt eine Wiese. Sie war umrandet von mächtigen Bäumen, deren Zweige sich durch den auffrischenden Wind hin und her bewegten. Die Wiese lag auf einer Anhöhe, von der man einen prächtigen Blick auf die gegenüberliegende Hügelseite hatte. Wir lagen in der Sonne und faulenzten. Mittlerweile hatten sich auch Katrin und Marcello sowie Graham und Peter zu uns gesellt. Galicische Musik klang aus einer Lautsprecherbox quer über die ganze Fläche zu uns herüber. Eine heitere, gelockerte Stimmung erfasste uns. Wir lachten viel, scherzten und alberten herum. Wann hatte ich zum letzten Mal so einen Nachmittag erlebt? Es war Ewigkeiten her. Nie hatte die Zeit gereicht, außer im Urlaub vielleicht, einfach nur stundenlang dazuliegen und sich um nichts Sorgen machen zu müssen. Nicht daran zu denken, was alles noch zu erledigen oder vielleicht sogar liegen geblieben war. Wie gerne hätte ich diese Stimmung mit Gu geteilt. Ich rief ihn an, um wenigstens seine Stimme zu hören und ihm zu sagen, wie sehr er mir gerade fehlte. Ich war nicht nur deshalb so sentimental. Ich fühlte mich zwar mit den anderen sehr wohl und ich denke, sie auch mit mir, aber ich war älter als sie und ich spürte dies besonders, wenn wir bestimmte Themen streiften. Außerdem befand ich mich in einer komplett anderen Lebenssituation. Sie waren fast alle noch unter dreißig und bis auf Graham bauten sie sich ihr Leben gerade auf oder sie waren noch auf der Suche. Katrin wollte nach der Pilgerreise nach Barcelona gehen und dort einen Job als Webdesignerin finden. Marcello war Profi-Volleyballer und spielte in der nächsten Saison für einen kroatischen Klub. Peter war gerade in die dänische Berufsarmee eingetreten, um eine Offizierslaufbahn anzutreten. Maciej lebte und arbeitete in Berlin als Computerfachmann. Alle waren solo. Einzig Graham war in einer annähernd ähnlichen Situation wie ich. Er arbeitete als Investmentbanker in London und dachte auch darüber nach, noch einmal etwas komplett Neues anzufangen. Mitten unter ihnen wurde mir erneut sehr bewusst, dass ich alles, was ich bis dahin im Leben erreicht hatte, aufgegeben hatte. Ich würde, ähnlich wie die jungen Menschen vor mir, nochmals von vorn anfangen. Vielleicht fühlte ich mich in ihrer Gesellschaft deswegen so wohl. Wenn ich ehrlich bin, führte es auch dazu, dass ich mir jünger vorkam, als ich eigentlich war.

Wir verbrachten den restlichen Tag in dieser heiteren und gelösten Atmosphäre miteinander. Der zunehmend kalte Wind konnte daran auch nichts ändern. Maciej hatte beschlossen, sein Zelt aufzubauen und draußen zu übernachten, die anderen wollten im Freien schlafen unter dem Sternenzelt. Als es immer kälter wurde und bedrohlich nach einem Gewitter aussah, blieb doch nur Maciej mit seinem Zelt im Freien. Sein Bett trat er an Marcello und Katrin ab, die sich um keine Unterkunft gekümmert hatten. Unser Liebespaar wollte sich das Nachtlager teilen. Später im Zimmer hatte ich Mitleid und tauschte meine wesentlich breitere Schlafstatt mit ihrem schmalen, durchhängenden Bett. Eine gute Tat am Tag sollte man eben tun. Bestimmt schlief ich deshalb, entgegen meinen ersten Befürchtungen, tief und fest bis zum anderen Morgen.

29. bis 31. Pilgertag, 20.–22. Juni 2006
Barbadelo – Ligonde – Pontecampaña – Arzúa

Drei »schrecklich-schöne« Tage warteten auf mich. Schön waren sie, weil ich sehr viel Nähe, Herzlichkeit und Zuwendung erfahren sollte. Schrecklich, weil mir ein großes Malheur passierte und mein Körper sich wieder deutlich mit Signalen bemerkbar machte.

Dabei fing alles so gut an. Der Morgen war zwar kalt und nebelig, doch man sah schon, wie die ersten Sonnenstrahlen versuchten, sich ihren Weg zu bahnen. Nach gut eineinhalb Stunden hatte ich den kleinen Weiler Morgade erreicht, am Wegrand lag ein sehr uriges Hostal in typisch galicischer Bauweise. Ich beschloss, dort zu frühstücken und trat ein. Zu meiner Überraschung saßen dort Dagmar und die drei Sachsen. Gerd war nach wie vor mit seinem Fahrrad, das er Hulda getauft hatte, unterwegs und blieb trotz schnellerer Geschwindigkeit bei Ramona und Wolfgang. Alle hatten hier übernachtet. Fast eine Dreiviertelstunde blieb ich bei den anderen in der gemütlichen Stube. Als ich wieder aufbrechen und meinen am Eingang abgestellten Rucksack schultern wollte, sah ich die Bescherung. Eine riesige Pfütze hatte sich um ihn gebildet, er stand mitten im Wasser. Von unten war er bereits komplett feucht, besser gesagt nass. Die Verschlusskappe des Schlauches meines Trinksystems war irgendwie abgegangen und zu allem Unglück war das Trinkventil unter den Rucksack geraten. Durch den entstandenen Druck auf das Ventil war fast die Hälfte meines Wasservorrates, mehr als ein Liter, ausgelaufen. Zunächst tröstete ich mich damit, dass der Rucksack nur von außen nass war, doch später beim Wandern bemerkte ich, wie ein kleines Rinnsal kontinuierlich aus dem Boden des Rucksacks tropfte. Mittlerweile war die Sonne herausgekommen und der Rucksack hätte schon wieder trockener sein müssen. Ich schaute daher nach und musste zu meinem Entsetzen feststellen, dass mein Schlafsack völlig durchnässt war. Mehr als eine Viertelstunde war ich damit beschäftigt, den Schlafsack auszuwringen. Minke, eine Holländerin, die ich am Tag zuvor kurz kennengelernt hatte, half mir noch dabei, bevor sie mich wieder verließ. Was sollte ich nur machen? Der Schlafsack musste bis zum Abend wieder trocken sein. Ich konnte ihn unmöglich so nass wieder zusammenrollen. Ich fasste den Entschluss, ihn über den Rucksack nach rechts und links hinunterhängend auszubreiten. Das funktionierte auch ganz gut, abgesehen davon, dass damit eine ungünstige Gewichtsverlagerung stattfand. Jetzt türmte sich die Hauptlast auf meinen Schultern. Von hinten musste ich zudem aussehen wie ein hin und herschwankendes Kamel mit Lastentaschen auf jeder Seite. Das Gehen war nun wesentlich anstrengender, zumal es weiter bergab ging. Irgendwann machte sich mein großer rechter Zeh bemerkbar. Er stieß laufend gegen die Schuhinnenwand. Als ich viel zu spät auf die Idee kam, die Sohle aus dem Schuh zu nehmen, war mein Zehennagel schon blau unterlaufen. Ich konnte es nicht fassen, vorher hatte ich keine Probleme gehabt und nun das innerhalb einer Stunde. Den Nagel habe ich später verloren, er löste sich nach meiner Rückkehr vom Jakobsweg nach und nach ganz ab. Der nasse Rucksack bewirkte eine Art Kettenreaktion. Da ich beim Wandern nun instinktiv versuchte, meinen rechten Fuß zu entlasten, lief ich mir durch die höhere Belastung des linken Fußes dort eine dicke Blase. Das wiederum führte dazu, dass mein Hüftgelenk überstrapaziert wurde und sich irgendwann auch deutlich bemerkbar machte. Das alles reichte mir offenbar nicht, ich sollte mich an diesem Tag noch weiter fordern. Erst nach 35 Kilometern sollte ich in Ligonde die Tagesstrecke beenden. Im Nachhinein ein Wahnsinn, pure Unvernunft, nie zuvor war ich eine so lange Strecke gelaufen, noch dazu mit meinen ganzen Blessuren. Steffi, die kleine Schweizerin, hatte mir den Floh mit Ligonde ins Ohr gesetzt. Aber alles der Reihe nach:

Portomarín, eine in den 60er Jahren neu aufgebaute Stadt, lag am späten Vormittag vor mir. Das alte Portomarín hatte dem Bau des Stausees weichen müssen und lag nun versunken im See. Einzig die zwei Kirchen der Stadt waren Stein für Stein abgetragen und wieder neu aufgebaut worden. Ich hatte noch die Brücke über den Stausee zu überqueren. Am anderen Ende der Brücke führte auf der gegenüberliegenden Seite der Straße eine breite, sehr hohe Treppe in die Stadt hinauf. Auf den obersten Treppenstufen saß jemand, der etwas leuchtend Türkises trug. Je näher ich kam, desto sicherer war ich, es war Steffi. Ich freute mich sehr, denn mit ihr hatte ich nicht mehr gerechnet. Hatte sie wieder einen Tag Pause gemacht oder war sie sogar kleinere Etappen gelaufen? Nichts von all dem traf zu, das »verrückte Huhn« war wieder umgekehrt. Sie hatte am Tag zuvor in Ligonde übernachtet und beschlossen, zurückzulaufen, um die Menschen wiederzusehen, die ihr auf dem Weg wichtig geworden waren. Sie hatte vor allem Katrin und mich wiedersehen wollen. Ich empfand diese Geste als ungeheuer kostbares Geschenk. Ihre ganze Zuneigung lag darin ausgedrückt. Sie war ein ganz besonderes Menschenkind. Steffi und ich wollten für den Rest des Tages zusammenbleiben. Auf Katrin wollte sie doch nicht länger warten, weil sie sie lieber mit Marcello allein lassen wollte. Steffi schwärmte bei einer kleinen Pause mitten in Portomarín von der Herberge in Ligonde. Dort gäbe es nur wenige Schlafplätze, alle waren mit richtigen Federbetten ausgestattet. Jeden Tag würden diese frisch überzogen. Abendessen und Frühstück seien reichlich und lecker und bei Tisch würde gemeinsam gebetet. Bewirtschaftet würde das Haus von protestantischen Freiwilligen, die aus Spanien und Deutschland kämen. Es finanziere sich nur durch Spenden, es gäbe also keinen festen Betrag, der zu

Warum lache ich – es liegen mehr als 32 km hinter mir und noch 3 km vor mir?

223

zahlen sei. Steffi hatte mich wirklich neugierig gemacht. Solche Herbergen, individuell und christlich, gefielen mir. Doch bis dahin waren es fast noch 17 Kilometer, verdammt weit. Sollte ich vernünftig sein oder mich meiner Abenteuerlust hingeben? Ich entschied mich für Letzteres, außerdem war es schön, wieder mit Steffi zusammen zu sein. Um mich zu beschwichtigen, redete ich mir ein, dass genug Herbergen auf dem Weg lagen und ich jederzeit den Tag früher beenden konnte. Das war natürlich Augenwischerei. Ich handelte immer noch nach dem Motto: Was ich mir vorgenommen habe, das schaffe ich auch. So schnell ändern sich Menschen nicht, mich eingeschlossen. Trotz der Hitze, die sich den Tag über entwickelt hatte und meiner stärker werdenden Schmerzen erreichten wir Ligonde. Ich war kaputt, müde und glücklich angekommen zu sein. Die Wanderung mit Steffi, diesem einzigen Energiebündel, hatte trotz allem großen Spaß gemacht und die Mühen gelohnt. Wir beide hatten uns noch besser kennengelernt.

Bei unserer Ankunft in der Fuente del Camino erlebte ich eine weitere tolle Überraschung. Ich sah Kathrin aus Innsbruck wieder. Es war über drei Wochen her, dass Gu und ich mit ihr in der Herberge in Los Arcos übernachtet hatten. Kathrin und ich stellten fest, dass wir beide an diesem Tag an die jeweils andere hatten denken müssen. Sie wie ich hatten überlegt, wen wir unbedingt noch wiedersehen wollten, bevor wir in Santiago ankommen würden. Hatte die Magie des Camino nachgeholfen?

Steffi hatte nicht zu viel versprochen. Die Herberge war wirklich schön. Auf der Wiese vor dem Haus grasten zwei Pferde, die einem argentinischen Pferdepilger gehörten. Die Sattel lagen zum Trocknen auf dem Gatter, die Pferdedecken waren ausgebreitet. Das alles und der raubeinig wirkende Besitzer machten die Idylle hier perfekt und gaben dem Ganzen noch einen romantischen Anstrich. Wir drei blieben den restlichen Tag zusammen und sprachen über die hinter uns liegenden Wochen. Steffi erzählte sehr viel von ihrer Wanderung durch die Schweiz und Frankreich in den ersten Monaten. Diese Strecken waren im Gegensatz zu den spanischen von Einsamkeit geprägt gewesen, da

Wiedersehen in Ligonde mit Kathrin und Steffi

dort nur wenige Pilger unterwegs sind. Es habe Tage gegeben, an denen sie kaum ein Wort gesprochen habe. Wir waren uns alle einig, dass der Camino eine der Erfahrungen im Leben war, die etwas Besonderes darstellten. Aber für jeden von uns war dieses Besondere etwas Anderes, schließlich waren wir so unterschiedlich wie das, was wir erlebt hatten. Doch wir spürten gemeinsam das, was ein Zitat von einem Unbekannten sehr zutreffend ausdrückt: »In Santiago wird in deinem Inneren eine Glocke angeschlagen, die künftig deinen Lebensweg begleitet. Und wenn sie einmal ganz verklingt, dann wird es Zeit für dich, erneut nach Santiago aufzubrechen.«

In dieser Nacht schliefen wir selig in unseren Federbetten ein. Ich war doch ein Glückspilz, denn mein Schlafsack war nicht ganz trocken geworden, alles hatte sich auf wunderbare Weise gefügt.

Wir drei Frauen hatten uns mit dem Versprechen voneinander verabschiedet, uns in Santiago auf jeden Fall wiederzusehen. Einige wenige Tage und 80 Kilometer waren es nur noch bis dorthin. Deshalb waren die Chancen für ein Aufeinandertreffen sehr gut.

Zuckerbrot und Peitsche, so erlebte ich auch den nächsten Tag. Nach fünfzehn quälenden Kilometern beendete ich schon gegen 12 Uhr in Pontecampaña meine Tagesetappe. Die Blase am Fuß scheuerte und nässte, unter meinem Zehennagel pochte es wie verrückt, mein rechtes Bein war wieder angeschwollen, die linke Hüfte schmerzte in der Gelenkpfanne. Ich hatte die Schnauze gestrichen voll. Anscheinend reichten die körperlichen Beschwerden nicht aus, jetzt fing auch noch mein Seelenleben an, Kapriolen zu schlagen. Ich fluchte unterwegs, dann heulte ich wie ein Schlosshund. Ich war froh, dass mich niemand sah. Leider machte ich den Fehler und pausierte in Palais de Rei, wo ich auf Dagmar und später auf Kathrin traf. Eine Frage beiderseits genügte und die Tränen kullerten über mein Gesicht. Ich war total neben der Spur. Wieder allein auf dem Weg, führte ich mit mir Selbstgespräche, die schon fast in Selbstanklagen endeten. Warum passierte mir immer wieder aufs Neue, dass mein Körper nicht so wollte, wie ich wollte? Warum war ich am Tag vorher diese 35 Kilometer gegangen und hatte völlig ausgeblendet, dass das nicht ohne Folgen bleiben würde? Dessen hätte ich doch sicher sein können! Warum dachte ich ständig daran, auf jeden Fall bis Finisterre laufen zu wollen, statt mich erst einmal auf Santiago zu konzentrieren? Warum hatte ich so oft schon das übernächste Ziel im Auge? Was führte dazu? Sollte ich etwa auf diese Art und Weise immer wieder darauf aufmerksam gemacht werden, bis ich es endlich verstehen würde? Nicht immer zu viel zu wollen? Alles mit meinem Willen und mit Disziplin durchboxen zu wollen? Zu lernen, dass man sich von ursprünglich gefassten Plänen lösen sollte, wenn es einfach nicht anders geht? Geduldig mit sich selbst zu sein? Die Ansprüche an sich selbst nicht zu hoch zu schrauben? Reichte die Erfahrung vor León nicht, musste ich es nochmals und nochmals erleben, bis ich meine Lektion kapierte? War dieses Verhaltensmuster vielleicht auch eine Erklärung für meine gescheiterten Beziehungen, an denen ich festgehalten hatte, bis es nicht mehr ging, obwohl ich bereits lange gespürt hatte, dass es für beide Seiten nicht mehr gut war? Nach dem Motto, das schaffe

Die Casa Domingo – anheimelnder Zufluchtsort irgendwo im Nirgendwo

ich schon, es ist nicht so schlimm, das kriege ich schon in den Griff?

Ein sehr anheimelnd wirkender Landgasthof, auf einer schönen Lichtung gelegen, unterbrach meine Gedanken. Er kam wie gerufen. »Hier beende ich meine Wanderung für heute. Jetzt höre ich auf das, was mir mein Körper förmlich zuschreit. Ich ruhe mich jetzt aus, egal, was ich mir für heute eigentlich vorgenommen habe!«, so sprach ich zu mir selbst.

Die Casa Domingo bot nicht nur Pilgern, sondern auch anderen Gästen Unterkunft. Ich war die Erste, die im Schlafsaal ein Bett belegte. Alles war frisch geputzt und die Dusche war jungfräulich. Meine erste Belohnung für die getroffene Entscheidung ließ nicht lange auf sich warten. Ich beruhigte mich zusehends, mein Innerstes war nicht mehr so aufgewühlt wie vorher.

Als ich vor dem Haus in der Sonne saß, kam Minke vorbei und machte spontan Pause, entschied sich sogar später ebenfalls hier zu bleiben. Kurz darauf passierte Hans-Jakob den Gasthof, hielt ebenfalls für eine Rast an und leistete uns Gesellschaft. Er hatte noch einen Gast mitgebracht. Auf seiner Hose hatte sich hinten am Gesäß eine kleine Schnecke festgesetzt. Schlau, wie sie war, hatte sie dadurch eine lange und kräftesparende Reise angetreten. Wir mussten alle sehr schmunzeln. Mir ging es immer besser, ich hatte mich gefangen. Es bewies sich erneut, dass geänderte Pläne immer auch Neues und Schönes bereithielten. Man musste nur loslassen können. Der Nachmittag und Abend war sehr entspannend. Minke als gelernte Physiotherapeutin bot mir eine Massage an, die ich mit Freuden annahm und sehr genoss. Sylvia und Peter, das Schweizer Ehepaar, traf ich hier auch wieder. Zum ersten Mal kam ich mit ihnen länger ins Gespräch, bisher waren sie ja eher zurückhaltend und für sich geblieben. Sie waren an diesem Tag sehr offen und zugewandt. Wie Rien, meinem Retter in der Not, den ich ebenfalls nach langer Zeit hier wiedertraf. Die Atmosphäre in und um das Gasthaus war wohltuend, ruhig und angenehm besinnlich. Der schöne Garten mit Hängematte, Liegestühlen und Sitzgelegenheiten unter den Schatten spendenden Bäumen lud förmlich zum Ausruhen und Relaxen ein. Es war eine sehr gute Entscheidung gewesen, hier zu pausieren.

Am nächsten Morgen versprach ich mir selbst, nur so weit zu gehen, wie ich wirklich konnte. Kathrin hatte mir eine SMS geschickt, ob ich auch nach Arzúa kommen würde. Sie würde dort auf mich warten. Ich hatte zurückgeschrieben, dass ich es versuchen würde, aber nicht versprechen könne.

In der ersten Bar am Weg gab es ein großes Wiedersehens-Hallo. Henri, León, Jacques und Michel, die vier Franzosen, freuten sich sichtlich mich zu treffen. Das war sehr motivierend für mich, ein schönes Gefühl. Auf meine Frage, wo Patricia sei, zuckte Michel nur mit den Schultern. Da stimmte etwas nicht. Ein Ehekrach?

Der Kaffee am frühen Morgen belebte mich, es ging mir erstaunlicherweise gut. Ich hatte, um meinen Zeh zu schonen, die Trekkingsandalen statt der Wanderschuhe angezogen. Damit hatte ich also keine Probleme, einzig meine Hüfte machte sich leicht bemerkbar. Die Schwellung an meinem Bein war wieder so gut wie weg und beeinträchtigte mich nicht.

Den ganzen Tag über liefen Sylvia und Peter in meiner Sichtweite. Normalerweise waren sie schneller unterwegs als ich.

Ich hatte den Eindruck, dass sie absichtlich in meiner Nähe blieben, so als ob sie auf mich aufpassen wollten. Selbst die Pausen, die ich machte, führten nicht dazu, dass ich sie aus den Augen verlor. Im Gegenteil, in Mélide pausierten wir sogar gemeinsam. Dort trafen wir Elvira und Martin wieder, vor lauter Wiedersehensfreude umarmte mich Elvira ganz fest, das hatte sie vorher noch nie getan. Es hatte etwas Mütterliches. Heimweh, ein wenig auch die Pein der letzten Tage kamen deshalb in mir auf, sodass mir

Ein etwas anderes Wegekreuz

wieder einmal Tränen in die Augen schossen. Sylvia bemerkte das und nahm mein Gesicht fest zwischen ihre beiden Hände. Ihr Blick war liebevoll und sehr kraftvoll, so als ob sie mir ganz viel Energie schicken wollte. Es berührte mich, wie oft ich Zuwendung von anderen Menschen erfuhr. Häufig dann, wenn ich es nicht erwartete, aber in dem Moment sehr gut gebrauchen konnte. Sylvia schenkte mir an diesem Tag viele solcher Momente, ohne sie und Peter hätte ich den Weg nach Arzúa nicht geschafft. Ihre Nähe, entweder waren sie ein Stück hinter mir oder ein Stück vor mir, gab mir Sicherheit, denn zum ersten Mal hatte ich Angst unterwegs zusammenzubrechen. Die Schmerzen waren wieder da, aber nicht so stark wie am Vortag. Trotzdem quälte ich mich, es war sehr heiß und die Wegstrecke führte ständig auf- und abwärts, was dazu beitrug, dass mein Kreislauf verrückt spielte. Obwohl ich mir vorgenommen hatte, zu stoppen, wenn es nicht mehr ging, kam der Impuls dazu nie auf. Lag es an den beiden Schweizern? An der schönen landschaftlichen Strecke? Es gab viel zu sehen. Idyllische Eichen- und Eukalyptusfelder wechselten sich ab mit Wiesen, die von Kühen und Ziegen beweidet wurden. Dazwischen lagen wunderschöne Dörfer und kleine Weiler. Dort standen auch die für Galicien charakteristischen Hórreos – lange, steinerne, auf Stelzen stehende Kornspeicher. Oft überquerten wir Furten und Bäche über sogenannte Pasadoiros – in eine Reihe gelegte große Steinplatten. Lag es auch an Adriano, einem Italiener um die 60 Jahre alt, der über eine längere Zeit neben mir herging? Wir unterhielten uns in einem lustigen Kauderwelsch aus Englisch und Italienisch. Wie alle Italiener, egal wie alt sie sind, machte er Komplimente und flirtete auf harmlose Weise mit mir. Kurze Intermezzi wie das mit der kleinen Maus unterbrachen hin und wieder unsere Schritte. Mitten auf dem Weg verspeiste eine winzige Spitzmaus genüsslich einen Schmetterling und ließ sich auch von uns vier, nach und nach hatten wir sie alle umringt, nicht stören. Sie hatte unglaubliches Glück, dass Sylvia sie rechtzeitig gesehen hatte und niemand von uns auf sie getreten war. Damit ihr auch nach uns nichts passierte, scheuchte Adriano sie samt ihrer Beute auf sanfte Art zum Wegrand. Eine schöne kleine Rettungsaktion.

Blick von meinem Bett in den Schlafsaal

Ungefähr zwei Kilometer vor Arzúa traf dann das ein, was ich befürchtet hatte, mir wurde schwarz vor Augen. Schnell lehnte ich mich an eine Straßenabgrenzung. Sylvia und Peter, die sich unmittelbar in meiner Nähe befanden, kamen mir sofort zu Hilfe. Ich vermutete eine Unterzuckerung und bat Sylvia deshalb, mir einen Müsliriegel aus meiner Deckeltasche zu kramen. Ich hatte nicht mehr die Kraft den Rucksack abzusetzen. Nachdem ich ihn gegessen hatte, ging es mir sofort besser.

Pilgerschlange vor dem Refugio in Arzúa

Keine Stunde später war alles wieder vergessen. Ich hatte in der alten, aber renovierten Herberge einen tollen Schlafplatz ergattert. Wie immer lag ich im oberen Teil des Stockbettes, direkt neben mir lag Kathrin. Es wirkte, als ob wir unter der Kuppel einer Kapelle schlafen würden. Trotz des Altbaus war es sehr hell und luftig. Wenig später speisten wir beide in einem Restaurant in einer für Pilger feudalen Umgebung. Weiß eingedeckte Tische, Stoffservietten, zweifach Messer und Gabel waren wir schon lange nicht mehr gewohnt. In unserer Wandermontur, noch ungeduscht und daher ein wenig streng riechend, unterschieden wir uns doch sehr von den überwiegend anwesenden Anzugträgern. Niemand sonst hatte uns begleiten wollen, die anderen wollten sich erst frisch machen. Bei uns hatte der Hunger gesiegt und Arzúa mit seinen über 6000 Einwohnern hatte mehrere gute Restaurants zu bieten.

Herumschlendern auf dem Wochenmarkt, ein ausgiebiger Mittagsschlaf, am Abend ein Picknick im Freien mit Kathrin und Johannes, einem sehr netten Waldorfschullehrer, den Kathrin schon vorher ein einige Male getroffen hatte, trugen ebenso dazu bei, dass alle Strapazen des Morgens in den Hintergrund traten.

Nichts schmerzte, nichts zwickte, ich war satt, zufrieden und glücklich. Voll Wohlbehagen lagen Kathrin und ich unter unserer Kuppel und hingen gemeinsam unseren Gedanken zum Camino nach. Zum einen schwelgten wir, wie schon in Ligonde, in Erinnerungen an die hinter uns liegende Zeit. Zum anderen lag Santiago zum Greifen nah vor uns. In wenigen Tagen würden wir wieder zu Hause sein. Was würde uns erwarten? Was würden wir mitnehmen? Wir wünschten uns beide, die Langsamkeit in unseren Alltag bringen zu können. Vor allem Kathrin hatte die Befürchtung, schnell wieder von ihm überrollt zu werden. Beide freuten wir uns auf zu Hause, obwohl wir auch traurig waren, dass unsere Reise bald endete. Irgendwann bekam ich keine Antwort mehr auf meine Frage, Kathrin war eingeschlafen. Nach einem letzten Blick in die Runde – Elvira, Martin, Sylvia, Peter, Adriano und Johannes, sie waren alle mit im Raum – machte ich ebenfalls meine Augen zu.

32. Pilgertag, Freitag, 23. Juni 2006
Arzúa – Lavacolla

Ich hatte den Plan gefasst, an diesem Tag bis Lavacolla zu laufen. Von dort waren es knapp elf Kilometer bis Santiago, die ich am nächsten Tag dann nur noch zu bewältigen hatte. Ich hatte den Wunsch, ohne Pilgermassen in Santiago anzukommen. Der romantische Gedanke, den Moment der Ankunft vor der Kathedrale möglichst nicht im Pulk genießen zu müssen, spukte in meinem Kopf herum. Die elf Kilometer konnte ich locker in zweieinhalb Stunden schaffen, gegen neun Uhr wollte ich dort sein. Die 31 Kilometer, die ich bis Lavacolla wandern musste, flößten mir nach meinen letzten Tagesverfassungen zwar einen gehörigen Respekt ein, schreckten mich aber in keiner Weise ab. Ich wollte unbedingt am Samstag in Santiago ankommen, wie die anderen auch. Ich wusste, dass Elvira, Martin, Sylvia, Peter, Kathrin und auch Hans-Jakob dann eintreffen würden. Letzterer hatte mir eine entsprechende SMS geschickt. Von Steffi wusste ich, dass sie am Freitag ankommen würde, ebenso wie Katrin mit dem roten Turban und Maciej. Vielleicht würden sie nach Finisterre erst einen Tag später aufbrechen. Wer weiß, wen ich noch alles wiedersehen würde. Hoffentlich die kleine Ute. Deswegen wollte ich die geplante Tagesstrecke unbedingt schaffen. Da war er erneut, mein Wille. Aber war es nicht auch etwas Gutes, wenn ich den Wunsch hatte, die Menschen, die mir unterwegs wichtig geworden waren, am Ende der Reise nochmals zu sehen, bevor sie in alle Himmelsrichtungen verschwanden? Ich konnte doch sowieso nicht mit allen dauerhaft in Kontakt bleiben. Aber es gab noch einen anderen Gedanken, den ich nicht so gern zulassen wollte. Hatte ich eventuell auch die Befürchtung etwas zu verpassen, wenn alle anderen früher ankamen als ich? Das traf zu, wenn ich ehrlich bin. Was verpasste ich denn? Hatte ich nicht auf dem Weg ein um das andere Mal auf ein Neues zu spüren bekommen, dass beim Loslassen des Einen, etwas anderes, durchaus Schönes oder Gutes auf mich wartete. Anscheinend war der Lernprozess immer noch nicht abgeschlossen. Heute, mit einigem Abstand, weiß ich, dass diese schmerzhaften Erfahrungen dazu beigetragen haben, mich selbst besser zu verstehen. Es bedeutete hingegen nicht, mir deutlich zu machen, dass ich bestimmte Eigenschaften ablegen muss. Das eigene Handeln jederzeit zu reflektieren, sich die eigenen Entscheidungen bewusst zu machen, mit den Konsequenzen daraus positiv umgehen zu können, das sind wichtige Erkenntnisse meiner Pilgerschaft. Mein Wille ist nichts Schlechtes. In vielen Situationen meines Lebens ist und war er sehr hilfreich. Heute registriere ich sehr viel schneller, wenn aus dem Willen ein pures Wollen geworden ist und ich mir dann klar darüber werden kann, ob ich bereit bin, den Preis dafür zu zahlen.

An diesem Tag war es relativ kühl, dann und wann kamen ein paar Regentropfen vom Himmel herunter. Es blieb diesig. Die Temperaturen waren deshalb sehr erträglich. Das Gelände war ziemlich flach und ich musste kaum auf Asphalt laufen. Ich fühlte mich die ersten drei Stunden großartig und genoss die malerische Umgebung. Dann ging es los, mit jedem Schritt wurde die

Qual größer. Ich hatte statt der Sandalen wieder meine Wanderschuhe angezogen, sodass der Zeh erneut schmerzte. Am schlimmsten waren aber die Hüftprobleme. Wenn niemand in der Nähe war stöhnte ich zunächst laut auf, dann ließ ich sogar den einen oder anderen lauten Schrei über meine Lippen kommen. Damals bitterernst, heute in der Nachbetrachtung doch ein wenig amüsant. Ich lief weiter. Ich war offensichtlich bereit, diese Schmerzen zu ertragen, damit ich gemeinsam mit meinen neu gewonnenen Freunden in Santiago einziehen konnte. Mit ihnen unsere Ankunft zu feiern!

In Lavacolla gab es keine Herberge, ich übernachtete in einem Hostal. Ich hatte nicht allein die Idee gehabt, am letzten Tag nur noch eine kurze Strecke bis Santiago zu gehen. Einige mir bekannte französische Pilger, Rien und zu meiner großen Freude auch Ute schliefen in diesem Haus. Sie waren somit am folgenden Tag ebenfalls in Santiago, wie schön!

Nach einem Mittagessen und anschließendem ausgiebigen Nickerchen verspürte ich nichts mehr. Ich denke, dass die Schmerzen einfach auf die Dauerbelastung zurückzuführen waren, denen ich als bisherige Schreibtischtäterin und wenig Sport Treibende nicht gewachsen war. Kürzere Strecken auf mehrere Tage verteilt, wären besser gewesen. Doch jetzt war es so, wie es war, und ich konnte es gut annehmen. Es entspannte mich zudem sehr, mit Ute und Rien zusammen zu sein.

33. Pilgertag, 24. Juni 2006
Lavacolla – Santiago de Compostela

Zum letzten Mal packte ich morgens meinen Rucksack zusammen, um ihn für die letzte Tageswanderung zu schultern. Ein ganz seltsames Gefühl. Alles, was ich zum Leben in den vergangenen Wochen gebraucht hatte, war in ihm untergebracht. Bald würde er bei mir im Keller verstaut und für unbestimmte Zeit nicht mehr genutzt werden. Würde ich wieder wandern gehen oder blieb es eine einmalige Sache? So wenig bei sich zu haben, das machte frei und dieses Gefühl hatte ich sehr genossen.

Im Morgengrauen, weit und breit war keine Menschenseele zu sehen, begab ich mich auf die letzten Kilometer. Mitten in Lavacolla stand ein wunderschönes Wegkreuz, das ich am Tag zuvor schon bewundert hatte. In ganz Galicien gibt es die cruceiros, steinerne Wegkreuze, die auf beiden Seiten jeweils eine Person zeigen. Meist sind Jesus und Mutter Maria abgebildet, wie auch an dieser Stelle. Ich sprach ein kurzes Gebet, in dem ich für meine bisherige Reise dankte, und lief dann los.

In den eineinhalb Stunden, die ich bis zum Monte do Gozo benötigte, sah ich niemanden. Einzig zwei Autos passierten mich währenddessen. Meine Gedanken schweiften ab. Zum ersten Mal seit vielen Tagen dachte ich intensiv an meine Familie, vor allem an meine Eltern und Geschwister. Wie viel Zeit würde nach meiner Rückkehr vergehen, bis ich sie wiedersehen würde? Würden sie sich die Zeit nehmen, meinen Erlebnissen zuzuhören? Warum stellte ich mir ausgerechnet diese Fragen? Vielleicht, weil ich sie vermisste? Schließlich hatte ich keine eigene Familie, deshalb fühlte ich mich mit ihnen trotz meiner 41 Jahre immer noch sehr verwurzelt. Was sie denken, auch von mir, war mir wichtig. Und ich wollte von ihnen gesehen werden. Es gab viele gute und wichtige Begegnungen mit meiner Familie, vor allem zwischen meinen jüngeren Geschwistern und mir hatte sich sehr viel mehr emotionale Nähe als noch zu meiner Schulzeit entwickelt. Immer wieder signalisierten alle, dass ich jederzeit willkommen war. Dennoch habe ich in der Vergangenheit oft den Eindruck gehabt, dass meine Familie nur dann für mich da, wenn ich von mir aus deutlich machte, dass ich gerade Hilfe benötigte oder wichtige Themen zu besprechen hatte. In diesen Situationen standen sie Gewehr bei Fuß, wie man so schön sagt. Das ist grundsätzlich wunderbar, aber die Art von Gesprächen, die dann entstehen, wenn man sie so überhaupt nicht erwartet, die fehlten mir. Wahrscheinlich lag es daran, dass wir uns vor allem bei Familienfesten sahen oder jeder mit den eigenen Belangen schon genug zu tun hatte. Vielleicht hing es aber auch damit zusammen, dass wir

Aus Kilometerangaben werden Meter – Wegweiser am Monte do Gozo

innerhalb unserer Familie vieles erst einmal mit uns selbst abmachen, bevor der Rest eingebunden wird. Hinzu kommt, dass jeder mich für eine starke und unabhängige Frau hält, die zwischendurch zwar zu sehr emotionalen Ausbrüchen fähig ist, die aber dennoch ganz gut allein klarkommt. Gerade in der Zeit, als ich noch bei bianca gearbeitet habe, hätte ich es mir manches Mal anders gewünscht. Damals – ohne einen Partner an meiner Seite – hätte ich mich gern mehr angelehnt. Ich wäre dann lieber Schwester oder Tochter gewesen und nicht die toughe, alles managende Geschäftsleiterin, die sich selbst keine Blöße geben wollte. Wie würden sie mich jetzt wahrnehmen, stellten sie vielleicht Veränderungen an mir fest? Wenn ja, welche? Ich fühlte mich auf jeden Fall sehr viel anders als noch vor einem Jahr. So vieles war passiert, vor dem Weg, auf dem Weg und ich war mir ganz sicher, eine Menge würde sich auch nach meiner Rückkehr noch ändern. Äußerlich wie innerlich war Entscheidendes geschehen. Ich bereute meine Entschlüsse der letzten Monate keine einzige Sekunde und freute mich auf die kommende, noch sehr ungewisse Zeit. Mögliche Perspektiven hatte ich doch schon entwickelt!

Dieser Samstagmorgen mit seiner großen Stille führte dazu, dass ich erneut den Camino Revue passieren ließ und langsam von ihm Abschied nahm. Am Monte do Gozo angekommen, zögerte ich deshalb das Weitergehen hinaus. Von hier war es nur noch eine Stunde bis zur Kathedrale. Ich frühstückte deshalb erst einmal in aller Ruhe unterhalb des riesigen Denkmals, das anlässlich des Weltjugendtages und zur Erinnerung an den damaligen

Besuch von Johannes Paul II. 1989 errichtet worden war. Die Stadt war nebelverhangen, sodass ich leider den Moment des für mich höchsten Genusses den Blick auf die Türme des Gotteshauses nicht hatte. – Gozo bedeutet übrigens übersetzt Genuss.

Später in der Stadt ging ich zunächst in eine Bar, obwohl die Kathedrale zum Greifen nah war. Eigentlich kann ich nicht sagen, warum. Wollte ich durch das Hinauszögern den Moment des Ankommens auskosten?

Ich durchschritt die Gasse, die seitlich neben der Kathedrale verläuft, durch einen Rundbogen trat ich auf den Praza do Obradoiro. Die Westfront der

An der Stadtgrenze von Santiago de Compostela – nur noch wenige Meter

Kathedrale mit dem berühmten Pórtico de la Gloria stand in ihrer ganzen Pracht vor mir. Nach 799 Kilometern war ich endlich da, bis auf 90 Kilometer war ich die gesamte Strecke zu Fuß gegangen. Es war ein bewegender Augenblick. Doch bevor ich ihn für mich richtig auskosten konnte, schallte es quer über den fast menschenleeren Platz: »Sabine, Sabine, ciao!« Zwei von den drei netten italienischen Polizisten kamen auf mich zu. Irgendwie war es schön, Weggefährten der ersten Wochen zu sehen, Erinnerungen an die Wanderungen mit Gu kamen hoch. Innerhalb weniger Minuten erzählten wir uns gegenseitig von unseren Erlebnissen aus der Zeit, in der wir uns nicht gesehen hatten. Sie waren sehr schnell angekommen, mit Loredana, Mirella und Walter waren sie sogar schon in Finisterre gewesen. Heute war der Tag ihrer Abreise. Was für ein Zufall, sie hier zu treffen. Sie machten noch ein Foto von mir mit der Kathedrale im Hintergrund, bevor wir

Ankunft an der Kathedrale in Santiago – endlich hatte ich es geschafft

uns verabschiedeten. Kaum waren sie weg und ich im Begriff war, nun endlich die Stufen zum Eingang hochzulaufen, da kamen Sylvia und Peter durch die Gasse auf den Platz. Wir sahen uns fast gleichzeitig und ehe ich mich versah, beschleunigte Sylvia ihre Schritte, kam im Eiltempo auf mich zu und umarmte mich fest. Sie hatten sich Sorgen gemacht, nachdem sie mich am vorherigen Tag nur einmal kurz unterwegs gesehen hatten. Sie freuten sich sichtlich, dass ich angekommen war. Ich genoss es, nun mit den beiden so aufmerksamen und liebevollen Schweizern in die Kathedrale zu gehen. Es war sogar gut, diesen Moment nicht allein verbringen zu müssen. Wir betraten die Kirche über ein Seitenschiff, da der Aufgang über die Treppen zum Hauptportal noch verschlossen war. Das Innere der Kirche war riesig und überwältigend. Plötzlich stand Hans-Jakob vor uns, der früher angekommen war und hier Andacht gehalten hatte. Wir nahmen uns liebevoll in den Arm und freuten uns über die Ankunft des jeweilig anderen. Er zeigte uns den Weg zum Pórtico de la Gloria, damit wir einer alten Pilgersitte folgen konnten. In der Mitte des reichen Säulenaufbaus war der heilige Jakobus dargestellt, über ihm thronend Jesus Christus. Ich legte meine Hand also in den Abdruck der steinernen Wurzel Jesse und verneigte mich, an der Rückseite des Pórtico schlug ich dann dreimal kurz meinen Kopf auf das Haupt des Mateo. Dieser knie-

Der heilige Jakobus

239

te mit dem Rücken zu dem von ihm erschaffenen Portal. Durch das Anschlagen soll ein wenig von seiner Schöpferkraft übertragen werden. Es war schon ein besonderer Moment, aber kein außergewöhnlicher. Die Pilgermesse später wie auch der Besuch der Jakobusstatue und des Apostelgrabes hinter dem Altarraum waren für mich die bewegenderen Augenblicke. Am meisten jedoch fühlte ich mich angekommen, als ich mich, ganz für mich allein, in eine der Bänke setzte und diesem Augenblick nachspürte. Ich war da, ich hatte es geschafft. Ich hatte etwas erlebt, was sicherlich zu den eindrucksvollsten Erfahrungen in meinem Leben gehörte. Mir war nichts richtig Böses widerfahren, im Gegenteil, ich war mit einem Schutzengel unterwegs gewesen. Ich weinte vor Freude und Erleichterung. Im Zwiegespräch mit Gott bedankte ich mich.

Kurz darauf befand ich mich in der Menschenschlange vor dem Pilgerbüro, ganz in der Nähe der Kathedrale, um mir die Pilgerurkunde ausstellen zu lassen. Aufgrund der frühen Tageszeit war die Schlange noch relativ kurz, sie reichte noch nicht mal bis in das Treppenhaus. Die Pilger standen hintereinander, manche im Gespräch, andere still und in sich gekehrt. Es gab immer wieder Hallos und Wie-

Die Gasse, in der das Pilgerbüro und mein Hotel liegt

dersehensfreude. Vor mir und hinter mir war niemand, den ich kannte. Meine Mitpilger standen außer Reichweite. Gern hätte ich die Wartezeit mit jemandem geteilt. Ich fühlte mich auf einmal sehr einsam, trotz der Menschen um mich herum. Seltsam, die überwiegende Zeit des Tages war ich in den zurückliegenden Wochen allein gewesen und jetzt inmitten der anderen Pilger überkam mich dieses schreckliche Gefühl des Alleinseins. Die Pilgerurkunde in den Händen haltend, machte ich mich auf den Weg, eine Unterkunft zu finden. Bevor um zwölf Uhr die Messe beginnen sollte, wollte ich unbedingt meinen Rucksack loswerden. Ich hatte beschlossen, wie die meisten Pilger, mir etwas in der Altstadt zu suchen. Die Herberge lag etwas außerhalb und ich wollte mich auch an keine Regeln bezüglich der Uhrzeit mehr halten. Plötzlich traf ich Maciej, wir umarmten uns herzlich. Er, Steffi, Katrin, Marcello, Graham und Peter waren bereits am vorherigen Tag in Santiago angekommen. Frühestens am nächsten Tag planten sie, nach Finisterre aufzubrechen. Mein Wunsch, sie alle noch zu sehen, sollte sich also erfüllen. Maciej zeigte mir den Hostal, in dem er war, doch dort hätte ich nach zwei Nächten umziehen müssen. Ich entschied mich, meinem ersten Impuls nachzugeben und in dem kleinen Hotel schräg gegenüber dem Pilgerbüro nach einem Zimmer zu fragen. Ich hatte Glück; zwar musste ich noch eine Stunde warten, aber direkt unter dem Dach bekam ich ein wunderbares Zimmer. Von dort oben konnte ich sogar einen Blick auf die Kuppeln der Kathedrale werfen. Im Vergleich zu den Pilgerunterkünften war das Zimmer der reinste Luxus. Um die Wartezeit auf das Zimmer zu verkürzen, machte ich mich wieder auf den Weg zur Kathedrale. Der Platz davor war gefüllt mit Menschen. Ich traf dort so viele. Es war ein einziges großes Hallo: Steffi, Katrin, Ute, wieder Maciej, Elvira und Martin, meine Franzosen, die beiden netten Belgierinnen und, und, und. Die Stimmung war großartig.

Endlich im Zimmer schob ich meinen Rucksack in die hinterste Ecke und nahm eine schnelle Dusche. Ich wollte nicht zu spät zu der Pilgermesse um zwölf kommen. Neben mir saßen schließlich Hans-Jakob und Johannes, denen ich auf dem Weg in die

Kirche begegnet war. Sie war rappelvoll. Die Pilger unterschieden sich deutlich von den übrigen Besuchern, nicht nur durch ihre Kleidung, sondern auch durch eine erwartungsvolle Freude auf ihren Gesichtern. Mich eingeschlossen. Es war ein unbeschreiblich schönes Gefühl, Teil dieser Pilgergemeinschaft zu sein. Die Messe wurde auf Spanisch gehalten, doch auf dem Weg zur Kommunion stimmte einer der vielen Priester, ein deutscher Geistlicher, das Lied »Lobe den Herren« an. Es ist eines meiner Lieblingskirchenlieder und anscheinend waren sehr viele deutschsprachige Pilger in der Kirche, denn es erhob sich ein kräftiger Chorgesang. Mir lief ein Schauer über den Rücken. Etwas später sang eine Nonne, die mit ihrer wunderbaren Stimme die ganze Kathedrale erfüllte. Hans-Jakob und ich gingen nach der Messe zum Grab und zur Statue des heiligen Jakobus. Man sagt, dass erst dann die Pilgerreise unwiderruflich zu Ende ist. Der Tradition folgend ging ich in der Gruft am Sarkophag des Apostels entlang und verharrte dort zu einem kurzen Gebet. Oberhalb der Gruft umarmte und küsste ich die goldene Jakobusstatue. Als Pilgerin waren mir daraufhin alle meine bisherigen Sünden erlassen, so der Pilgerglaube.

Den Rest des Nachmittages verbrachten wir in geselliger Runde in einer netten Bar und feierten unsere Ankunft mit einer Flasche Vino tinto nach der anderen. Johannes, Hans-Jakob und ich hatten einen schönen Tisch draußen belegt, in der gleichen Altstadtgasse, in der das Pilgerbüro und mein Hotel lagen. Offensichtlich liefen alle Pilger irgendwann durch diese Gasse, sodass wir jeden, der für uns interessant war, zu sehen bekamen. Ich traf sogar Erni und Toni wieder, damit hatte ich überhaupt nicht mehr gerechnet. Gu's und meine Weggefährten der ersten Nacht. An unserem Tisch war ein einziges Kommen und Gehen. Ständig blieb jemand stehen oder gesellte sich auf ein Gläschen zu uns. Ich genoss diese ungezwungene Atmosphäre. Wir erzählten uns Camino-Geschichten, lachten viel und wurden zwischendurch wieder ein wenig sentimental. Kathrin, die gegen drei Uhr auch endlich eingetrudelt war, Johannes, Steffi, Ute, Hans-Jakob und ich gingen auch am Abend gemeinsam zum Essen.

Für mich war der ganze Tag ein einziges großes Geschenk. Ich war mit den Menschen angekommen und zusammen gewesen, die mir auf meiner Pilgerreise wichtige Weggefährten geworden waren. Bei Steffi, Ute, Kathrin und Hans-Jakob war ich ganz sicher, dass wir uns wiedersehen und in Kontakt bleiben würden. Sie hatten sich mir geöffnet und ich mich ihnen. Es war keine Selbstverständlichkeit dieses gegenseitige Vertrauen zu verschenken.

25.-27. Juni 2006
Die letzten Tage in Santiago de Compostela

Ich hatte noch zweieinhalb Tage in Santiago vor mir. Mein Flieger nach Hause ging am frühen Nachmittag des 27. Juni über Palma nach Hause. Ich hatte mich entschieden, nicht mit dem Bus nach Finisterre zu fahren. Mein Wunsch war es immer gewesen, die knapp 90 Kilometer dorthin zu Fuß zu laufen. Die Landspitze liegt in spektakulärer Lage am Atlantik mit endlosem Blick zum Horizont, am »Ende der Welt« eben, wie die Menschen im Altertum glaubten. Dort sitzt man als Pilger und schaut zu, wie die Sonne im Meer versinkt. Ein Sinnbild, das für die Kehrtwende im Leben steht. Es ist außerdem ein festes Ritual, die eigene abgetragene und durchgescheuerte Wanderbekleidung am Strand zu verbrennen. Manche werfen auch ihre Pilgermuschel mit einem Wunsch versehen in das Meer. Mit dem Bus dort hinzugelangen, fühlte sich für mich nicht richtig an. Irgendwie hatte ich auch die Empfindung, dass ich ein anderes Mal, später irgendwann, die Gelegenheit haben würde, bis nach Finisterre zu laufen. Vielleicht würde Gu den Weg noch zu Ende pilgern wollen und wir beide würden dann gemeinsam Finisterre erreichen. Außerdem konnte ich durch meine Entscheidung Santiago besser kennenlernen und sicherlich noch den einen oder anderen Pilger treffen.

Die nächsten Tage verbrachte ich mit ausgiebigen Erkundungen der Stadt. Die Altstadt mit ihren kleinen Gassen, den verwinkelten Ecken und den wunderschönen Häusern bezauberte mich immer wieder aufs Neue. Es gab viele Arkaden, unter denen man bummeln konnte, das erinnerte mich sehr an Münster. Zahlreiche Kirchen und kleinere Kapellen lagen im historischen Kern der Stadt. Überall in Santiago konnte man Geschichte hautnah erfahren, trotzdem war alles voller Leben. Nicht nur die Pilger, sondern auch die Studenten der hiesigen Universität sorgten für ein heiteres und lebhaftes Bild in der Stadt. Die zahlreichen Restaurants, Bodegas und Straßencafés luden einen geradezu zum gemütlichen Verweilen oder zum Schlemmen ein. Natürlich machte ich zwischendurch die Andenkenläden, die überall in der Stadt zu finden waren, unsicher. Ich wollte meinen Eltern, Geschwistern, Neffen und meiner damals einzigen Nichte etwas schenken. Normalerweise bringe ich aus dem Urlaub nie etwas mit, doch jetzt war es etwas anderes. Ich wollte meiner Familie unbedingt ein wenig von der Magie des Weges mit nach Hause bringen. Es gab viele schöne, auch handwerklich wunderbar gearbeitete Kleinigkeiten. Susanne, die mir den »Floh« mit dem Jakobsweg ins Ohr gesetzt hatte, wollte ich ebenfalls beschenken. Außerdem hatte sie während meiner Abwesenheit Geburtstag gehabt. Für Gu wollte ich etwas ganz Besonderes. Als Dankeschön für seine Begleitung, für seine Liebe und sein Verständnis, dass er mich den letzten Teil allein hatte gehen lassen. In einer Auslage für Silberschmuck fand ich dann das Richtige. Ein etwa 15 Zentimeter hohes Kruzifix aus reinem Silber. Das Kreuz mit der Jesusfigur war sehr filigran gearbeitet. Ich war mir sicher, dass Gu sich darüber freuen würde, denn wir beide waren uns unterwegs sicher gewesen, von ihm begleitet worden zu sein.

Immer wieder zog es mich an den restlichen Tagen in die Kathedrale. Morgens nach dem Aufstehen, wenn es dort noch nicht so voll war, nutzte ich die Stille, um einfach nur meinen Gedanken und Gefühlen nachzuspüren. Ich besuchte das Kapitelamt um zehn Uhr, mittags verpasste ich keine Pilgermesse. Zwar verlief diese fast immer nach dem gleichen Ritus, trotzdem war sie die Male, an denen ich teilnehmen konnte, immer ein wenig anders. Ob es an den unterschiedlichen Pilgern und Priestern lag? Zum

Teil variierten aber auch die Gesänge. Auf jeden Fall hatte ich in der Messe am Sonntag das Glück, den berühmten Botafumeiro zu erleben, keine Selbstverständlichkeit. Es ist ein 46 Kilogramm schwerer versilberter Weihrauchkessel, der nur zu besonderen Anlässen oder an hohen Festtagen eingesetzt wird. Mit einer großzügigen Spende, so die Gerüchte, kann man auch als Normalbürger für einen besonderen Anlass sorgen. Er hängt an einem 35 Meter langen Seil und wird von acht erfahrenen Seilziehern, den Tiraboleiros, durch das gesamte Querschiff geschwenkt. Er pendelte über unseren Köpfen hinweg und erreichte dabei eine sehr hohe Geschwindigkeit. Wie ich später las, können es bis zu 65 Stundenkilometer sein. Zweimal ist er sogar schon aus der Kirche hinausgeflogen. Es war schon ein komisches Gefühl, wie der Botafumeiro, von den Deutschen auch gern als Butterfass bezeichnet, über uns hin- und hersauste. Wir waren vorher explizit darauf hingewiesen worden, dass man auf jeden Fall sitzen bleiben muss. Ich wäre überhaupt nicht auf die Idee gekommen aufzustehen. In früheren Zeiten wurde der Kessel unter anderem auch geschwenkt, damit der starke Schweißgeruch der Pilger erträglicher wurde.

Auf dem Platz vor der Kathedrale traf ich immer wieder Menschen, die mir unterwegs begegnet waren. Paolo, der Italiener mit

Wem gehört welcher Fuß und was macht die schicke Sandalette da?

Unsere letzten Minuten vor der Kathedrale – gleich geht es für mich und Kathrin nach Hause

den Rastalocken, lief mir dort zum Beispiel wieder über den Weg. Wir beide konnten es nicht glauben, dass wir nun voreinander standen. Wir hatten beide nicht mehr damit gerechnet, umso größer die Freude. Ich war einfach gern dort, es war ein Platz der Kommunikation und der Zusammenkunft. Es hatte etwas von früher, als wir auf Klassenfahrt waren, wir uns durch die fremde Stadt treiben ließen und unwillkürlich am belebtesten Ort wieder zusammentrafen. Wie eine Art Happening kam es mir vor, das Alter war bunt gemischt, es umschwirrten mich so viele Sprachen und überall sah ich lauter lachende und zufriedene Gesichter. Kathrin und ich nahmen dort am letzten Tag endgültig Abschied von unserer Pilgerreise, bevor wir gemeinsam zum Flughafen fuhren.

Die meisten meiner Mitpilger waren schon nach Finisterre aufgebrochen. Hans-Jakob, der sich ebenfalls für einen längeren Aufenthalt in Santiago entschieden hatte, und ich zählten zu den wenigen in der Stadt Verbliebenen. Mit ihm und Ute, die erst am Montag nach Finisterre weitergehen wollte, verabredete ich mich zwischendurch auf einen Kaffee oder zum Abendessen. Jedes Gespräch mit ihnen war bereichernd, ich zog daraus oftmals neue Anregungen und Gedanken für meinen Alltag zu Hause. Am Sonntagabend, wir drei waren gemeinsam essen gegangen, unterhielten wir uns über das Thema Familie: Welche Bedeutung hat Familie für uns? Wie viel Einfluss nimmt sie noch, auch wenn man schon erwachsen ist? Kann man sich überhaupt je lösen? Hans-Jakob als ausgebildeter Familientherapeut konnte zu diesen Fragen natürlich viel aus seinem Erfahrungsschatz an uns weitergeben. Doch in erster Linie ging es darum, sich selbst und das jeweilige Familiengebilde zu reflektieren und zu hinterfragen. Mir wurde an dem Abend sehr deutlich, dass große Familien etwas Wunderbares sind, aber auch die Gefahr bergen können, Individualität zu verlieren. So stelle ich zum Beispiel in unserer Familie häufig fest, dass eine Art Kollektivdenken vorhanden ist. Man macht am besten alles gemeinsam, niemand fühlt sich dadurch außen vor. Bestimmte Normen und Regeln werden automatisch, oft non-verbal, von Generation zu Generation weitergegeben. Ich nahm mir vor, durch diesen Abend inspiriert, nach meiner Rückkehr stärker in Einzelkontakt mit meinen Eltern und Geschwistern zu treten. Es war doch eigentlich logisch, dass beispielsweise meine Eltern nicht nur Elternpaar, sondern Mutter und Vater, aber auch Helga und Paul waren. Zwei völlig unterschiedliche Menschen. Mit dem Rest meiner Familie war es genau das Gleiche. Natürlich kann man innerhalb eines Familienverbundes ein großartiges Zusammengehörigkeitsgefühl entwickeln, dennoch ist jedes Familienmitglied ein Individuum, mit dem man auch einzeln tolle Geschichten erleben kann. Ist es nicht so, dass man oft seine Eltern und Geschwister auch Jahre später noch auf die Rollen, die man ihnen in der eigenen Kindheit zugeschrieben hat, festlegt? Dass man die Entwicklung, die der oder die Einzelne später nimmt, nicht deutlich genug wahrnimmt, weil man immer noch den »Film« der Vergangenheit im Kopf hat? Abende wie diese, an denen ich konkret etwas mitnehmen konnte, machten meine Wanderschaft zusätzlich unvergesslich.

Das galt besonders für meinen letzten Abend in Santiago. Hans-Jakob und ich hatten beschlossen, ihn gemeinsam zu verbringen. In meinem Hotel hatten sie mir ein Restaurant empfohlen, in dem wir an einem weiß eingedeckten Tisch Platz genommen hatten. Wir hatten den Abend nach dem ersten Wandertag zusammen verbracht, damals mit Gu, nun aßen wir auch an unserem letzten Tag gemeinsam. Ich hatte mich sehr auf diesen Abend gefreut. In einer kleinen Geschenkboutique hatte ich an diesem Tag ein Kartenset entdeckt, das ich Hans-Jakob zum Dank für seine wunderbare Begleitung schenken wollte. Die Karten zeigten auf der einen Seite die Erde, auf der anderen Seite waren Naturmotive des Jakobsweges sowie Sinnsprüche abgedruckt. Er war berührt und ließ mich sofort eine Karte ziehen, von der er meinte, dass sie mir wahrscheinlich das Richtige spiegeln würde und schenkte sie mir. Auf ihr stand geschrieben: »It's not your experiences that shape you, but what you make of them«. Ein guter Satz mit viel Wahrheit. Man hat es immer selbst in der Hand, was man mit dem macht, was einem täglich an Erfahrungen begegnet. Wieder sprachen wir über so vieles. Beruf, Familie, Tod, Sterben, Alter, Heirat und Trennung, natürlich über den Camino, aber auch was uns nach unserer Rückkehr erwartete. Wir unterhielten uns über meine Zukunftspläne, als Hans-Jakob erneut auf die Ausbildung am Institut für Familientherapie in Weinheim zu sprechen kam. Er empfahl mir nochmals, mich mit diesem Weg zu beschäftigen, da ich dafür gute Voraussetzungen mitbringen würde. So wie er mich kennengelernt habe, hätte ich eine gute Wahrnehmung für andere Menschen, die aber mit einer guten Portion Distanz gekoppelt sei. Ich war sehr glücklich, dass er dies ansprach, denn mit einem Berufsweg in einer Richtung, in der ich intensiv mit Menschen arbeiten könnte, beschäftigte ich mich schon seit etlichen Tagen. Er bot mir am Ende sogar an, dass er ein Empfehlungsschreiben für mich an das Institut verfassen würde. Ich war sehr dankbar, das hatte ich nicht erwartet. Auf dem Weg zurück zu unseren Unterkünften verweilten wir noch einige Minuten am Praza das Platerías, um zwei Straßenmusikanten zuzuhören. Die beiden spielten galicische Musik, die alle Zuhörer in ihren Bann zog. Sie musizierten mit einem Hauch von Melancholie, dann aber wieder mit einem mitreißenden, aufrüttelnden Rhythmus. Es war ein schöner Abschluss des gemeinsamen Abends, so dachte ich.

Vor meinem Hotel verabschiedeten wir uns mit dem gegenseitigen Versprechen in Kontakt zu bleiben, und einer festen Umarmung. Gerade als ich mich abwenden wollte, sagte er zu mir: »Ich möchte dich gern noch segnen.« Da standen wir nun, vor meinem Hotel in der Rúa do Vilar, ich war völlig überrascht, aber auch unendlich berührt. Jemanden segnen bedeutet, ihm etwas Gutes zu wünschen, ihm Schutz und Segen mit auf den Weg zu geben. Im Lateinischen heißt segnen »benedicere«, über jemanden Gutes (bene) sagen (dicere). Henri Nouwen hat dazu geschrieben. »Wenn man jemanden segnet, heißt das, ihm in höchstmöglicher Form Bestätigung zu schenken.« Ich zitterte innerlich, die Nacht war schon längst hereingebrochen und nur noch wenige Menschen waren in den Gassen, vor mir aber stand Hans-Jakob, einer meiner wichtigsten Freunde auf dem Camino. Und dieser wunderbare Mensch gab mir nun seinen ganz persönlichen Segen. Er zeichnete das Kreuz auf meine Stirn und seine dazu gesprochenen Worte sind auch heute noch ein Schatz für mich. Ja, ich fühlte mich angenommen und bestätigt, aber ich fühlte auch ein ganz besonderes Band der Freundschaft zwischen ihm und mir!

III. Neue Lebenswege

Mehr als zwei Jahre sind nun vergangen, seit ich aus Santiago zurückgekehrt bin. Gu hatte mich am Abend des 27. Juni in Münster vom Flughafen abgeholt. Es war ein seltsames Gefühl, dort anzukommen und statt des Rollkoffers einen Rucksack vom Fließband zu nehmen. Wie oft war ich in der Vergangenheit von einer meiner zahlreichen Geschäftsreisen an diesen Ort zurückgekehrt. Immer wie aus dem Ei gepellt, die Aktentasche in der einen Hand und mit der anderen Hand zog ich einen praktischen Rollkoffer hinter mir her. Jetzt aber kam aus dem Ankunftgate keine müde und gestresste Businessfrau, sondern eine junge 41-jährige Frau, randvoll mit neuen Eindrücken und Erlebnissen. Ich platzte vor Tatendrang, so viele Ideen für meinen neuen Lebensweg waren in meinem Kopf. Wie wahnsinnig freute ich mich auf Gu, der vor dem Gate stehen würde. Unser Wiedersehen hatte ich mir schon in allen Einzelheiten ausgemalt. Diese Angewohnheit hatte ich mir auf meiner Reise nicht abgewöhnen können, obwohl ich oft hatte einsehen müssen, dass die eigenen Erwartungen sich nicht immer in die Realität umsetzen lassen. In Santiago hatte ich mir neue Kleidung gekauft, dort hatte ich ganz günstig einen wadenlangen Rock erstanden, weit schwingend und glockenförmig geschnitten in schwarz mit wollweißer Bordürenstickerei, dazu ein passendes schwarzes Shirt und feminine Schuhe. Ich wollte weiblich und begehrenswert aussehen und nicht mit abgewetzten Wanderklamotten vor Gu stehen. Für ihn wollte ich schön sein. Dann sah ich ihn von Weitem. Er hatte zwar nicht den erhofften Rosenstrauß in der Hand, aber er kam durch die Menschenmenge hindurch mit ausgebreiteten Armen auf mich zu und umarmte mich minutenlang. Im Auto hielten wir uns an der Hand, redeten wie wild durcheinander oder schauten uns immer wieder nur still an. Ich war wieder zu Hause und das fühlte sich unendlich gut an. Ich hatte zwar keine Blumen bekommen und ich bin mir ziemlich sicher, dass ich Gu in meinem Wanderoutfit genauso gefallen hätte wie in meinem topaktuellen neuen Aufzug, sonst war aber alles so, wie ich es mir erträumt hatte. Gu gab mir das Gefühl, die schönste, begehrens- und liebenswerteste sowie intelligenteste Frau auf unserem Planeten zu sein. Das ist auch heute noch so, für ihn bin ich etwas ganz Besonderes, so wie er für mich. Manchmal frage ich mich schon, ob es diesmal klappen wird. Auch zuvor war ich jedes Mal überzeugt gewesen, den Richtigen gefunden zu haben. Denjenigen, mit dem ich alt werden kann. Was unterscheidet unsere Liebe von denen, an die ich vorher ebenso geglaubt hatte? Gu hat vor einiger Zeit eine ganz einfache Erklärung gefunden, er sagte zu mir: »Ich liebe dich einfach. Es gibt kein Haben- oder Sollkonto. Kein: Das gefällt mir an dir und das gefällt mir nicht. Ich kann alles an dir mit Liebe anschauen, da ist kein Aber.« Es stimmt, ich empfinde genauso. Ich liebe ihn, weil ich ein sehr tiefes Vertrauen zu ihm habe. Das geht so weit, dass ich ihm alle Facetten von mir zeigen kann, ohne Ausnahmen. Er liebt mich so, wie ich bin, mit meinen Stärken, Schwächen und Marotten. Umgekehrt ist es das Gleiche. Unser Zusammenleben ist ein wunderbares Miteinander. Wir verbringen sehr gern Zeit miteinander und haben viele Gemeinsamkeiten. Trotzdem bewahren wir uns auch ein Stück Eigenständigkeit. Wie hat es Alfred Polgar so trefflich ausgedrückt? »In der Liebe ist es besser, nicht – wie die festlich erotische Formel lautet – eins zu werden, sondern zwei zu bleiben.«

Gu's Unterstützung bei der Suche nach meinem neuen Weg war mir immer sicher. Er bestärkte mich vorbehaltlos darin, meinen Wünschen, Ideen und auch Visionen Raum und Zeit zu geben, um sie wachsen und reifen zu lassen. Sein ideeller Beistand, wenn mich leise Zweifel beschlichen, ob ich alles richtig mache, war etwas ganz Besonderes. Wir waren mittlerweile zusammengezogen, weil wir die gegenseitige Nähe brauchten und wollten. Der Einfachheit halber zog Gu bei mir ein. Für mich bedeutete dies auch, die Miete nicht mehr allein aufbringen zu müssen. Unsere erste Überlegung, eine neue Wohnung zu suchen, hatten wir schnell verworfen. Es hätte nur Kosten verursacht und mit meinen Ersparnissen konnte ich auch ohne geregeltes Einkommen eine längere Zeit mein Leben finanzieren. Den Gedanken, in Essen eine gemeinsame Wohnung zu beziehen, weil Gu dort damals noch sein eigenes Geschäft betrieb, hatten wir ebenfalls schnell beiseitegeschoben, obwohl es für ihn wesentlich bequemer gewesen wäre, als jeden Tag hin- und herzupendeln. Münster ist für uns beide einfach die schönere Stadt, auch ist es seine Heimatstadt. Gu's Eltern und sein jüngster Bruder leben hier, auch die meisten unserer Freunde, und zu meiner Familie ist es auch viel näher als von Essen aus gesehen. Ich war sehr froh über diese Entscheidung. Nach den letzten, doch sehr gravierenden Veränderungen in meinem Leben war es gut, dass Münster als Wohnort und Lebensmittelpunkt eine vertraute und wichtige Konstante für mich blieb.

Ich war wieder zu Hause. Ich schlief in meinem Bett, unter meinem Oberbett und nicht im Schlafsack. Ich konnte duschen, ohne dass jemand darauf wartete, dass ich fertig wurde. Das Bad war sauber, keine zig Pilger hatten sich vorher dort aufgehalten. Ich konnte in Ruhe auf die Toilette gehen und mich setzen, ohne vorher alles mit Toilettenpapier abzudecken. Endlich konnte ich wieder zum Frühstück leckeres dunkles Brot essen und dazu ausführlich die Tageszeitung lesen. Es war ein schönes Gefühl, meine Bücher um mich herum zu haben, einfach ins Regal zu greifen, um eines auszuwählen. Ich trug frisch gebügelte Kleidung und musste nicht mehr jeden Tag waschen. Ich trug wieder leichte sommerliche Röcke mit Flip-Flops, statt Wanderhosen und schwere Schuhe. Trotz dieser Annehmlichkeiten war es nicht so einfach, sich wieder einzuleben. Fünf Wochen war ich unterwegs gewesen und hatte mich ein Stück weit an das Nomadenleben gewöhnt. Jetzt den Schalter wieder umzulegen, das klappte nicht so mühelos. Immer wieder wanderte ich in Gedanken einzelne Stationen ab. Ich sah die blühenden Mohnfelder vor mir und die Bäume, die sich im Wind bogen. Ich spürte förmlich die Sonne auf meiner Haut, sah die flirrende Mittagshitze vor mir. Die Wälder in Navarra, die Weinberge des Rioja, die unendlichen Stoppelfelder der Meseta und die sanften Bergketten Galiciens zogen an mir vorbei. Die Silhouetten meiner Pilgerfreunde wanderten vor mir her. Oft war da ein seltsames Ziehen in meinem Herzen. Ich war wieder zu Hause, aber mein Herz schien noch in Spanien zu sein. Ich war voller Sehnsucht nach dem einfachen Unterwegssein. Jetzt wartete ein neuer Alltag auf mich. Ein Alltag voll unbekannter Größen.

Vor meiner Abreise zum Jakobsweg hatte ich die vier freien Wochen nach meinem letzten Arbeitstag, die ohne festen und geregelten Tagesablauf waren, aus vollen Zügen genossen. Es hatte keinen beruflichen Stress mehr mit dringenden Telefonaten, wichtigen Entscheidungen und vielen täglichen Pflichten gegeben. Ich war voller Vorfreude auf die Reise gewesen, mit ihr hatte ich ein unmittelbares Ziel vor mir. Nach meiner Rückkehr fiel ich in die gleiche Situation zurück: Ein unstrukturierter, nicht geregelter Alltag wartete auf mich. Allerdings hatte ich nun keine ungewöhnliche Reise in Aussicht, sondern ich hatte für meine weitere berufliche Zukunft wichtige Entscheidungen zu treffen, von deren Richtung ich zwar vage Vorstellungen, aber keine konkrete Bilder vor Augen hatte. Wo nur anfangen und wo aufhören?

Mein Ankommen in meiner gewohnten Umgebung war an diese Gedanken gekoppelt. Es war gut, dass ich durch das Wiedersehen mit meiner Familie, mit Gu's Familie sowie unseren Freunden immer wieder abgelenkt war. Alle interessierten sich dafür, wie es mir ergangen war. Jeder wollte wissen, was ich erlebt hatte. Immer wieder spürte ich den Respekt, der mir entgegengebracht wurde, wenn ich erzählte, wie lange ich unterwegs gewesen und wie viel Kilometer ich gelaufen war; wie sich so ein Pilgeralltag strukturierte. Zeitgleich mit meiner Rückkehr katapultierte sich das Buch von Hape Kerkeling, in dem er seine Reiseerlebnisse vom Jakobsweg beschreibt, auf Platz eins der Bestsellerlisten. Vorher hatte ich vielen noch erklären müssen, was der Jakobsweg war, jetzt schienen auf einmal alle davon zu sprechen. Pilgern war in aller Munde. Deshalb wurde ich oft sehr eingehend nach meinen Eindrücken und Erfahrungen befragt. Es war schön, die Bilder in mir immer wieder lebendig werden zu lassen. Wohltuend war auch, dass Gu vieles, von dem ich berichtete, durch seine eigene Pilgerschaft gut nachvollziehen konnte. Das einfache, klar strukturierte Leben und gleichwohl nicht zu wissen, was der Tag bringen würde, das Alleinsein und dennoch nicht einsam sein, die Anstrengung des Wanderns und sich trotzdem auf den täglichen Rhythmus freuen, das Nachdenken, das Bei-sich-Sein, aber auch die wunderbaren Gespräche mit den anderen Pilgern – Gu konnte meine Faszination und auch Sehnsucht verstehen.

In die Fragen vieler Freunde und Bekannte zu meinen Reiseerfahrungen mischten sich die Fragen nach meinen beruflichen Plänen. »Was machst du jetzt?« »In welche berufliche Richtung willst du gehen?« Meine Familie und meine engsten Freunde waren hierin zurückhaltender, von ihnen fühlte ich mich weniger bedrängt. Sie wussten durch Gespräche, dass ich mir bereits viele Gedanken machte. Die Fragen anderer nervten mich jedoch zunehmend. Ich fühlte mich unter Druck gesetzt und jedes Mal wurde mir bewusst, dass ich jetzt zu dem großen Heer der Arbeitslosen gehörte. Durch die Tatsache, dass ich selbst gekündigt hatte, schien man von mir zu erwarten, dass ich sofort den »Masterplan« aus der Tasche ziehen würde. Einen »Masterplan«, der genau beschrieb, wie es mit mir weitergehen würde. Davon war ich weit entfernt. Ich hatte zwar Ideen, aber sie waren noch gänzlich unsortiert. Also versuchte ich, zu sortieren. Das war mühsamer, als ich gedacht hatte. Ich hatte zwar im Kopf, was ich alles für meine Zukunft wollte, aber das in konkrete Vorgehensweisen umzuwandeln, war mitunter ganz schön schwierig. Für die Arbeitsagentur hatte ich bereits meine Unterlagen zusammengestellt und abgegeben. Da ich keine aktuellen Bewerbungsfotos mehr hatte, ließ ich in einem ausgezeichneten Fotostudio Aufnahmen von mir machen. Es war ein seltsames Gefühl, sich fotografieren zu lassen, einen Lebenslauf zu schreiben und Zeugnisse kopieren zu müssen. Das letzte Mal hatte ich das alles erledigt, als ich von Nürnberg nach Münster zurückgezogen war, also vor 15 Jahren. In den vergangenen Jahren hatte ich die Bewerbungen gelesen und Einstellungsgespräche geführt. Nun stand ich wieder auf der Seite derjenigen, die Arbeit suchten. Es war auf der einen Seite spannend, weil ich voll Tatendrang und Energie war. Auf der anderen Seite war es aber auch ein wenig verstörend für mich. Ich hatte Abhängigkeitsgefühle. Sie waren diffus, aber sie waren da. Ich hatte irgendwie das Empfinden, dass es nicht allein auf mich ankam, sondern dass ich auf das Wohlwollen anderer Menschen angewiesen sein würde. Ein Gedanke, der mir unangenehm war. Auch deshalb versuchte ich, selbst sehr aktiv zu sein. Ich recherchierte im Internet zum Thema systemische Familientherapie und über das Institut für systemische Ausbildung und Entwicklung Weinheim (IFW) in Weinheim. Beides hatte mir Hans-Jakob am letzten Abend in Santiago empfohlen. Was ich dazu las, sprach mich an. Mich interessierte die Ausbildung zur systemischen Beraterin, weil ich zum einen meine langjährige Berufserfahrung im Umgang mit Teams und Mitarbeitern darin einbringen konnte. Zum anderen würde ich durch die unterschiedlichen, teils sehr ungewöhnlichen Denk- und Praxismodelle ganz neue Perspektiven und Ansatzpunkte für den beruflichen Alltag im Umgang mit Menschen kennenlernen. Die Aus- und Weiterbildungen an diesem Institut waren alle berufsbegleitend. Der Praxisbezug sollte dadurch weiterhin gegeben sein und die Lehren sollten sofort Anwendung finden. Ein Vorteil, wie ich fand. Es gefällt mir, wenn ich etwas Erlerntes direkt umsetzen kann, um mich so auszuprobieren und das theoretisch erworbene Wissen in der Realität überprüfen zu können. Das Problem war nur, ich hatte momentan keinen Praxisbezug. Ich ließ mich dadurch nicht entmutigen und forderte trotzdem Bewerbungsunterlagen beim Institut an. Im Oktober sollte ein neuer Ausbildungsgang beginnen, die Anmeldefristen dafür liefen bald ab. Den fehlenden Praxisbezug würde ich in irgendeiner Form schon lösen, da war ich mir ganz sicher.

Ich beschäftigte mich immer mehr mit dem Gedanken, Menschen zu beraten und sie in bestimmten Berufs- und Lebenssituationen begleiten zu wollen. Die Ausbildung passte dazu. Oder sollte ich vielleicht doch studieren? Ich besorgte mir Informationsmaterial zu den Studiengängen Psychologie, Sozialwesen, Sozialpädagogik, Erziehungswissenschaften und auch katholische Theologie, gleichzeitig ging ich zur allgemeinen Studienberatung. Die Frau dort war sehr nett und schien sich über die Studienberatung hinaus sehr für mich zu interessieren. Sie war es auch, die zum ersten Mal zu mir sagte: »Überlegen Sie sich das mit dem Studium gut. Sie investieren nochmals eine Menge Zeit. In Psychologie und Theologie studieren sie sogar mindestens zehn Semester. Sie sind dann schon über Mitte vierzig. Brauchen Sie wirklich ein Studium? Reichen Ihnen bei Ihrer Berufserfahrung nicht auch Zusatzqualifikationen über Weiterbildungsprojekte?« Sie empfahl mir eine Ausbildung an einem Institut, das sich an die Universität anlehnte. Die Ausbildung ging in eine ähnliche Richtung wie die vom Weinheimer Institut, doch der methodische Ansatz unterschied sich. Auch bei einer weiteren Studienberatung in der Fachhochschule für Sozialwesen bekam ich die gleichen Hinweise. Die Ratschläge dieser Menschen machten mich nachdenklich. Dazu kam, dass ich bei meinen Besuchen auf dem Uni- und Fachhochschulgelände natürlich von Studenten »umzingelt« war. Sie waren alle noch so verdammt jung, ich war im Schnitt mindestens 20 Jahre älter. Wollte ich zukünftig wirklich den überwiegenden Teil des Tages mit deutlich jüngeren Menschen zusammen sein? Sie interessierten sich doch für ganz andere Themen, standen an einem völlig anderen Lebensabschnitt als ich. Wollte ich tatsächlich noch mal die Schulbank drücken? Ich hatte damals doch auch auf das ursprünglich geplante Studium nach meiner Lehre verzichtet, weil mir das Arbeiten an sich gut gefiel. Warum sollte das jetzt anders sein? Zudem stresste mich, dass die Anmeldefristen für die verschiedenen Studiengänge alle bald abliefen. Wenn ich also im Herbstsemester anfangen wollte, musste ich mich beeilen. Klar, ich hätte auf jeden Fall einen Studienplatz bekommen, meine Berufszeit würde als Wartezeit angerechnet, aber ich fühlte mich zeitlich total unter Druck gesetzt. Was wollte ich wirklich? Wusste ich wirklich schon, in welche konkrete Richtung es gehen sollte? Ein weiteres Gespräch bei dem Leiter der Diözesanstelle Berufe der Kirche des Bistums Münster machte mir dann deutlich, dass ich als Frau in meinem Alter mit einem Theologiestudium keinerlei Chancen mehr hatte. Natürlich hatte ich mich aus meinem Glauben heraus für das Studium interessiert, aber meinen Lebensunterhalt musste ich anschließend damit ebenso verdienen können. Das Thema Studium hakte ich innerlich immer mehr ab. Noch nicht einmal zwei Monate seit meiner Rückkehr waren vergangen und ich sollte schon alle Antworten haben, wie ich mein Leben zukünftig leben wollte?

Die Richtung, über die ich nachdachte, war die richtige, das bezweifelte ich nicht. Auch wusste ich definitiv, dass ich einen Beruf finden wollte, der es mir erlaubte, als Mutter weiterhin arbeiten zu können. Ja, der Wunsch nach einem Kind war immer noch ungebrochen. Gu wünschte es sich ebenso sehr. Ich machte mir zwar zwischendurch Gedanken, ob Gu und ich das in unserer Situation auch finanziell schaffen würden, die Sehnsucht war aber einfach da. Mein Verstand wägte ab, mein Herz sagte aber deutlich Ja. Zeit hatte ich sowieso nicht mehr zu verlieren. Mit einundvierzig war es höchste Eisenbahn, wenn es überhaupt noch klappen sollte.

So viele Überlegungen jagten immer wieder durch meinen Kopf. Innere Ruhe dabei zu finden, war manchmal sehr schwierig. Doch durch meine Erfahrungen auf dem Jakobsweg hatte ich verstanden, wie wichtig es ist, sich Zeit für sich selbst zu nehmen. Mir selbst Pausen zu gönnen, bedeutete, meinen Gedanken freien Lauf zu lassen. So würden sie irgendwann zur Beruhigung kommen. Platz würde dann entstehen, um mein Herz sprechen zu hören. Eigentlich hatte ich ja wesentlich mehr Zeit als früher, um mir diesen Freiraum zu geben. Trotzdem tat ich mich damit schwer. Ständig musste ich gegen das Gefühl ankämpfen, für meine neue berufliche Zukunft nicht genug zu tun. Nicht nur der Erwartungsdruck von außen, sondern mein Anspruch an mich selbst, führte oft zu großer innerer Anspannung. Deshalb versuchte ich, mir immer wieder bewusst Inseln zu schaffen. Wie vorher ging ich oft in den Dom, in die kleine Turmkapelle, oder in die Kirche der Kapuziner, entweder ganz normal zur Sonntagsmesse oder zwischendurch, irgendwann in der Woche, mitten am Tag für ein kurzes Gebet und ein schlichtes Dasitzen. Einfach, um zu sein. Manchmal setzte ich mich auf mein Fahrrad und fuhr heraus aus Münster, hinein in die Natur. Ließ mir den Wind durch meine Haare wehen und meinen Kopf durchpusten, berauschte mich an allem, was mir Mutter Erde bot. Und ich ging in meinen Erinnerungen immer wieder auf dem Jakobsweg »spazieren«: Ich spürte die Sonne auf meiner Haut, hörte in meinem Kopf die Lieder, die ich gesungen hatte, und sah meine Gefährten vor mir auftauchen. Jedes Mal, wenn ich diese Inseln ansteuerte, hatte ich das Gefühl, klarere Sicht auf mich selbst zu bekommen. Für mich waren das Minuten, Stunden der Spiritualität. Es gibt ein sehr schönes Gebet von Willi Lambert, das meine Gefühle in diesen Momenten sehr gut widerspiegelt: »Gott, öffne mir die Augen, mach weit meinen Blick und mein Interesse, damit ich sehen kann, was ich noch nicht erkenne. Gott, öffne mir die Ohren, mach mich hellhörig und aufmerksam, damit ich hören kann, was ich noch nicht verstehe. Gott, gib mir ein vertrauensvolles Herz, das sich deinem Wort und deiner Treue überlässt und zu tun wagt, was es noch nicht getan hat. Gott, ich weiß, dass ich nur lebe, wenn ich mich von dir rufen und verändern lasse. Amen.«

Es war erstaunlich, wie sehr ich in diesem Dialog mit mir selbst, inspiriert durch und mit Gott, immer mehr Zugang zu mir fand. Es wurde für mich mehr und mehr deutlich, welche Aspekte mir für meinen weiteren Weg wichtig waren und welche nicht. Zum Thema Studium war irgendwann ein klares Nein in mir, zum Thema Ausbildung zur systemischen Beraterin war ein ebenso klares Ja da. Ich reagierte mit mehr Gelassenheit auf meine eigenen inneren Vorwürfe, wenn ich wieder einmal zu streng mit mir selbst war, nur weil ich meinte, zu wenig Zeit am Schreibtisch zu verbringen und den Sommer zu sehr zu genießen. Ich gebe zu, das gelang mir nicht immer, aber dann sorgten Gu und meine Freunde schon dafür, dass ich gnädiger mit mir selbst war. Sie richteten meinen Blick darauf aus, was ich alles tat, und nicht auf das, was ich nicht tat.

Mittlerweile waren die angeforderten Bewerbungsunterlagen aus Weinheim eingetroffen. Ich war beunruhigt. In den neuen Formularen wurden zwei Kriterien verlangt, die ich nicht erfüllte. Von dem einen wusste ich bereits, ich brauchte während der Ausbildung Praxisbezug. Hier hatte ich mir schon mögliche Lösungen einfallen lassen. Die andere Voraussetzung konnte ich aber beim besten Willen nicht herbeizaubern. Woher sollte ich ein abgeschlossenes Studium nehmen? Ich fasste den Entschluss, alles auf eine Karte zu setzen und mich trotzdem zu bewerben. Wer nicht wagt, der nicht gewinnt, so dachte ich. Außerdem hatte ich das Glück, dass ich die Bewerbung nicht einschicken musste, sondern sie persönlich bei einem Lehrtherapeuten des Institutes abgeben musste. Damit verbunden war ein Aufnahmegespräch, danach entschied die betreffende Person, ob die Unterlagen überhaupt weitergereicht wurden. Ohne diese Empfehlung wurde man nicht zugelassen. Ich hatte das Gespräch mit einer Ausbilderin, die ganz in der Nähe von Münster, in Hamm, arbeitete. Sie war wohlwollend, aber auch sehr kritisch und befragte mich ausführlich zu meinen beiden Defiziten in den Zulassungskriterien. Es nutzte nichts, schönreden konnte ich es nicht. Ich war einfach ehrlich. Ich hatte meine ursprünglichen Studienpläne, die sich damals nahtlos an meine Lehre anknüpfen sollten, aus guten Gründen nicht verwirklicht und es auch nie wirklich bereut. Ich war mit meinem bisherigen Lebensweg sehr zufrieden, weil mich meine vielfältigen und langjährigen beruflichen Erfahrungen zu dem Menschen hatten reifen lassen, der ich nun war. Genau das sagte ich ihr. Ich hatte den Eindruck, dass ihr meine Antwort gefiel. Meine Lösungsmöglichkeiten bezüglich der fehlenden Praxis schienen sie ebenfalls zu überzeugen. Walter, mein Exfreund, mit dem ich nach wie vor Kontakt hatte, hatte mir zugesichert, mich zu unterstützen. Als Personal- und Organisationsentwickler war er permanent in Beratungssituationen, sodass ich bei ihm als Hospitantin praktische Erfahrungen würde sammeln können. Des Weiteren hatte ich mich entschieden, in einer Form ehrenamtlich tätig zu werden, bei der beraterische Aspekte ebenfalls gefragt waren. Außerdem erwähnte ich in dem Gespräch, dass ich mich vielleicht selbstständig machen wolle. Am Ende bekam ich die Empfehlung. Sie begründete dies hauptsächlich so: »Frau Dankbar, Sie sind ein Mensch mit Brüchen und Kanten in ihrem Lebenslauf. Sie scheinen sich bereits gut mit sich selbst auseinandergesetzt zu haben, so jemanden wie sie tut einer Ausbildungsgruppe gut. Ihre Gruppe wird von Ihnen profitieren können. Deshalb bekommen Sie von mir die Zusage, auch wenn ihre Bewerbung untypisch ist.« Als ich im Auto saß, war ich überglücklich und musste erst einmal einen lauten Begeisterungsschrei ausstoßen. Wieder zeichnete sich ein deutliches Stück Weg vor mir ab und ich hörte ein klares Ja dazu in meinem Inneren! Im Oktober würde das erste Seminar stattfinden.

Neben dem Vorantreiben meiner beruflichen Pläne hatte ich angefangen, dieses Buch zu schreiben. Ich frönte meiner Leidenschaft, dem Schreiben. Ich wollte meine Erlebnisse der vergangenen Zeit festhalten, wollte meinen Weg noch mal nachschmecken und reflektieren.

Darüber hinaus versuchte ich durch Begegnungen mit fremden Menschen neue Impulse zu bekommen. So nutzte ich das Angebot der Kapuziner zu seelsorglichen Gesprächen. Mit ihrem Leitspruch von Franz von Assisi »Wenn es dir gut tut, dann komm!« laden sie zu persönlichen Gesprächen ein. Unter den Gesprächspartnern sind Ordensleute, aber auch Privatleute, die sich als ausgebildete Fachkräfte unentgeltlich den Ratsuchenden zur Verfügung stellen. Ich sprach das erste Mal mit einem warmherzigen und sehr väterlichen Pater, das zweite Mal mit einer psychosozialen Beraterin, die in ihrer frischen, zupackenden Art mir gegenüber sehr engagiert war. Beide waren mir zugewandt, ließen mich reden, fragten an entscheidenden Stellen nach und hörten sehr gut zu. Jedes Gespräch war auf seine Weise einzigartig und aus beiden nahm ich unterschiedliche Anregungen mit. Natürlich konnten sie mir keine konkreten Hilfestellungen geben, aber ihre Hinweise brachten mir neue Aspekte zum Nachdenken. Gespräche können wie Puzzleteile sein, die dazu dienen, ein Bild immer mehr zu vervollständigen.

Erneut traf ich Sita, die spirituelle Lehrerin, bei der ich, wie anfangs erwähnt, zwischen Weihnachten und Neujahr das Seminar »Der Weg ins Licht« besucht hatte. Sie arbeitete eine Stunde sehr intensiv mit mir. Vieles von dem, was sie mir mit auf den Weg gab, stellte sich im Nachhinein als zutreffend heraus. Auch sie riet mir, bis zum Oktober nichts zu machen, sondern einfach nur zu sein, um bei mir anzukommen und der Liebe in mir Raum zu geben. Ich beschloss, im September eine Woche in ihr Zentrum am Bodensee zu fahren, um mich nochmals von ihr spirituell coachen zu lassen. Sie konnte Unterstützung im Haus und Garten gebrauchen, sodass ich einige Arbeiten übernahm, im Gegenzug konnte ich kostenlos bei ihr wohnen. Wieder bekam ich für mich wertvolle Anregungen und Hinweise, die sich in gemeinsamen Gesprächen und durch Meditationen ergaben. Auch machte sie mit mir eine spirituelle Rückführung, in der ich in ein früheres Leben von mir eintauchen konnte. Vieles, was sich in dieser Woche bei Sita ereignet hat, ist mit unserem normalen Verstand nicht zu begreifen, mutet vielleicht für Außenstehende sogar bizarr an. Solange das Wie niemandem wehtut, ist für mich das Ergebnis entscheidend. Ich kann nicht ablehnen, was dem Menschen gut tut, nur weil es fremd und anders erscheint. Mir half es auf jeden Fall! Ich konnte den vor mir liegenden Weg ein weiteres Stückchen klarer sehen. Dort wurde ich in dem Gefühl bestärkt, das ich bereits durch meinen Glauben entwickelt hatte, einfach Vertrauen zu haben. Vertrauen, dass schon alles richtig und gut wird, auch wenn davon noch nicht viel zu sehen ist. Ein sehr wichtiger Satz, der von Sita fiel, war: »Werde selbst aktiv, bevor die Umstände dich dazu zwingen. Bleibe in deinem Handeln und folge dir!« Ein weiterer Impuls war: »Setze Dinge nicht mit Kraft oder Härte durch, sondern mit Vertrauen.« Damit konnte ich viel anfangen. Wie oft hatte ich in der Vergangenheit mit dem Kopf durch die Wand gewollt, war mit Ungeduld an vieles herangegangen, vor allem in meinem Privatleben hatte sich dies widergespiegelt. Es waren Weisheiten, die einfach klangen, doch ihre Umsetzung war manches Mal alles andere als einfach. Sita konfrontierte mich immer wieder auch mit Vertrauen, getragen durch die Liebe göttlichen Ursprungs. »Gott ist in mir, deshalb bin ich Liebe«, war ein Mantra, das sie mir mit auf den Weg gab. Sie war es auch, die mich während eines unserer Gespräche fragte: »Wie stellst du dir Gott eigentlich vor? Ich habe den Eindruck, dass dein Bild von Gott vom Bild aus deiner Kindheit geprägt ist – als gütigen Vater mit schlohweißem Haar?« Ein wenig musste ich ihr zustimmen. Nach diesem Gespräch löste ich mich mehr und mehr von diesem Bild. Gott ist überall zu finden, in uns selbst, um uns herum, unter uns Menschen und in der Natur – wir sind alle ein Teil der Schöpfung, deshalb brauche ich kein Bild mehr.

Nach dieser Woche hatte ich viele Eindrücke zu verarbeiten, fühlte mich aber auch bestätigt. Es war richtig, mein Tempo zu gehen und mich nicht hetzen zu lassen. Es war gut, Entscheidungen wohlüberlegt zu treffen und dabei meinem Herzen viel Platz einzuräumen und meinen Verstand des öfteren hinten anstehen zu lassen. Wie Elmar Gruber es so schön ausgedrückt hat: »Einsichten und Entdeckungen sind Geschenke, die man nicht erzwingen kann.«

Bevor ich an den Bodensee gefahren war, hatte ich in Münster im Johannes-Hospiz, einem Sterbehospiz, eine Art Bewerbungsgespräch mit dem dortigen Leiter geführt. Es werden dort ständig ehrenamtliche Mitarbeiter gesucht, die den hauptamtlichen Kräften unterstützend zur Seite stehen. Ich hatte schon öfter über eine ehrenamtliche Arbeit nachgedacht, doch aus Zeitgründen keine Möglichkeit gefunden, dies zu verwirklichen. Jetzt hatte ich genügend Zeit zur Verfügung. Für meine Weinheimer Ausbildung kam mir dieses Ehrenamt ebenfalls entgegen. Ein Flyer vom Hospiz hatte mich aufmerksam gemacht und angesprochen. Meine Vorstellungen dazu waren wenig konkret, außer dass ich mit Sterbenden in Berührung kommen würde. Das schreckte mich nicht ab, im Gegenteil, der Tod gehört für mich wie die Geburt zum Leben. Irgendwann kommen wir alle damit zwangsläufig in Berührung. Ich habe den Tod zum ersten Mal erfahren, als meine Oma, die Mutter meines Vaters, ganz plötzlich starb. Damals war ich noch sehr klein, so um die sechs Jahre alt. Die Beerdigung fand ich toll, weil so viele Kinder da waren und ich mit allen meinen Cousins und Cousinen so schön spielen konnte. Warum die Erwachsenen alle schwarz gekleidet waren und wir ständig ermahnt wurden, nicht so herumzutoben, verstand ich nicht. Einmal habe ich in den Tagen vorher meinen Vater weinen sehen und war deshalb verstört. Als ich ihn in meiner kindlichen Art trösten wollte, hat er gesagt: »Ist schon gut, ist gar nicht so schlimm.« Heute denke ich, es muss für ihn schlimm gewesen sein, seine erst 64-jährige Mutter zu beerdigen und die Gefühle so wenig zeigen zu können. Der Tod und der Schmerz darüber werden in unserer Gesellschaft vielfach ausgeklammert, in das Innerste verschlossen. Die Freude zum Beispiel über eine Geburt wird gern geteilt; Leid zu teilen, fällt den meisten von uns dagegen schwer. Als meine andere Oma, die mit meinem Opa bei uns lebte, starb, erlebte ich die Trauer mit meinen elf Jahren in unserer Familie auf andere Art. Wir alle vermissten sie, sie war ebenfalls überraschend gestorben. Mein Opa war auf einmal erschreckend hilflos. Meine Mutter sagte einmal: »Wenn wir nicht wären, würde Opa seinen ganzen Lebensmut verlieren.« Mit uns konnte er über seine Frau sprechen, wir hielten das Andenken und die Erinnerungen an sie wach. Das tröstete ihn. Er lebte noch lange bei uns.

Nach den Osterferien ein Jahr später blieb ein Stuhl in unserer sechsten Klasse leer. Ansgar, ein Klassenkamerad, war von einem Lastwagen überfahren worden. Die ganze Klasse ging mit zur Beerdigung. Ich konnte, wir alle konnten das damals nicht begreifen. Mit unserer Klassenlehrerin sprachen wir darüber, viele von uns weinten, doch das Sprechen darüber half. Über die Jahre habe ich den Tod auf unterschiedlichste Weise kennengelernt. Manches Mal ist er mir besonders grausam erschienen, dann konnte ich ihn zunächst überhaupt nicht akzeptieren. Im Nachhinein habe ich festgestellt, dass fast immer etwas Neues, Wertvolles daraus entstanden ist. Der Tod der jeweiligen Menschen war nie sinnlos. In den Internetseiten des Hospizes las ich etwas sehr Eindrückliches: »Dem Sterben mehr Leben geben.« Der Tod war die eine Seite. Doch was passiert mit den Menschen vorher? Wenn Krankheit hilflos macht? Wenn ich weiß, dass ich sterbe, es keine Hoffnung auf Heilung mehr gibt? Ich erhoffte mir durch die Mitarbeit darauf Antworten. Vor dem Tod habe ich keine Angst, vor einer unheilbaren Krankheit und vor langem Leiden schon. Nicht nur bezogen auf mich, sondern auch mit dem Gedanken an meine Eltern.

Der Hospizleiter stellte mir viele Fragen. Zu meiner Person, meinem familiären und persönlichen Hintergrund, meiner Einstellung zu Menschen, zu Tod, zum Sterben. Er erzählte über den Alltag des Hauses, die Bewohner und ihre Angehörigen, die Pfleger und die Aufgaben der ehrenamtlichen Mitarbeiter. Er berichtete mir von den verschiedenen Bildern, die Krankheit und Tod zeichnen können, wie Trauer für jeden Einzelnen im Hospiz sich darstellen kann. Ich glaube, dass er durch die sehr offene Schilderung versuchte, meine Reaktionen abzuschätzen, meine Kommentare einzuordnen, um letztendlich meine Eignung festzustellen. Nach dem Gespräch stand fest, dass ich die Einarbeitung für den sogenannten Basisdienst durch eine bewährte ehrenamtliche Mitarbeiterin machen durfte. Basisdienst bedeutet in erster Linie Küchendienst. Das Hospiz ist wie ein normales Haus aufgeteilt, in der die Küche ein wichtiger Mittelpunkt für die Bewohner ist, die nicht an ihr Bett gebunden sind. Dort nehmen sie ihre Mahlzeiten ein und empfangen ihren Besuch, wenn sie es möchten. Ein Ort, wie wir alle ihn von zu Hause kennen. Der gemütlichste Platz im Haus. Der ehrenamtliche Mitarbeiter reicht je nach Schichtdienst entsprechend den Kaffee oder das Abendessen, räumt die Küche auf, ist unter Umständen den Pflegern mit kleineren Handreichungen im Bewohnerzimmer behilflich und faltet auch schon mal den einen oder anderen Korb Wäsche. Bei allen diesen Tätigkeiten steht das Wohl des Bewohners und auch seiner Angehörigen im Vordergrund. Braucht jemand ein Gespräch von Mensch zu Mensch, bleibt die andere Arbeit zunächst liegen. Es erinnert mich ein wenig an früher: Hatten wir Kinder Kummer oder Sorgen, konnten wir bei einem Glas Milch, später bei einer Tasse Kaffee, uns alles bei unserer Mutter von der Seele reden. Einfaches Zuhören half immer. Ich wurde von einer langjährigen Mitarbeiterin liebevoll eingewiesen, an drei Nachmittagen begleitete ich sie. Erst danach wurde entschieden, ob ich das Team ergänzen würde. Es klappte, im Oktober bekam ich nachmittags einen Dienst zugewiesen. »Dem Sterben mehr Leben geben«, das habe ich seitdem sehr eindrucksvoll erleben dürfen. Das Johannes-Hospiz ist kein bedrückender Ort, sondern ein die letzten Tage glücklich machender Ort. Der Sterbende wird hier umsorgt und gepflegt, seine Bedürfnisse stehen im Vordergrund. Körperlich, aber in besonderer Weise auch seelisch. Seine Ängste vor dem Tod werden ernst genommen, Fragen nach dem Warum und Wieso dürfen gestellt werden. Das, was er sich gegenüber seinen Angehörigen vielleicht nicht zu sagen traut, weil er Rücksicht nimmt, hier darf er es sagen. Das Gleiche gilt für die Angehörigen, auch sie haben Ängste. »Was darf ich ansprechen, was nicht?« »Habe ich mich richtig verhalten?« Gemeinsam lernen sie die wenige kostbare Zeit zu nutzen, um Erinnerungen auszutauschen, zu lachen, sich alles zu erzählen, was noch unbedingt erzählt werden muss oder einfach nur zusammen zu sein, sich zu fühlen, zu streicheln, sich in den Arm zu nehmen. Das Hospiz und seine Atmosphäre hilft, neu zusammenzufinden, auch dann, wenn man sich verloren hat. Ich habe hier erfahren, was es heißt, sich einzulassen, aber auch wieder loszulassen. Vor allem habe ich gelernt, Respekt vor dem Leben zu haben. Ich weiß heute mehr als früher, wie kostbar jeder einzelne Tag, jede einzelne Stunde und Minute ist. Denn ich kann nicht wissen, wann es für mich zu Ende sein wird, noch für jemanden, den ich sehr liebe. In diesem Bewusstsein versuche ich nichts zu verschieben, alles intensiv zu erleben und zu genießen. Ich versuche, das zu tun, was mir und den Menschen um mich herum gut tut. Wahrscheinlich haben es mir die Erlebnisse während meiner Pilgerwanderung leichter gemacht, gut mit den Hospizerfahrungen umgehen zu können. Auf dem Weg hatte ich schließlich gelernt, wenn auch auf andere Weise, was es bedeuten kann, loszulassen und offen zu sein, für das was kommen mag. Eines ist ganz sicher: Das Johannes-Hospiz hat dazu beigetragen, dass meine Ehrfurcht vor dem Leben weiter gewachsen ist.

Der Oktober stand vor der Tür. Die Einladung zum ersten Ausbildungsseminar zur systemischen Beraterin, das Mitte des Monats stattfinden sollte, hatte ich zusammen mit den restlichen Ausbildungsterminen bereits aus Weinheim erhalten. Bei der Arbeitsagentur musste ich darum kämpfen, dass mir die Zeiten für die Ausbildung nicht als Urlaub abgezogen wurden oder sogar das Arbeitslosengeld währenddessen eingefroren wurde. Es war eben keine Fort- oder Weiterbildungsmaßnahme, die mir die Agentur angeboten hatte. Ich hatte sie mir ohne die Unterstützung meiner Kundenberaterin »selbst organisiert«. Trotzdem reichten ihr meine Aktivitäten nicht. Bei jedem Treffen wurde ich mit der Frage konfrontiert, was ich denn nun machen wolle. Natürlich, aus ihrer Sicht verständlich, aus meiner Sicht viel zu früh. Nachdem ich in einem Beratungsgespräch ihr gegenüber eine mögliche Selbstständigkeit erwähnt hatte, wurde mir von ihr dringend empfohlen, schnellstmöglich ein Seminar für Existenzgründer zu besuchen. Sie hatte auch schon einen konkreten Termin für mich im Auge. Im November fand ein dreiwöchiger Kurs bei der IHK statt, in diesem bekamen zukünftige Unternehmer das notwendige Rüstzeug für ihr Gründungsvorhaben mit auf den Weg. Notgedrungen meldete ich mich an. Innerlich war ich zu diesem Schritt noch nicht bereit, aber hier war ich gegenüber den Sachzwängen von Außen machtlos.

Doch bevor das Existenzgründungsseminar anstand und ich zu meinem ersten Weinheimer Seminar fuhr, hatte ich eine ganz andere, sehr persönliche Erfahrung. Ich hatte mich zu meinen ersten Exerzitien angemeldet. Wieder war ich durch das Kapuzinerkloster darauf aufmerksam geworden. Pater Erich Purk, ein Pater aus dem Münsteraner Kapuzinerorden, und Schwester Magdalena Heeke boten unter dem Leitgedanken »Vacare soli deo/Urlaub machen mit Gott« Einzelexerzitien im Haus Konrad an. Keine zwei Kilometer Luftlinie von meinem Zuhause, mitten im Grünen, lag das kleine klösterliche Haus. Mein Urlaub mit Gott sollte fast eine Woche dauern, in denen Quellen franziskanischer Spiritualität erlebt und gelebt werden sollten. Wenn ich so im Nachhinein diese Zeilen schreibe, wird mir erst bewusst, wie sehr ich in den Wochen nach meiner Kündigung auf der Suche nach meiner eigenen spirituellen Kraft gewesen bin: Wie viele Wege ich ausprobiert habe, wie jeder einzelne Schritt mich dort hingebracht hat, wo ich sonst heute sicherlich nicht stehen würde. Ganz instinktiv habe ich immer wieder die Nähe Gottes gesucht und er oder sie hat mich dabei geleitet. »Ich suchte meinen Weg zu dir, da kamst du auf dem Weg zu mir, und gabst ihn mir als Weg zu dir.« Helga Rusche wurde mit diesen Zeilen an einem der Tage im Haus Konrad zitiert. Sie berührten mich, denn sie drückten das aus, was mir in den vergangenen Monaten und Wochen geschehen war. Dem Unbekannten, dem, was noch vor mir lag, konnte ich ebenfalls zuversichtlich entgegensehen. Urvertrauen in Gott und damit in mich selbst spiegelte sich darin wider. Während der Exerzitien wurden jeden Tag neue Denkanstöße in Form von Texten, Gleichnissen, Bibelstellen und Gebeten gegeben, die dazu einladen sollten, sich mit sich selbst zu befassen. Dem diente auch das Schweigen. Nur während der Eutonie, des täglichen geistlichen Impulses, der seelsorglichen Gesprächsstunde und der Eucharistiefeier wurde gesprochen. Dazwischen lagen viele Stunden des Schweigens, die Platz machten für die innere Auseinandersetzung mit sich selbst. »Den Mönch in mir entdecken – auch ohne Klostermauern, ohne Kutte und ohne den radikalen, bis an die Wurzeln des Menschseins gehenden Anspruch an sich selbst. Für uns mitten im Leben stehende Menschen könnte das heißen: Offen zu sein, um ein wenig von den Quellen dieses großen Stromes menschlicher Überlieferung zu lernen, von den Geschenken der Stille und des Schweigens, des Loslassens und des ›leichten Gepäcks‹, des Staunens, der Dankbarkeit und der Freude... Zu wissen, dass alles Menschliche – auch das Leben der Mönche – bruchstückhaft und unvollkommen ist und keiner einen sicheren Vorsprung hat. Aber auch neugierig zu sein, um die noch in uns schlummernden Möglichkeiten zum Leben zu erwecken – und sich nicht mit weniger zufrieden zu geben. Und jedenfalls zu versuchen, das ›Spiel der Welt‹ nicht unbesehen mitzumachen. Der Mönch in mir, das wäre der Versuch, sich öfter auf den ruhenden Punkt in mir zurückzuziehen. Auf die Höhle des eigenen Herzens. Denn der Weg nach innen ist der Weg nach Hause.« Wunderbare Worte von Heinz Nußbaumer, inspiriert durch seine Reise zum Berg Athos, die ich umzusetzen versuchte. Anfangs war es noch schwierig, mit der Stille umzugehen, manchmal musste ich sie richtiggehend aushalten. Doch mit jedem Tag gelang es mir mehr, innerlich leiser zu werden. Ich wurde aufmerksamer mit mir. Es tat gut, sich nichts anderem zu widmen als mir selbst. Da war es wieder: »Adsum« - Einfach da sein. Zu Beginn der Exerzitien dachte ich in der Ruhe und der Stille weitere, vielleicht sogar bahnbrechende neue Erkenntnisse für meine Zukunft zu bekommen. Schnell merkte ich jedoch, dass ich hier ganz andere wichtige Aspekte fand. Diese Aspekte besaßen Strahlkraft für mich ganz persönlich. So sprachen wir über den Satz »Liebe deinen Nächsten so wie dich selbst.« Natürlich kannte ich diesen Ausspruch, aber ich hatte den ersten Teil immer als den wichtigeren angesehen, ihn viel mehr verinnerlicht als den zweiten Teil. Ich denke, es geht vielen so wie mir. Wer sagt denn schon: »Ja, ich liebe mich. Ich liebe mich so, wie ich meine Nächsten liebe.« Hat man nicht oft die anderen viel mehr im Blick als sich selbst? Und selbst wenn man sagt: »Ich liebe mich selbst genauso wie meinen Nächsten«, kann es dann nicht passieren, dass der Vorwurf kommt, man sei egoistisch und habe nur sich selbst im Blick. Pater Erich sagte uns deutlich, dass die Liebe zu Gott, die Liebe zu seinem Nächsten auch die Liebe zu sich selbst beinhalte. Ein Mensch, der keine Liebe zu sich selbst empfinde, sei nicht imstande, andere aufrichtig zu lieben, denn diese Liebe sei immer nur ein Ersatz. Ein Mensch, der aber zu viel Eigenliebe besitze, der habe zu wenig Platz für die Nächstenliebe. Deshalb sei das richtige Maß wichtig, ein gleichwertiges Maß wie »Liebe deinen Nächsten so wie dich selbst.« Ich war fasziniert, begeistert und erleichtert. Gerade die Entscheidung für meine Kündigung machte mir zwischendurch immer wieder zu schaffen. Oft plagte mich mein schlechtes Gewissen. War ich zu egoistisch gewesen? Gegangen zu sein, obwohl alle mit mir rechneten? Gewohnte Abläufe auf den Kopf gestellt zu haben und damit anderen Veränderungen zugemutet zu haben? Das Nachdenken über diesen Impuls beruhigte und versöhnte mich. Es war richtig gewesen zu gehen. Eine unzufriedene Chefin, die hart gegen sich selbst war, konnte den Mitarbeitern gegenüber nur schwer eine gute Chefin sein. In St. Konrad konnte ich mich sogar endgültig mit meinen gescheiterten Beziehungen versöhnen, mit denen ich offensichtlich, trotz meiner Empfindungen auf dem Jakobsweg, immer noch gehadert hatte. Ich war immer noch verletzt, obwohl ich die Trennungen grundsätzlich gut bewältigt und verarbeitet hatte, so glaubte ich jedenfalls. Hier musste ich feststellen, dass mich eine Lesung aus dem Korintherbrief total aus der Fassung brachte, aber gleichzeitig auch dafür sorgte, abschließen zu können. »Gott ist treu, er bürgt dafür, dass unser Wort euch gegenüber nicht Ja und Nein zugleich ist ... in ihm (Jesus Christus) ist das Ja verwirklicht. Er ist das Ja zu allem ...« Hier ließ ich nochmals den Schmerz zu - bis zu dem Kennenlernen von Gu - mit jeder Beziehung gescheitert zu sein. Kein richtiges Ja zustande gebracht zu haben oder aber kein richtiges Ja bekommen zu haben. Ich heulte Rotz und Wasser, fühlte erneut die Verzweiflung der damaligen Momente. Fühlte mich klein und schrecklich. Aber mit jeder Träne wurde etwas von dem alten Schmerz weggespült. Ich fühlte mich getröstet. Im Gespräch mit Pater Erich bekräftigte er die Passage mit den Worten: »Er sagt Ja, wenn alles Nein sagt.« Diese Worte verleihen mir Kraft, auch heute noch, immer wieder. In schwierigen Situationen, dann wenn ich Zweifel habe, sage ich mir diese Worte. Sie erleichtern mich, denn ich weiß die göttliche Kraft an meiner Seite.

Nach den Exerzitien begann auch schon das erste Seminar der Ausbildung. Eine große Gruppe war zusammengekommen, 24 Frauen und Männer wollten systemische Beraterinnen und Berater werden. Anfangs war ich skeptisch, wie wir mit so vielen Leuten eine vernünftige Seminararbeit hinbekommen sollten. Unsere beiden Ausbilder schafften es jedoch, uns vom Gegenteil zu überzeugen. Heute bin ich über die Größe der Gruppe sogar sehr froh. Unsere Gruppe war so unterschiedlich zusammengesetzt, dass ihre Vielfalt ein weites Lernfeld zuließ. Der Spannungsbogen an Erfahrungen der einzelnen Persönlichkeiten bereitete uns optimal auf die systemische Arbeit in der Praxis vor. Zudem fanden auch noch Supervisionen mit der Hälfte der Teilnehmerinnen und Teilnehmer statt. Sehr regelmäßig trafen wir uns außerdem mit einer noch kleineren Gruppe zum Lernen. Meine Peergruppe hatte einen großen Anteil daran, dass ich soviel aus der Ausbildung mitnehmen konnte. Wir befanden uns also in einem kontinuierlichen Lernprozess. Damals im Oktober konnte ich aber von diesen positiven Erfahrungen noch nichts wissen. Mich trieben eher Fragen um: Würde mir diese Ausbildung inhaltlich wirklich gefallen? Würde ich ganz konkret etwas damit anfangen können? Würde sich dadurch mein zukünftiges Berufsbild stärker herauskristallisieren? Wie würde ich in der Gruppe aufgenommen werden? Schließlich würden die anderen schnell merken, dass ich zwei Kriterien nicht erfüllte. Würde ich dadurch auf Ablehnung oder Widerstände stoßen? Wenn ich ehrlich bin, hatte ich gehörigen Respekt. Wie sich herausstellte, waren meine Sorgen unbegründet. Wie es schien, war ich die Einzige, die dachte, damit Probleme zu bekommen. Im Gegenteil, mir wurde große Wertschätzung entgegengebracht. Durch Vorstellungsrunden und entsprechende Gruppenarbeiten lernten wir uns untereinander ziemlich schnell näher kennen. Immer wieder wurden wir gezwungen, uns zu öffnen und uns mit der ganzen Persönlichkeit einzubringen. Verstecken ging nicht. Des Weiteren ging es darum, sich zu beobachten, im Umgang mit den anderen und mit sich selbst. Auch hier, wie in der Woche vorher, war Selbsterkenntnis und -erfahrung angesagt. Die Impulse wurden natürlich anders gesetzt, weniger geistlich, deutlich weltlicher. Doch bei vielen Äußerungen fühlte ich mich an ähnliche Impulse aus den Exerzitien erinnert. Hier wie dort stand der Mensch mit seiner ganz eigenen Wirklichkeit im Mittelpunkt. Virginia Satir, eine der bedeutendsten Begründerinnen der Familientherapie, brachte es so zum Ausdruck:

»Ich will Dich lieben, ohne Dich festzuhalten,
will mir ein Urteil bilden, ohne zu verurteilen,
will Dir nahe sein, ohne Dich einzuengen,
will Dich ermutigen, ohne Dich zu überfordern,
will von Dir gehen, ohne Schuldgefühle,
will an Dir Kritik üben, ohne Dich zu verletzen,
und will Dir helfen, ohne Dich abhängig zu machen.
Wenn ich dasselbe von Dir erwarten kann,
dann können wir uns wirklich begegnen
und einander bereichern.«

Am Ende des Seminars gab es eine obligatorische Feedbackrunde. Wir wurden gebeten, unseren persönlichen Standpunkt nach den Tagen wiederzugeben. Als ich an der Reihe war, sagte ich aus tiefster Überzeugung: »Nach diesem Seminar weiß ich, dass die Ausbildung für mich genau das Richtige ist. Dass ich diesen Weg gewählt habe, dafür bin ich zutiefst dankbar.« Und ich war Hans-Jakob dankbar, der mich auf diese Idee gebracht hatte und mir vor allem mit seinem Zuspruch Kraft und Mut gegeben hatte. In solchen Momenten fragte ich mich schon, ob ich ohne meine Pilgerwanderung einen Schritt wie diesen gegangen wäre.

Im November fiel ich in ein tiefes Loch. Trotz der Euphorie über die Erlebnisse im Oktober verspürte ich schnell Unzufriedenheit und Ungeduld. Meine innere Unruhe nahm wieder zu, ich fühlte mich unter Druck. Mein Vertrauen und die Zuversicht, die innere Ruhe, die ich durch und nach dem Jakobsweg entwickelt hatte, schienen sich mehr und mehr zu verflüchtigen. Warum nur? Das Existenzgründungsseminar hatte begonnen. Jeden Tag musste ich nun von 9 bis 16 Uhr bei der IHK die Schulbank drücken. Das war an sich nicht schlimm, im Gegenteil, strukturierte Tage gefallen mir, auch die Inhalte waren zum größten Teil in Ordnung. Das Seminarangebot sollte das notwendige Wissen für die erfolgreiche Gründung einer beruflichen Selbstständigkeit vermitteln. Die Gruppe sollte für den Umgang mit Versicherungen, dem Finanzamt und den Banken fit gemacht werden. Die speziellen Anforderungen, die ein Unternehmer zu erfüllen hat, wurden uns vor Augen geführt und deren Umsetzung gezeigt. Das meiste davon kannte ich und wusste auch um die Notwendigkeit, hatte vieles davon schon vor langer Zeit einmal gelernt. Trotzdem war die Auffrischung gut. Nach meiner Ausbildung hatte ich immer in großen Firmen gearbeitet, in denen es selbstverständlich Abteilungen für die verschiedenen Aufgabenbereiche gab. Natürlich kannte ich die Grundlagen der Buchführung, aber selbst buchen? Auch meine Reisekosten hatte ich immer brav zusammengestellt und dann abgegeben. Was dann auf welchem Konto zu verbuchen war, brauchte ich nicht zu wissen. Klar war ich privat optimal versichert, aber welche Versicherungen für ein Unternehmen notwendig waren, darüber konnte ich nur staunen. Bei bianca hatte ich mich in der Hinsicht um nichts kümmern müssen. Dazu kamen die Anforderungen von Vater Staat; blickte ich als Privatfrau manchmal schon nicht durch, jetzt schlackerten mir die Ohren. Auch wenn es manchmal sehr trocken war, es war hilfreich. Richtig interessant wurde es sogar, wenn es um die Platzierung der eigenen Unternehmensidee ging. Es wurden die klassischen Instrumente des Marketing besprochen. Hier war ich in meinem Element und konnte meine Erfahrung aus den über sechs Jahren, in denen ich als Marketingleiterin gearbeitet hatte, ausspielen. Dennoch zog mich der Kurs runter. Oft kam ich nach Hause und war übel gelaunt. Die Gruppe war sehr unterschiedlich zusammengesetzt: Handwerker, Arbeiter, Angestellte, Akademiker, Langzeitarbeitslose und gerade arbeitslos Gewordene waren zu einem Haufen zusammengewürfelt. Mindestens vier Nationalitäten waren unter uns Frauen und Männern. Ein Teilnehmer sprach nur sehr gebrochen deutsch. Die Altersstruktur lag zwischen Mitte zwanzig und Mitte fünfzig. Ganz schön viele Unterschiedlichkeiten. Man bekam jede Menge Neues mit: In diesem Kurs erfuhr ich, was man alles so braucht und beachten muss, wenn man ein Restaurant eröffnet. Oder wie ein Gebrauchtwarenhandel, unter anderem mit Autos, von Deutschland nach Afrika funktioniert. Hier lernte ich eine Frau kennen, die als Heilpädagogin ein neuartiges therapeutisches Konzept für kranke Kinder entwickelt hatte. Es blieb aber nicht aus, dass einige Wenige – einer stach besonders hervor – überhaupt keine Lust auf diese Veranstaltung hatten. Entsprechend waren die Verhaltensweisen: Sie kamen zu spät, ohne sich zu entschuldigen, hielten die Pausenzeiten nicht ein oder stellten Fragen, die deutlich machten, dass sie überhaupt nicht zugehört hatten. Es war nicht nur eine Respektlosigkeit gegenüber dem Kursleiter, sondern gegenüber der ganzen Gruppe. In manchen Situationen konnte ich natürlich meinen Mund nicht halten und fand deutliche Worte, was allerdings auch nichts half. »Liebe deinen Nächsten, so wie dich selbst«, wurde hier auf eine harte Geduldsprobe gestellt. Und sich »ein Urteil zu bilden, ohne zu verurteilen«, fiel mir auch schwer. Meine Unzufriedenheit wuchs. Die Gruppenatmosphäre brachte mich an meine Grenzen. Vor allem weil ich merkte, dass ich nicht mit Gelassenheit darauf reagieren konnte, das störte mich am meisten. Irgendwann hatte ich aber die Nase voll davon, mich so herunterziehen zu lassen, und versuchte meinen Blick nur noch auf die positiven Seiten dieses Lehrganges zu lenken. Schließlich hatte ich hier auch Menschen kennengelernt, die meinen Horizont neu erweiterten, von denen ich sogar in der Folgezeit profitieren sollte. Ich verstand mich mit Heike, Markus, Johannes und Martina besonders gut. Alle vier sehr unterschiedlich vom Typ. Heike, die Heilpädagogin, passt schon rein äußerlich zu dem Konzept, das sie entwickelt hat. Sie wirkt wie ein kleiner Kobold mit ihrer farbenfrohen Kleidung, dem struwweligen Haar und dem liebevoll-frechen Blick ihrer dunklen Augen. Wir waren alle davon überzeugt, dass ihr therapeutischer Ansatz »Farben für die Seele« auch aufgrund ihrer Person erfolgreich sein würde. Markus wollte sein Hobby zum Beruf machen und Motorradfans in eigener Halle Werkstattplätze sowie Werkzeug zum Selberschrauben vermieten. Sein Humor ist staubtrocken und war an manchen Stellen im Unterricht mehr als treffend, sodass wir beide, wir saßen nebeneinander, manchmal wie zwei kleine Pennäler herumkicherten. Auch das war wenig respektvoll gegenüber unserem Kursleiter. Johannes, einer unser Akademiker in der Runde, ist Patentanwalt und war im Begriff, sich niederzulassen. Er ist mit ganz viel Herz ausgestattet, was er aber so manches Mal hinter einer rauen Schale und einem oft hintergründigen Humor versteckt. Wir fanden ihn köstlich und mochten ihn gern, er kam damit aber nicht bei allen gut an, was ihm jedoch ziemlich egal war. Martina, ungefähr in meinem Alter, plante sich mit Kulturreisen selbstständig zu machen. Als Volkskundlerin arbeitet sie nebenher bei einem Verlag. Sie ist eine feinsinnige und sehr intelligente Frau mit einer guten Beobachtungsgabe. Am Ende des Kurses bot sie mir an, mich bei meinem Buch zu unterstützen. Ich nahm natürlich mit Freuden an. Nach drei Wochen war der Kurs endlich vorbei und ich um viele Erfahrungen reicher. Aber nicht nur das, während des Kurses traf ich die endgültige Entscheidung, mich als Beraterin selbstständig zu machen. Ich hatte das unbestimmte Gefühl, dass ich damit für meine weitere persönliche Entwicklung, privat und beruflich, das Richtige tat. Ich versprach mir dadurch größeren Spiel- und Freiraum, um meine eigenen Schritte zu gehen.

Die Adventszeit stand vor der Tür. Zum ersten Mal konnte ich die Wohnung in Ruhe adventlich schmücken. Nicht wie in den Jahren zuvor, mal eben zwischen Tür und Angel. Es machte Spaß, den Adventskranz mitten am Tag auszusuchen und nicht in der Dunkelheit, nach Feierabend, so wie früher. Ich freute mich, genüsslich und in aller Ruhe durch die Adventsausstellung beim Gärtner zu schlendern. Nicht eine Spur der früheren Hektik, die sonst besonders im November und Dezember in meinem Inneren hochkochte, kam zutage. Ich musste mich nicht mit Lieferanten herumschlagen, die die Musterstoffe nicht rechtzeitig lieferten und uns dadurch in der Kollektionsfertigstellung nach hinten warfen. Ich brauchte nicht zwischen den einzelnen Abteilungen zu vermitteln, weil die Kollektionsmodelle noch nicht so weit waren, wie geplant. Oder, oder, oder...

Ich dachte sehr oft mit einer Mischung aus unterschiedlichsten Gefühlen an meine ehemaligen Kollegen. Eine Portion schlechtes Gewissen war immer noch vorhanden. Mich nicht mehr verantwortlich zu fühlen, war eben nicht so einfach abzustellen. Auch ein wenig Bedauern war dabei, dass ich nicht länger Teil der bianca-Gemeinschaft war. Es gab so viele liebe Menschen, die mir während all der Jahre wohlvertraut geworden waren, die ich jeden Tag gesehen hatte und die nun nicht länger zu meinem Alltag gehörten. Manchmal fehlte mir der fest strukturierte Tagesablauf, den mein Job mir vorgegeben hatte. Es gab während der Woche kein tägliches Mittagessen mehr bei meinen Eltern, keine Mama, die mein Lieblingsessen kochte. Ich schwankte hin und her zwischen den wechselhaften Gefühlen, die das Gestern und das Heute in mir auslösten. Letztendlich blieb es aber dabei, ich stand zu meinen Entscheidungen. Die Freiheit, die ich gewonnen hatte, wog die Ungewissheit auf. Meine eigenen Interessen sollten im Vordergrund stehen, dafür war ich bereit Risiken einzugehen. Der Jakobsweg hatte mich gelehrt, dass Freiheit bedeutet, zu sehen und zu hören, was ist, und nicht, was war, was sein sollte oder einmal sein könnte.

Während des Existenzgründungsseminars hatte ich nicht ins Hospiz gehen können. Jetzt war ich wieder regelmäßig einmal in der Woche dort. Bei Engpässen sprang ich hin und wieder zusätzlich ein. Ich freute mich immer sehr auf diese wenigen Stunden, auch wenn es manchmal sehr schwer war. Nicht immer gelang es mir, die Bewohner und ihre ganz persönliche Geschichte nicht als belastende Gedanken mit nach Hause zu nehmen. So wuchs mir eine Bewohnerin und vor allem ihre Tochter sehr ans Herz. Es war für mich bedrückend, wenn ich spürte, nicht die richtigen Worte gefunden zu haben. Ich wollte so gern alles richtig machen. Es war ein permanenter Lernprozess für mich. Dennoch überwog die Freude, dort hinzugehen. Ich kam unter Menschen, wurde gebraucht und respektiert. Es war ein guter Ausgleich zu den vielen Stunden, die ich am Schreibtisch allein in der Wohnung verbrachte.

Ich schrieb nach wie vor an meinem Buch und erstellte zeitgleich ein Gründungskonzept. Dieses war die Voraussetzung dafür, einen Zuschuss zur Aufnahme einer selbstständigen Tätigkeit zu bekommen. Die Geschäftsidee zu formulieren, also mein Konzept zu schreiben, machte riesigen Spaß. Es forderte mich aber auch sehr heraus. Unternehmensberatung, darunter konnte man so vieles verstehen. Was wollte ich denn als Unternehmensberaterin leisten? Wollte ich wirklich nur Unternehmen beraten? Was war mit Einzelpersonen? Wen wollte ich überhaupt ansprechen? Sollte ich mich auf eine bestimmte Branche konzentrieren? Welche Schwerpunkte wollte ich setzen? Wie viel Persönlichkeit sollte ich zeigen? Welche meiner Erfahrungen waren besonders gefragt? Ich verbrachte viel Zeit damit, meine Gedanken zu sammeln, sie zu ordnen und in Worte zu fassen. Doch irgendwann war es soweit: Ich wollte mich zukünftig am Markt als systemische Beraterin mit den Schwerpunkten Beratung, Coaching und Entwicklung von Führungskräften etablieren.

Dabei wollte ich mein Hauptaugenmerk auf die Themen der Unternehmenskultur, des Veränderungsmanagements, der Menschenführung und der Persönlichkeitsentwicklung richten. In meiner zukünftigen Arbeit wollte ich den Menschen in seiner gesamten Persönlichkeit in den Mittelpunkt stellen. Meine Hauptklientel sah ich bei Familienunternehmen mit ihren vielfältigen Besonderheiten – hier kannte ich mich aus eigener Erfahrung bestens aus. Bei der Entwicklung von Führungskräften wollte ich den Schwerpunkt auf Frauen setzen, auch hier konnte ich meine langjährige Erfahrung einsetzen. Der Gründungszuschuss wurde Ende Januar bewilligt. Das bedeutete, der Startschuss für meine Selbstständigkeit war gefallen.

Nun war ich offiziell selbstständig und fühlte mich überhaupt nicht so. Auch wenn das Konzept stand, die Marschrichtung klar war, mir war alles viel zu schnell gegangen. Woher sollte auch das Selbstverständnis, nun als die Unternehmensberaterin Sabine Dankbar aufzutreten und Kunden zu akquirieren, kommen? Natürlich war ich von meinen eigenen Fähigkeiten überzeugt. Ich wusste, was ich konnte. Meine über zwanzigjährige Praxiserfahrung war ein unschätzbares Pfund, das ich in die Waagschale werfen konnte. Aber ich wollte nicht, so wie es teilweise andere taten, ausschließlich durch diesen Hintergrund befähigt, eine Selbstständigkeit als Beraterin starten. Für mich war es wichtig, langsam und behutsam in diese Tätigkeit hineinzuwachsen. Meine Ausbildung zur systemischen Beraterin hatte gerade erst begonnen. Ich war noch nicht so weit. Auch wenn die Gesellschaft und die Arbeitsagentur es von mir forderten, direkt tätig zu werden. Mir fehlte einfach noch die innere Sicherheit, um durchzustarten. Mein neues berufliches Umfeld war zwar klar umrissen, aber dennoch voller Unwägbarkeiten. Es gab noch so viele Fragezeichen. Deshalb fasste ich den Entschluss, es erst einmal langsam angehen zu lassen, um mich in der kommenden Zeit darauf zu konzentrieren, das Konzept weiter auszufeilen sowie an mir als Beraterpersönlichkeit zu arbeiten. Eine Kollegin aus meiner systemischen Ausbildungsgruppe unterstützte mich dabei. Sie ist in der Personalentwicklungsabteilung einer großen Versicherung tätig und war somit eine gute Impulsgeberin. Sie stellte mir viele gute Fragen, die mich nochmals reflektieren ließen, ob das, was ich zu Papier gebracht hatte, mit dem übereinstimmte, was ich als Beraterin leisten wollte. Sie wie immer wieder auch Gu brachten mich zum Nachdenken darüber, ob ich als Persönlichkeit im Konzept genügend »durchblitzte«. Beide sprachen mit mir über meine Stärken, mein Know-how und meine Praxiserfahrung, die ich ihrer Meinung nach noch deutlicher, als ich es getan hatte, zum Ausdruck bringen sollte. Ich entschied mich, dem Logo meines Unternehmens eine sehr persönliche Note zu geben: Es zeigt eine Figur, die einen Menschen darstellt, der in Bewegung ist und nach einem Stern oder einer Sonne, je nach Betrachtungsweise, greift. Dieser Mensch ist also aktiv, nicht passiv. Er geht etwas an, er will etwas erreichen und der Stern oder auch die Sonne sind nicht unerreichbar, sondern zum Greifen nah. »Binde deinen Karren an einen Stern«, ein Zitat von Leonardo da Vinci war eine Inspirationsquelle dafür gewesen. Thomas, Grafikdesigner und Mann meiner Freundin Petra, hatte mich genau verstanden und die Idee perfekt umsetzen können. Das Logo bringt wunderbar zum Ausdruck, was ich will: Menschen, die in Bewegung sind und etwas bewirken möchten oder vielleicht erst in Bewegung kommen möchten, bei diesen Prozessen zu unterstützen.

Mein Selbstverständnis als Beraterin bekam mehr und mehr Konturen, auch weil mir immer bewusster wurde, worauf ich mich nicht einlassen wollte: Unternehmer, denen ich erst einmal erklären müsste, dass ihre Mitarbeiter ihr wichtigstes Kapital seien, die wollte ich gar nicht als Kunden. Nicht aus einer Arroganz heraus, sondern aus dem Bewusstsein heraus, dass ich als Beraterin nur dann zufrieden sein würde, wenn zwischen mir und dem Kunden eine grundsätzliche Basis vorhanden sein würde. Wie sehr mich schließlich andere Menschen und ihre jeweiligen Geschichten interessierten, hatte ich nicht zuletzt auf meiner Pilgerwanderung feststellen können.

Ich war froh, mich in die Konzeptarbeit hineinstürzen zu können, auch wenn meine Tage schon prall gefüllt waren durch das Ehrenamt, die Ausbildung und das Schreiben meines Buches.

So konnte ich mich rechtfertigen, wenn ich gefragt wurde: »Und, wie geht es dir? Hast du schon Kunden oder Aufträge? Nein? Und womit bist du dann beschäftigt?« Es war für mich nicht einfach, den Erwartungen von außen standzuhalten. Ich meinte, versteckte Vorwürfe oder Fragen herauszuhören wie: »Was machst du so den ganzen Tag zu Hause, als Frau ohne Kinder?« Tatsächlich hörte ich des öfteren den Ausspruch »Ja, du kannst es dir ja leisten.« Solche Kommentare hasste ich wie die Pest und machten mich richtig wütend. Warum meinen manche Menschen, die Lage anderer immer besser beurteilen zu können als derjenige selbst? Eigentlich wollte ich mich nie rechtfertigen, aber oft tat ich es trotzdem. Jahrelang hatte ich mich zu einem großen Teil über meinen Job definiert, da konnte ich so schnell nicht aus meiner Haut, unter Beweis stellen zu wollen, dass ich weiterhin ein nützliches Mitglied der Gesellschaft war. Eigentlich bin ich traurig, wenn ich solche Gedanken zu Papier bringe. Ist man nur etwas wert, indem man ein produktiver Teil unserer Gemeinschaft ist? Nein, ich glaube vielmehr, dass man auch etwas wert ist, wenn man sich und andere glücklich macht, für Zufriedenheit sorgt. Warum fühlen wir uns – oder zumindest viele von uns – nur gut, wenn wir auch entlohnt werden? »Sich nützlich machen«, dass kann doch auf so vielfältige Weise geschehen. Warum gibt es dafür nicht auch so viel Anerkennung wie für einen tollen Job, für den man Geld bekommt? Beispielsweise für eine Vollzeitmutter? Ich kann den Frust mancher Mütter heute sehr viel besser verstehen als noch zu meinen Angestelltenzeiten. Irgendwo habe ich mal gelesen, dass der Wert eines Menschen in seinem Herzen steckt und nirgendwo anders. Er zeigt sich als Mitgefühl, im Mut, in den Dingen, die man nicht sehen kann, nicht kaufen kann und die man auch nicht weggeben kann.

Manchmal verfiel ich in das alte Muster, ganz viel schaffen zu wollen, mir wenig Auszeit zu gönnen und mich nur gut zu fühlen, wenn ich möglichst viel erledigt hatte. Schneller als sonst ertappte ich mich aber dabei und versuchte bewusst gegenzusteuern. Ich baute weiterhin Pausen ein, in denen ich mit dem

Fahrrad in die Natur hinausfuhr, einen kleinen Spaziergang machte oder einen Kaffee trinken ging. Noch mehr als sonst gönnte ich mir stille Minuten, in denen ich in einen Dialog mit Gott trat. Immer wieder suchte ich auch den Weg zu Kar, die gemeinsam mit ihrem Lebensgefährten Rakandra ein spirituelles Zentrum führt. Sie gehören der gleichen Tradition wie Sita an. Unabhängig von Religionen kann man sich dort durch verschiedene Beratungsangebote des eigenen Potenzials bewusst werden. Beide hatte ich durch Gu kennengelernt. Die energetische Arbeit mit Kar brachte mir viel innere Ruhe und weitere Klarheit. Ich erkannte für mich neue und noch tiefere Zusammenhänge in meinen Verhaltensstrukturen.

Mitte Mai stand der letzte Entwurf für das gesamte Geschäftskonzept. Ich hatte entschieden, die Präsentationsmappe einigen mir wichtigen Menschen für ein Feedback vorzulegen. Erst danach sollten dann alle Unterlagen in Druck gehen. Der Kreis derer, die es lesen sollten, war unterschiedlich zusammengesetzt. Jeder stand für etwas Bestimmtes, jedem gegenüber äußerte ich die Bitte um eine konstruktive Rückmeldung. Ich bekam von allen sehr wertvolle Hinweise, die ich wunderbar nutzen konnte. Sie regten mich neu zum Nachdenken an. Manches nahm ich auf, anderes verwarf ich, auf jeden Fall konnte ich mich durch die Statements nochmals in meiner eigenen Argumentation überprüfen. Ich war sehr berührt, wie viel Mühe und Zeit alle investiert hatten. Das Feedback von Renate, einer sehr erfahrenen und tollen Frau in den Fünfzigern, in Hamburg wohnend, beschäftigte mich am nachhaltigsten. Sie hatte sich nach einer langen erfolgreichen Karriere als Journalistin mit einer Serviceagentur für Medienkonzepte selbstständig gemacht. Wir hatten uns beruflich über bianca kennengelernt und waren auch nach meiner Kündigung in Verbindung geblieben. Erst später befreundeten wir uns. Sie schrieb mir in einer Mail:»Das, was deine Person ausmacht – die persönliche Auseinandersetzung mit jedem Menschen – kommt in dem Text nicht so zum Tragen, wie ich es mir von dir gewünscht hätte. Du bist so ein herzlicher, ehrlicher, mitdenkender und liebevoller Mensch (...). Es gibt kaum eine

Führungspersönlichkeit, die sich wie du immer für den Menschen interessiert hat und ihn nicht nur an ›seinem von dir eingerichteten Arbeitsplatz‹ gesehen hat. Dein Blick fürs Ganze hat mich immer fasziniert (...). Nimm dich einfach wichtiger als ein klares, wohlformuliertes Konzept. Trau dich!« In einem Telefonat brachte sie es noch deutlicher zum Ausdruck:»Ich war nicht nur die stellvertretende Chefredakteurin für dich, von der du für deine Firma etwas wolltest, sondern ich war für dich in erster Linie der Mensch, der dir gerade gegenübersteht. Gerade das prädestiniert dich für den Beraterjob, deine Wertschätzung.« Ich kann mich nicht mehr an den vollständigen Wortlaut erinnern, aber sie nahm mich richtiggehend in die Mangel. Auch bläute sie mir ein, mehr über mich, meine Person und meinen Erfahrungsschatz zu erzählen.

Warum war es mir denn so schwer gefallen, meine Sätze in der Ichform zu schreiben? Wieso hatte ich meinen beruflichen Werdegang nicht deutlicher herausgestellt? War es falsche Bescheidenheit, ein Sich-nicht-Trauen oder sogar ein Sich-Verstecken? Mir wurde durch solche Hinweise bewusst, dass ich immer noch ein Problem mit meinem Selbstverständnis in der neuen Rolle hatte. Umso dankbarer war ich, dass ich richtig entschieden hatte, weil ich mir die Zeit ließ, mich mit solchen Fragen auseinanderzusetzen und in diese Rolle entsprechend hineinzuwachsen.

Thomas und ich hatten entschieden, dass die allerletzte Korrektur des Konzeptes spätestens Ende Juni bei ihm sein sollte. Gu und ich hatten vor, danach direkt in Urlaub zu fahren. Wir wollten in den Dolomiten den Höhenweg Nr. 1 erwandern. Nach unserer Rückkehr sollten meine Geschäftsunterlagen komplett gedruckt sein und mein Internetauftritt stehen. Anfang August wollte ich endgültig in die »heiße« Phase der Kundenakquise gehen. Bis dahin war aber noch viel zu tun. Das Schreiben meines Buches erforderte ebenfalls jede Menge Zeit und ganz viel Disziplin. Diese aufzubringen, fiel mir sehr oft schwer, obwohl mir normalerweise ein gutes Maß an Disziplin zugesprochen wird. Doch jeden Tag mehrere Stunden am Computer zu sitzen, war schon ein hartes Stück Arbeit. Das Einzige, was sich in dieser Zeit veränderte, waren meine Sitzpositionen, die Teesorten und natürlich der wachsende Inhalt der Dateien. Ich war zur Einzelkämpferin geworden. Eine gänzlich ungewohnte Situation. Vorher war es für mich normal gewesen, im Team zu arbeiten sowie nur äußerst selten Zeit am eigenen Schreibtisch zu verbringen.

Die Vorbereitung auf das dritte Ausbildungsseminar war für mich daher eine sehr willkommene Abwechslung. Vor allem, weil das Thema »Entwicklung der professionellen Persönlichkeit mit Elementen der Familien(re)konstruktion« so spannend war. Dazu mussten wir alle im Vorfeld ein Genogramm erstellen. Ein Genogramm ist ein Familienstammbaum, der über einen »normalen« Stammbaum hinausgeht. Nicht nur die Namen, der Geburtstag und der Todestag werden aufgezeichnet, sondern alle möglichen Informationen werden zusammengetragen. Die Vielschichtigkeit einer Familie soll sich darin widerspiegeln. Über drei vollständige Generationen soll der Einzelne die Gelegenheit haben, sich anzuschauen, wie die Vergangenheit die Gegenwart im Guten wie im Schlechten mitformt. Durch das Genogramm soll das »Heute« mit Hilfe des »Gestern« besser verstanden werden. Ein neues Verständnis für die eigene Persönlichkeit soll sich daraus entwickeln, um letztendlich die eigene Lebens- und Arbeitssituation besser gestalten zu können. Ich wusste vieles aus unserer Familie. Meine Großeltern hatten ja bei uns gewohnt, sie hatten wie auch meine Eltern heute noch immer wieder gern von früher erzählt. Wir Kinder hatten wissbegierig zugehört. Doch ohne die Hilfe meiner Eltern konnte ich es nicht ordnen, außerdem reichte mein Wissen über unsere Familie nicht bis zu den Eltern und Geschwistern meiner Großeltern. Viele Fragen, die wir für das Genogramm beantworten sollten, hatten auch nie eine Rolle bei uns gespielt. »Gab es sogenannte schwarze Schafe in der Familie? Gab es Abtreibungen oder Totgeburten? War in der Familie schon jemand im Gefängnis?« Natürlich hatten wir uns über den Zweiten Weltkrieg unterhalten, wer Soldat gewesen war, gefallen war, zurückgekehrt war aus der Gefangenschaft und wie meine Eltern und Großeltern das Dritte Reich erlebt hatten. Doch es gab noch einiges zu fragen, also interviewte ich meine Eltern. Ich fuhr an einem Samstagmorgen nach Ochtrup und dachte, dass ich nach zwei Stunden bestimmt mit dem Sammeln der fehlenden Informationen fertig sein würde. Aus zwei Stunden wurden mehr als vier. Es wurde eine Reise in die Vergangenheit, die ich nicht missen möchte. Ich lernte meine Eltern nochmals neu kennen, schaute danach vieles mit anderen Augen an, teilweise staunend, noch respektvoller, liebevoller und verständnisvoller. Ich erfuhr Details, die einiges in einem anderen Licht erscheinen ließen. Wir lachten viel, aber weinten auch an manchen Stellen. Meine Eltern erzählten einiges ganz bereitwillig, anderes musste ich ihnen aus der Nase ziehen. Es gab wunderbare Dinge in dieser großen Familie, aber auch Schreckliches und Verletzendes. Mir wurde in diesen Stunden klar, dass sich die Toleranz und die Wertschätzung meiner Eltern anderen Menschen gegenüber aus unserer Familiengeschichte entwickelt hatten. Für mich selbst konnte ich vieles neu einordnen und mich in anderer Weise darauf einlassen. Vor allem spürte ich, wie wichtig es ist, zu reden, Themen anzusprechen, die unterschiedlichen Sichtweisen auszutauschen, keine Tabus entstehen zu lassen. Nur so ist es möglich, immer wieder neu aufeinander zuzugehen und sich wirklich von Mensch zu Mensch zu begegnen. Selbst meine Eltern, die sich seit über 50 Jahren kennen, merkten an diesem Tag, dass ihre Erinnerungen zum Teil sehr unterschiedlich waren. Als ich nach Hause fuhr, hatte ich das Gefühl, meinen Eltern, aber auch meinen Geschwistern und mir selbst näher als je zuvor zu sein. Die Arbeit am Genogramm war damit nicht beendet. Alle meine Informationen musste ich nun in eine bestimmte äußere Form bringen. Eine Art Rahmenaufbau, ähnlich einem »normalen« Stammbaum, war uns vorgegeben worden, die restliche Gestaltung war frei. An einem Wochenende einige Zeit später, an dem ich allein war, setzte ich mich daran. Ich hatte sehr viel Freude dabei. Ich kramte in Fotos, zum Teil sogar in alten Briefen. Auf Fotos, die meine Großeltern und Eltern wie auch ihre Familien zeigten, schaute ich nach Familienähnlichkeiten. Ich erinnerte mich an viele Begebenheiten aus meiner Kindheit. Es gab Fotos, die meine

Geschwister und mich auf einem Schlitten, mitten im verschneiten Wald zeigten oder bei der Wattwanderung im jährlichen Campingurlaub an der Nordsee oder auf der Couch sitzend, frisch gebadet und im Schlafanzug, in der freudigen Erwartung »Daktari« im Fernsehen anzuschauen. Zwischendurch telefonierte ich mit meinen Brüdern und Schwestern, um von ihnen noch etwas zu erfahren oder ihre Sicht auf bestimmte Ereignisse zu erfragen. Es war meine Schwester Heike, die sagte: »Weißt du, Sabine, bianca ist doch immer das sechste Kind in unserer Familie gewesen. Das jüngste, wenn man so will, 1973 geboren.« Sie hatte recht, wir alle haben eine tiefe emotionale Beziehung zum Unternehmen. Es war nicht nur die Firma, in die unser Vater jeden Tag arbeiten ging. Die Arbeit am Genogramm barg weitere viele Überraschungen. Es gab auch Schmerzliches anzuschauen. »Gab es Scheidungen oder Trennungen in Ihrer Familie?«, so lautete eine weitere Frage. Es tat schon weh, als einzige meiner Geschwister geschieden und nicht verheiratet zu sein, auch wenn ich wieder in einer glücklichen Partnerschaft lebte. Bei mir wie auch bei meinem Bruder Bernd gab es keine Kästchen, die für unsere Kinder standen. Angesichts der riesengroßen Verzweigung des Genogramms ein Anblick, der schmerzte. Andererseits vermittelte mir dieser riesige Stammbaum eine unbändige Lebensfreude und Kraft. Und ich war stolz, ein Teil dieses Ganzen zu sein. Dieses Gefühl und mein wunderbares Genogramm nahm ich mit, als ich wenig später zum Ausbildungsseminar nach Bad Honnef fuhr. Nach Beendigung des Seminars hatte ich tatsächlich das Empfinden, für mich und mein Leben, privat wie beruflich, tief greifende, neue Erkenntnisse gewonnen zu haben. Allein zu verstehen, welche Regeln aus der Herkunftsfamilie in das eigene Leben hineinspielen können und wie sie wirken, war ein Aha-Erlebnis. Fragen wie: »Was will ich aus der Vergangenheit bewahren?«, »Was kann es Neues in der Zukunft für mich geben?«, »Welche Regeln bleiben dabei für mich weiterhin nützlich?« und »Welche Regeln müsste ich dafür transformieren?« gaben mir viele neue Impulse. Mein bis dahin immer wieder hervorblitzendes schlechtes Gewissen, unseren Familienbetrieb hinter mich gelassen zu haben, konnte ich für mich neu einordnen und damit endgültig ablegen.

Keine zwei Wochen später fuhren Gu und ich in die Dolomiten. Zehn Tage Wandern lagen vor uns. Ich war aufgeregt! Zum ersten Mal nach meiner Rückkehr vom Jakobsweg vor knapp einem Jahr würde ich den Rucksack wieder aufschnallen und meine Wanderschuhe anziehen. Diesmal ging es allerdings höher hinauf. Vor uns lagen Routen, die über 2500 Meter hoch lagen. An manchen Tagen würden wir Höhenunterschiede von über 1000 Metern zu bewältigen haben. In einem Hochgebirge wie den Alpen zu wandern, war neu für mich. Aber mit Gu an meiner Seite, der schon oft dort unterwegs gewesen war, konnte mir nichts passieren. Außerdem war ich überzeugt, dass ich diese Anstrengung meistern würde. Schließlich waren es nur zehn Tage und keine fünf Wochen wie in Spanien. Ich meisterte den Höhenweg tatsächlich, aber es war ganz schön anstrengend. Allein die unterschiedlichen Temperaturen – am Tag warm bis heiß, in der Nacht lausig kalt – sorgten dafür, dass ich mir wieder einmal eine dicke Erkältung holte. In der zweiten Nacht unserer Wanderung hatten wir sogar Neuschnee und mussten uns am Morgen durch eine 20 Zentimeter dicke Schneeschicht kämpfen.

Die Bergwelt faszinierte mich. Zum ersten Mal erreichte ich aus eigener Kraft so hoch oben die Berge. Vorher kannte ich das Hochgebirge nur tief verschneit und war mittels einer Gondel oder eines Liftes zum Skifahren hinaufgefahren. Nun waren Gu und ich manches Mal in der Nähe von Gipfeln, wo ein Skitourist oder normaler Spaziergänger nie auftauchen würden. Jetzt eröffnete sich mir ein ganz anderer Blick. Ich fühlte mich dem Himmel ganz nah. Das Wolkenspiel dort oben zu erleben war viel atemberaubender als unten im Tal. Zum ersten Mal konnte ich den Ausdruck »das Dach der Welt« im Zusammenhang mit dem Himalaja verstehen. Die Farben waren überwältigend. Das tiefe, dunkle Grün der Tannen neben dem satten, leuchtenden Grün der Bergwiesen, die durchsetzt waren mit unzähligen blühenden Wildblumen. Die verschiedenen Grauschattierungen der Felswände hoben sich gegen das Blau des Himmels ab. Das Wasser der Bergseen schimmerte von Tiefgrün bis Helltürkis. Ziegen und Kühe begleiteten oft mit ihrem Geläut unseren Weg. Ab und zu sahen wir auch Gämsen oder erhaschten einen Blick auf Murmeltiere. Einmal donnerte eine Herde von Pferden, die sich dort oben frei bewegen konnte, an uns vorbei. Die Natur beschenkte uns reich und wir tankten dort oben, fern von der Zivilisation, ganz viel Kraft und tiefe Lebensfreude. Die wenigen Menschen, die wir unterwegs oder auf den Hütten trafen, waren freundliche und liebenswerte Zeitgenossen. Selten begegnete uns ein Miesepeter. Ich denke, das Erleben der Natur macht einen zugänglich, offen und neugierig. Gu strahlte, dass ich an unserer Wanderung, trotz aller Anstrengung, so viel Gefallen fand. Ich glaube, für ihn war dies eine gewisse Erleichterung. In den Bergen wandern zu können, verbunden mit dem Erleben der Natur und dem Spüren des eigenen Körpers ist sehr wichtig für ihn. Dass ich das mit ihm teilte, machte ihn glücklich, mich aber auch. Während des Wanderns sprachen wir viel über unsere gemeinsame Zukunft. Bevor wir gefahren waren, hatte Gu bei meinen Eltern, ohne dass ich davon wusste, um meine Hand angehalten. Ganz altmodisch, so wie es früher üblich war. Er erzählte mir erst davon, als meine Mutter in einem Telefonat mit mir davon etwas erwähnt hatte. Gu sagte: »Bevor ich dir den Heiratsantrag mache, wollte ich eben das Einverständnis deiner Eltern.« Was hätte er bloß gemacht, wenn meine Eltern Nein gesagt hätten? Und wann hatte er vor, mich zu fragen? In einer der sternklaren Nächte in den Dolomiten, sogar die Milchstraße war zu sehen, nahm er mich jedenfalls fest in den Arm und flüsterte mir in mein Ohr: »Ich verspreche dir, dass wir noch sehr, sehr viele solcher Nächte gemeinsam erleben werden. Bis wir alt und grau sind.« Seine Worte, dazu dieses unvergleichlich schöne Himmelszelt, unter dem wir standen, rührten mich. Die Sterne hoben sich wie tausend, funkelnde, kleine Lichter vom nachtschwarzen Himmel ab, es war wie eine Verheißung für unser ganzes Leben. Es war, als wenn »die Liebe durch den Himmel auf die Erde kommt und ein Stück Erde zum Himmel wird.« (Elmar Gruber)

Eine Woche nach unserer Rückkehr standen die Kartons mit den gedruckten Unterlagen für meine kleine Firma bei uns im Flur. Sie zu öffnen und darin die fertigen Geschäftspapiere und das Präsentationskonzept zu sehen, war einfach aufregend. Nun hatte ich es nochmals schwarz auf weiß: Ich war selbstständig und jetzt hieß es Vollgas geben. Der Internetauftritt stand ebenfalls, und als ich zum ersten Mal meine eigene Seite aufrief, bekam ich eine Gänsehaut. Auch nach einigen weiteren Malen hatte ich mich noch nicht daran gewöhnt. In den folgenden Tagen machte ich mich daran, meine Konzeptmappe mit einem entsprechenden Schreiben an potenzielle Kunden zu versenden. Teilweise übergab ich sie auch persönlich.

Die Resonanzen waren in den nächsten Tagen und Wochen überwiegend positiv, wobei sich zunächst wenig Konkretes daraus ergab. Ich war realistisch genug, meine eigenen Erwartungen am Anfang nicht zu hoch zu schrauben. Ich wusste, dass die meisten Berater durch zufriedene Kunden weiterempfohlen werden. Darauf konnte ich natürlich noch nicht bauen. Ich hatte nur die Chance, zu überzeugen, wenn ich zu persönlichen Gesprächen eingeladen würde, und das ging in den meisten Fällen über Kontakte. Netzwerke zu knüpfen oder zu nutzen, das war die Devise. Kein leichtes Unterfangen, aber ich ließ mich davon nicht abschrecken.

Gu und ich würden heiraten, das stand nun fest. Nach der einen sternenklaren Nacht im Urlaub hatten wir darüber diskutiert, wann, wo und wie. Gu wollte unbedingt in seiner Lieblingsjahreszeit, dem Herbst heiraten. Den Wunsch wollte ich ihm gern erfüllen. Meine Bedingung war nur, es erst im nächsten Jahr zu tun. Ich wollte mit Gu die Hochzeit in Ruhe vorbereiten.

Nach einigem Hin und Her hatten wir uns darauf geeinigt, nur im allerengsten Familien- und Freundeskreis zu heiraten. Alle für uns wichtigen Menschen in unserem Leben sollten möglichst dabei sein. Je kurzfristiger wir den Termin aber anberaumen würden, desto höher war die Gefahr, Absagen zu bekommen. Der Termin war aber wieder abhängig davon, wo wir die Hochzeitsfeier stattfinden lassen würden. Dazu hatten wir zwar jede Menge Ideen, aber keine einzige konkrete Vorstellung. Vielleicht am Meer, auf Norderney, wo meine Eltern und Geschwister oft ihre Ferien verbrachten? Vielleicht am Wolfgangsee, wo Tanja, die Mutter von Gu, ihre Kindheit und Jugend erlebt hatte? In Münster, unserem Zuhause? Sollte es eine wilde Party sein oder eine feierlich-festliche Angelegenheit? Wollten wir den ganzen Tag feiern oder erst gegen Abend einladen? Wie war es denn mit einer anschließenden Hochzeitsreise? Wie viel Geld wollten und konnten wir überhaupt dafür aufbringen? Fragen über Fragen. Über eines war ich sehr froh. Gu hatte nicht auf einer kirchlichen Trauung bestanden. Obwohl ich katholisch bin und somit eine kirchliche Trauung eigentlich nicht mehr in Frage kommt, hätten wir uns trotzdem evangelisch kirchlich trauen lassen können, weil Gu evangelisch ist. Ich wollte und konnte es nicht. Ich hatte die Trauungsworte in der Kirche damals noch gut im Ohr und hätte mich durch die Wiederholung dieser Worte nur an mein damaliges Scheitern erinnert gefühlt. Die katholische Kirche nimmt in diesem Punkt eine Position ein, durch die ich mich ausgegrenzt fühle. Ich habe das Ehesakrament durch meine Scheidung gebrochen. Streng genommen darf ich sogar von offizieller Seite her die Kommunion nicht mehr empfangen. Warum kann mir der Verstoß gegen das Ehesakrament nicht als eine Sünde, die ich begangen habe, verziehen werden? Natürlich habe ich verständnisvolle Priester gefunden, die in diesem Punkt eine versöhnliche Position einnehmen, aber offiziell? Es geht mir nicht um die Erlaubnis nochmals eine große Hochzeit ganz in Weiß zu feiern, sondern um den Aspekt Verzeihen und Versöhnen. Daher fand ich unsere Idee, unter freiem Himmel, wo immer wir auch heiraten würden, uns nach der standesamtliche Trauung unser ganz eigenes Eheversprechen zu geben, eine wunderbare Lösung. Zudem würde Hans-Jakob, unser Freund auf dem Jakobsweg, unseren Übergang segnend begleiten. Seit Santiago hatten wir uns weder gesehen noch telefoniert, aber wir standen in einem regelmäßigen Briefkontakt.

Ende September 2007 hatte ich einen Durchhänger. Ich war frustriert aufgrund meiner beruflichen Situation. Meine ganzen Bemühungen fruchteten nicht. Es schien, als ob sich die ersten vielversprechenden Kontakte im Sande verliefen. Ich wusste zum ersten Mal nicht, was ich noch Konkretes tun sollte. Ich konnte nur abwarten und mich immer wieder von Neuem in Erinnerung bringen. Obwohl ich frustriert war, war ich zuversichtlich. Ich war ganz bei mir. Das, was ich tat und dachte, war richtig. Es entsprach mir selbst. Ich fühlte eine zuversichtliche Kraft. Meine innere Stimme flüsterte mir zu: »Es ist gut, so wie es ist. Habe Geduld.« Mich in Geduld zu üben, war aber nach wie vor eine schwere Übung für mich. Deshalb versuchte ich mich auf anderen Feldern, positiv zu motivieren. Zweimal die Woche ging ich zum Sport und nahm in einer physiotherapeutischen Praxis an einer Art Power- und Konditionsgymnastik teil. Mich körperlich abreagieren zu können, tat gut. Vor allem aber freute ich mich auf den Mittwochabend. Im August hatte ich bei einem Schnupperkurs Biodanza für mich entdeckt. Biodanza steht für »Tanz des Lebens«. Es ist eine Verbindung von Musik, Bewegung und Begegnungen in der Gruppe unter sachkundiger Anleitung. Man tanzt mal wild, mal sanft, allein, zu zweit, zu dritt oder viert oder aber mit der ganzen Gruppe. An der Tür zu unserem Raum hängt ein Text, der die Lebensfreude, die ich jedes Mal empfinde, wenn ich dort getanzt habe, treffend zum Ausdruck bringt. Er ist von Augustinus, wieder einmal berührte mich die Weisheit des frommen Philosophen:

»Ich lobe den Tanz,
denn er befreit den Menschen
von der Schwere der Dinge,
bindet den Vereinzelten zu Gemeinschaft.

Ich lobe den Tanz,
der alles fordert und fördert,
Gesundheit und klaren Geist und eine beschwingte Seele.
Tanz ist Verwandlung des Raumes, der Zeit, des Menschen,

der dauernd in Gefahr ist zu zerfallen,
ganz Hirn, Wille oder Gefühl zu werden.

Der Tanz dagegen fordert den ganzen Menschen,
der in seiner Mitte verankert ist,
der nicht besessen ist von den Begehrlichkeiten nach
Menschen und Dingen
und von der Dämonie der Verlassenheit im eigenen Ich.

Der Tanz fördert den befreiten,
den beschwingten Menschen
im Gleichgewicht aller Kräfte.
Ich lobe den Tanz.

Oh Mensch, lerne tanzen,
sonst wissen die Engel im Himmel
mit dir nichts anzufangen!«

In diesen späten Sommer- und Herbsttagen spürte ich immer wieder diese Kraft, die in meiner Mitte verankert war. Ein Durchhänger wie der Ende September warf mich nicht mehr so schnell aus der Bahn. Zudem hatte ich mich wieder in Exerzitien begeben. Ich verbrachte nach fast genau einem Jahr erneut einige Tage des Schweigens und der inneren Einkehr im Haus Konrad. Schwester Magdalena und Pater Erich gaben den anderen Teilnehmerinnen und mir ein Gebet von Romano Guardini als Wochenimpuls: »Immerfort empfange ich mich aus Deiner Hand. Das ist meine Wahrheit und meine Freude. Immerfort blickt Dein Auge mich an, und ich lebe aus Deinem Blick, Du mein Schöpfer und mein Heil. Lehre mich, in der Stille Deiner Gegenwart das Geheimnis zu verstehen, dass ich bin. Und dass ich bin durch Dich und vor Dir und für Dich.« Im Haus Konrad empfand ich dieses Empfangen aus der Hand Gottes ganz deutlich. Die Zuversicht und die Kraft, die ich hatte, hatten ihren Ursprung in meinem Glauben, dass ich nicht allein war. In der Stille dieser Woche konnte ich das wunderbar spüren.

Beruflich tat sich langsam etwas. Ende Oktober hatte ich meinen ersten Kunden. Ein Ingenieurbüro beauftragte mich mit einem Personalentwicklungsprojekt. Außerdem interessierten sich zwei Privatpersonen für ein Einzelcoaching. Eine große Organisation trat aufgrund meiner Akquise an mich heran und gab mir die Gelegenheit, mich im Dezember persönlich vorzustellen. Zudem hatte mich eine Unternehmensberatung für Ende November zu einem Kennenlernen eingeladen, um zu entscheiden, ob ich als freie Beraterin ihr Team ergänzen könnte. Von all dem konnte ich natürlich noch nicht meinen Lebensunterhalt bestreiten, doch ein hoffnungsvoller Anfang war gemacht.

Gu und ich hatten endlich einen Ort gefunden, wo wir unsere Hochzeit feiern wollten. Mitten in Münster gibt es einen privaten Gesellschaftsklub, der seine wunderschönen Räume und den dazugehörigen Garten auch an Nichtmitglieder vermietet. Es ist ein stilvolles und persönlich anmutendes Ambiente, genauso hatten wir es uns vorgestellt. Es gab nur ein kleines Problem. Die Lokalität war bei Paaren heiß begehrt und weil wir nur eine kleinere Hochzeitsgesellschaft sein würden, wollte der Geschäftsführer für uns keinen verbindlichen Termin blocken. Wir konnten es gut verstehen. Warum den kleineren Saal vermieten, wenn im größeren Saal eine entsprechende Gesellschaft feiern könnte? Doch er bot uns Alternativen an. Zwei Samstage in den Herbstferien, nannte er »unsere Saure Gurken-Zeit«. Gu und ich schauten uns an. Uns beiden war schlagartig klar geworden, der eine der Samstage würde unser Termin sein: Der 11. Oktober 2008. Am 11. Oktober 2005 hatten wir uns kennengelernt, es war der Abend gewesen, an dem Gu mir die Kette mit den blauen Steinen geschenkt hatte. Und tatsächlich: Heute sind wir verheiratet. Es war ein schönes und emotionales Fest, bis tief in die Nacht haben wir mit unseren Familien und engsten Freunden getanzt, getrunken und gelacht. Der Tag war einfach herrlich: Die Sonne lachte von einem strahlend blauen Himmel herunter – wir hatten den wärmsten und sonnigsten Tag des gesamten Herbstes geschenkt bekommen. Den ganzen Nachmittag konnten wir mit unserer Gästeschar im Freien verbringend. Der Kaffee wurde auf der Terrasse serviert und unsere ganz persönliche Segnungszeremonie fand ebenfalls noch draußen statt. Im Garten des Klubs war ein Pavillon unter freiem Himmel aufgebaut worden, unter dessen Baldachin wir uns im Kreise unserer Lieben unsere ganz persönliche gegenseitige Zusage gaben. Das gemeinsame Singen mit allen, die Worte von Hans-Jakob, das Weihrauchritual und alle anderen sehr persönlichen Momente während dieser halben Stunde haben sich tief in die Herzen von Gu und mir verankert.

Ich betrachte sehr oft die kleine Postkarte mit dem Kreuz von San Damiano in Assisi. Auf dem Jakobsweg hatte sie mich in meinem Rucksack begleitet, heute trage ich sie bei mir in meiner Handtasche. Der Reisewunsch für meine Pilgerwanderung, den ich auf die Rückseite geschrieben hatte, erinnert mich an meine wunderbare Zeit als Jakobspilgerin und verdeutlicht mir immer wieder aufs Neue, dass aus Wegezeiten nur dann Zeiten der Wende, des Neubeginns und der Besinnung werden, wenn ich ganz bei mir bleibe: »Die Welt von innen zu betrachten, sich von innen bewegen zu lassen, führt zum eigenen Lebensweg! Was ist mein Leben? Was von innen her, aus sich selbst bewegt wird. Das aber lebt nicht, was von außen bewegt wird.«

Dank

Es gibt viele Menschen, denen ich aus ganzem Herzen danken möchte. Eigentlich sind es sogar alle Menschen, die mich auf meinem Lebensweg bisher begleitet haben. Durch sie und die Begegnungen und Erlebnisse mit ihnen, bin ich die, die ich heute bin. Wie sagte Graham Green einmal: »Niemand kommt von einer Reise zurück, wie er gefahren ist.« Letztendlich ist unser ganzes Leben doch eine Art von Reise.

Dennoch – bei einigen Menschen möchte ich mich besonders bedanken:
Bei meinem Mann Gu, die Reise unseres Lebens hat gerade erst begonnen!
Bei meiner ganzen Familie, der ich mich immer wieder zumuten durfte. Sie sind die Wurzeln, die mich tragen.
Bei meiner Schwiegerfamilie, die mich so herzlich willkommen geheißen hat und bei der ich zusätzliche Wurzeln schlagen darf.
Bei meinen engsten Freunden, die mein Leben zusätzlich bunt und schön machen.
Bei Martina, meiner Lektorin, der Austausch mit ihr hat mich gefordert, ermuntert und besser gemacht.
Bei Pater Erich Purk, der mich auf vielfältige Weise unterstützt und mich stets ermuntert hat, fest an die Veröffentlichung des Manuskriptes zu glauben.
Bei Pater Alexander Kotschetkoff †, der das Manuskript redigiert hat und leider die Veröffentlichung nicht mehr erleben kann.
Bei Christiane Kleine, die mir die Chance gegeben hat, dieses Buch zu veröffentlichen.
Bei bestimmten lieben Menschen, die aus gutem Grund leider im Buch unerwähnt bleiben müssen.
Und natürlich bei allen meinen Pilgerschwestern und -brüdern! Ich hoffe sehr, Ihr spürt, wie sehr ich den Weg mit euch genossen habe!

Anhand der Tagebücher die vergangen Tage Revue passieren lassen...

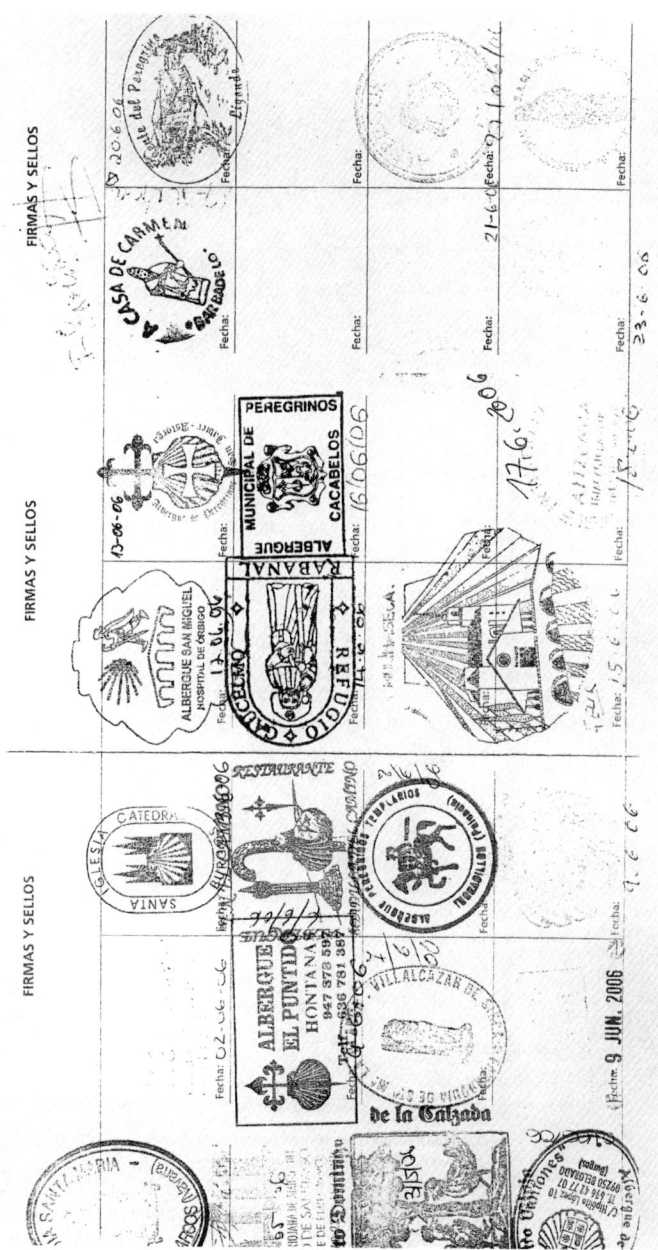

Meine Compostela – offizielle Pilgerurkunde auf lateinisch abgefaßt

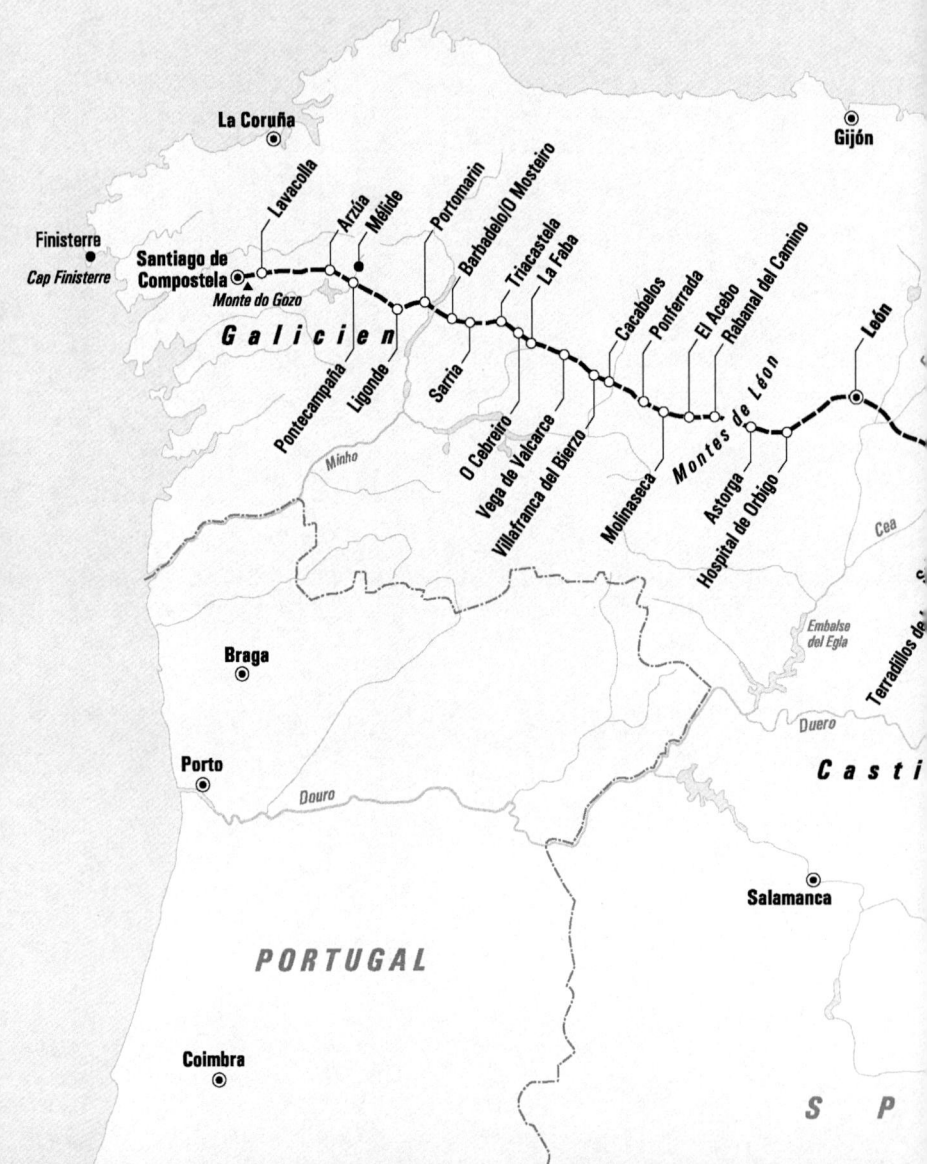

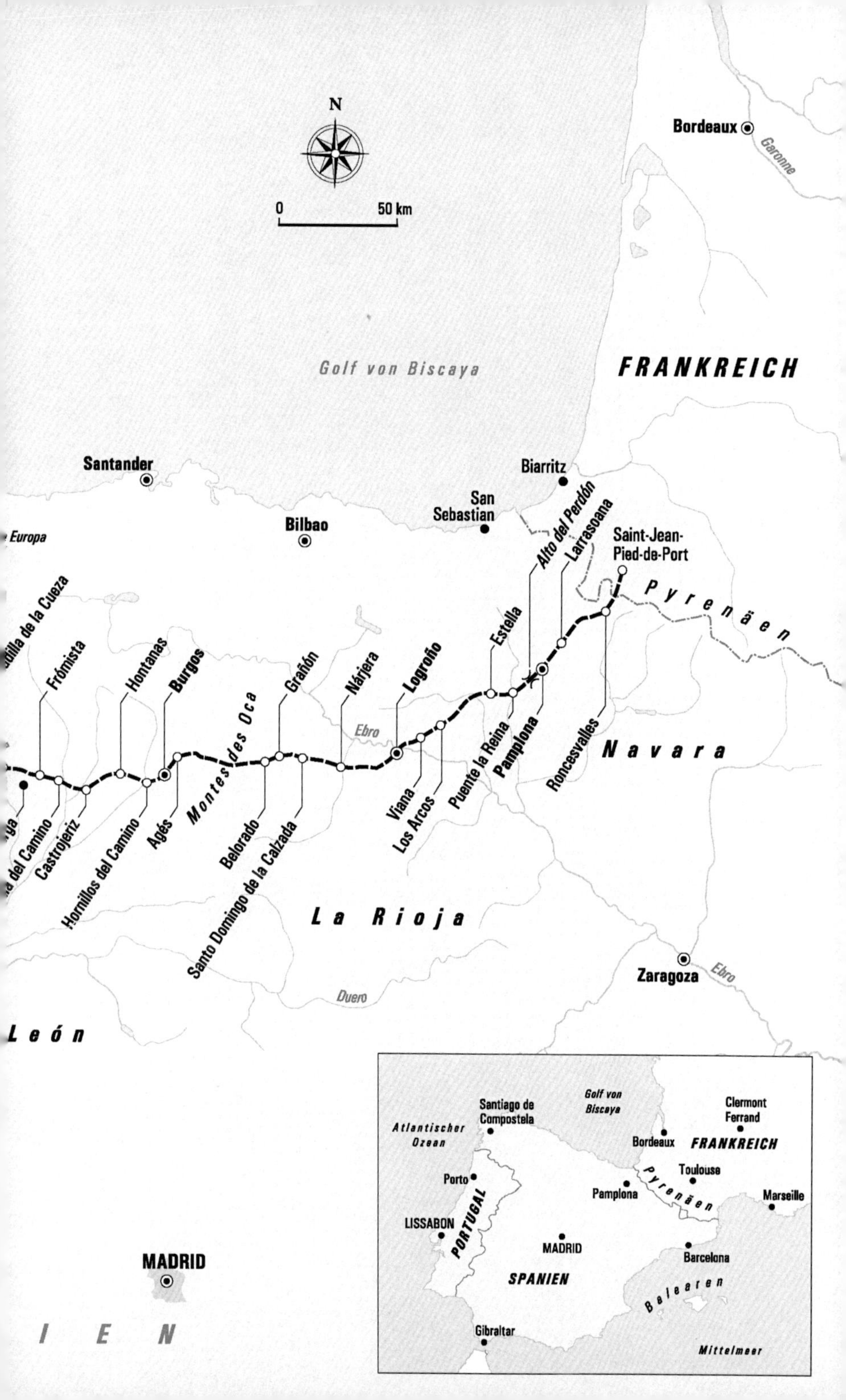

N
0
50 km
Bordeaux
Garonne
Golf von Biscaya
FRANKREICH
Santander
Biarritz
San
Sebastian
Bilbao
Europa
Alto del Perdón
Larrasoana
Saint-Jean-
Pied-de-Port
Pyrenäen
dilla de la Cueza
Frómista
Hontanas
Burgos
Grañón
Nárjera
Logroño
Estella
Montes des Oca
Ebro
Navara
ya
a del Camino
Castrojeriz
Hornillos del Camino
Agés
Belorado
Santo Domingo de la Calzada
Viana
Los Arcos
Puente la Reina
Pamplona
Roncesvalles
La Rioja
Zaragoza
Ebro
Duero
León
MADRID
IEN
Golf von Biscaya
Santiago de
Compostela
Clermont
Ferrand
Atlantischer
Ozean
Bordeaux
FRANKREICH
Porto
Toulouse
Pamplona
Pyrenäen
Marseille
LISSABON
PORTUGAL
MADRID
Barcelona
SPANIEN
Baleeren
Gibraltar
Mittelmeer

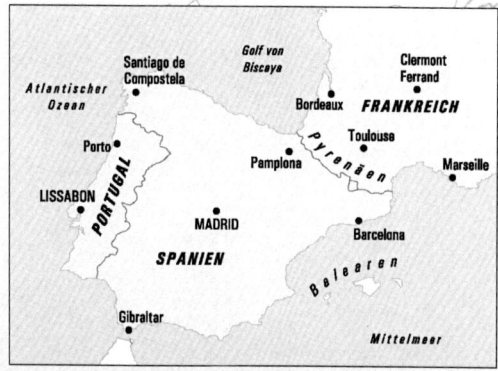